Köstlichkeiten
aus Küche und Keller

Köstlichkeiten

aus Küche und Keller

ODED SCHWARTZ

LONDON, NEW YORK, MELBOURNE,
MÜNCHEN, DELHI

DK GROSSBRITANIEN
Programmleitung Dawn Henderson
Herstellungsleitung Christine Keilty
Herstellungsassistenz Jade Wheaton
Projektleitung Nicola Powling
Covergestaltung Tony Phipps
Produktionsleitung Jen Lockwood
Technische Beratung Sonia Charbonnier

Produziert für DK von
SANDS PUBLISHING SOLUTION

Lektorat David & Sylvia Tombesi-Walton
Gestaltung Simon Murrell

FÜR DIE DEUTSCHE AUSGABE
Programmleitung Monika Schlitzer
Projektbetreuung Elke Homburg
Herstellungsleitung Dorothee Whittaker
Herstellung Margret Hiebler

Bibliografische Information der Deutschen Bibliothek:
Die Deutsche Bibliothek verzeichnet diese Publikation in der Deutschen
Nationalbibliografie; detaillierte bibliografische Daten sind im Internet
über http://dnb.ddb.de abrufbar.

Titel der englischen Originalausgabe:
PRESERVING THROUGH THE YEAR

In Großbritannien erstmals 2012 bei Dorling Kindersley Limited,
London, erschienen, einem Unternehmen der Penguin-Gruppe

Teile des Buches erschienen 1996 erstmals unter dem Titel
SELBSTGEMACHTE KÖSTLICHKEITEN

Übersetzung Angelika Feilhauer

Printed and bound in China

ISBN 978-3-8310-2353-0

Besuchen Sie uns im Internet
www.dorlingkindersley.de

Inhalt

Vorwort

Als Israeli liegt mir das Konservieren wohl im Blut. Im Nahen Osten kennt die Liebe zu konservierten Lebensmitteln keine kulturellen und religiösen Grenzen und wird von Juden, Arabern, Muslimen und Christen geteilt. Gehen Sie dort in irgendein Lebensmittelgeschäft, und Sie werden über die Vielfalt an Konserven verblüfft sein. Im kühlen Dunkel des Ladens werden Sie eine kulinarische Zauberhöhle voller exotischer Gewürze, Öle, Fisch und Fleisch entdecken.

Als ich in den 1970er Jahren nach England übersiedelte, war ich enttäuscht, wie wenig konservierte Lebensmittel es dort gab, denn ich hatte immer geglaubt, man würde sie auf der ganzen Welt bekommen. Aber es gab die notwendigen Rohwaren – wunderbar frisches Obst und Gemüse und diverse Sorten Fleisch und Fisch. Mit dem umfangreichen Wissen aus meiner Jugend gerüstet, begann ich uralte Rezepte zu verbessern und zu variieren, damit sie dem modernen internationalen Markt und dem westlichen Gaumen besser gerecht wurden.

Die Krönung meiner Bemühungen ist dieses Buch mit seiner Vielzahl von Konservierungsmethoden. Mein Ziel war es, den Rezepten ein wirklich zeitgemäßes Gewand zu geben, damit Konservieren ebenso Teil Ihres Lebens werden kann, wie es zu meinem gehört. Sie sind leicht verständlich und umsetzbar und tragen den Zwängen und Belastungen in der heutigen Gesellschaft Rechnung.

Beim Konservieren hat das Jahr einen natürlichen Rhythmus. Der Winter ist ruhig, da frische Zutaten oft teuer und schwer erhältlich sind. Dann bereiten Sie am besten Marmelade zu, räumen Ihre Schränke auf und planen für das kommende Jahr. Das beginnende Frühjahr beschert Ihnen zartes Gemüse. Und wenn schließlich der Sommer da ist, dreht sich die Uhr schneller, während das Beerenobst reift und sich die Marktstände unter Früchten biegen. Dies ist die Zeit, um duftende klare Gelees und Konfitüren herzustellen. Im Spätsommer und Herbst sollte Ihre Küche den köstlichen süßen Duft von saftigen Früchten, Gewürzen und trocknenden Kräutern verströmen. Zudem ist dies die beste Zeit, um Fleisch und Würste zu pökeln, Fisch zu räuchern und Pasteten zuzubereiten.

Ich hoffe von ganzem Herzen, dass dieses Buch Sie anregen wird, die Freude und immense Befriedigung, die das Konservieren eigener Lebensmittel mit sich bringen, selbst zu erleben. Glauben Sie mir: Es gibt nur wenige Dinge im Leben, die vergnüglicher sind. Probieren Sie es aus!

Oded Schwartz

Küchenutensilien

Wenn das Konservieren gelingen soll, brauchen Sie gute Küchengeräte. Die meisten der abgebildeten Dinge finden sich in jeder gut sortierten Küche, doch es gibt einige spezielle Utensilien, die die Arbeit erleichtern wie etwa Mühlen, Einmachtöpfe oder Saftbeutel. Die meisten dieser Dinge bekommen Sie in guten Haushaltswarengeschäften. Hochwertige Küchengeräte sind meist teuer, halten aber lange Zeit. Geräte wie einen Dörrapparat oder Räucherofen kaufen Sie am besten bei Spezialanbietern.

KOCHMESSER

FILETIERMESSER

KÜCHENSCHERE

MESSER
Scharfe Messer sind unerlässlich. Kaufen Sie die teuersten Messer, die Sie sich leisten können. Schärfen Sie Messer zudem regelmäßig.

REIBE

GEMÜSEHOBEL

REIBEN UND HOBEL
Damit lässt sich Gemüse leichter schneiden oder raspeln. Ideal: ein Gemüsehobel mit verstellbarer Klinge.

GEMÜSEMESSER

SCHNEIDEBRETT AUS HARTHOLZ

MÖRSER

MÖRSER UND MÜHLEN
Der Mörser eignet sich zum Mahlen kleinerer Mengen Gewürze. Für feines Pulver ist eine Kaffee- oder Gewürzmühle besser.

ZISELIERMESSER

ZESTEUR

FRUCHTENTKERNER

PASSIERGERÄT
Ideal zum Pürieren von Obst und Gemüse.

PENDELSCHÄLER

SCHÄLER, ENTKERNER, ZESTEUR
Sie machen die Vorbereitung von Obst und Gemüse einfach.

PASSIERGERÄT

FLEISCHWOLF
Wird zum Zerkleinern von Obst und zum Durchdrehen von Fleisch verwendet.

FLEISCHWOLF

FLEISCH-
THERMOMETER

MESSLÖFFEL

ZUCKER-
THERMOMETER

MESSBECHER

MESSGERÄTE
Wählen Sie Glas, Porzellan oder Edelstahl und vermeiden Sie korrodierende Metalle wie Aluminium.

PALETTEN
Sind nützlich zum Glätten von Oberflächen.

KOCHLÖFFEL
Sie sollten für süße und pikante Speisen unterschiedliche Löffel haben.

TRICHTER UND SIEBE
Trichter vereinfachen das Einfüllen sehr. Für Saures kein Metall verwenden, da es Farbe und Aroma beeinträchtigen kann.

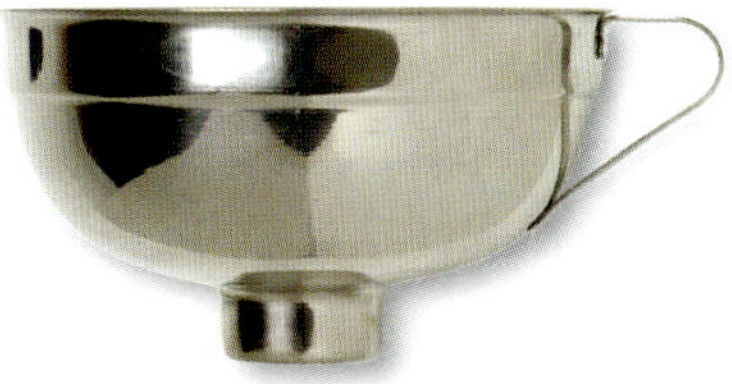

EINFÜLLTRICHTER

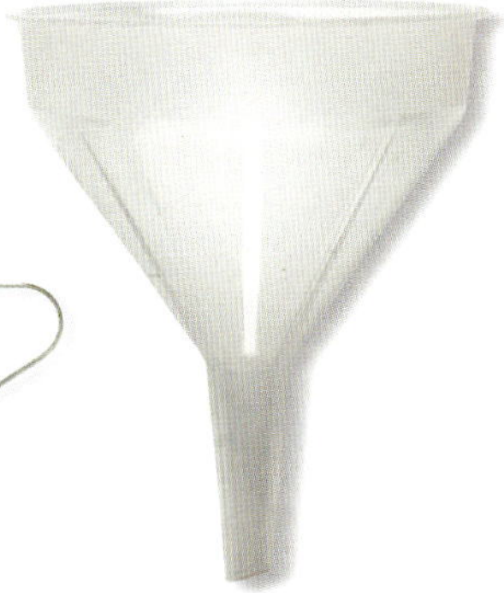

TRICHTER

SAFTBEUTEL

DURCHSCHLAG

SAFTBEUTEL UND FILTER
Ideal zum Filtern und Seihen ist Nessel, Käseleinen oder ein Passiertuch. Stets vor Gebrauch sterilisieren (s. S. 12). Für kleine Flüssigkeitsmengen eine Filtertüte aus Papier verwenden.

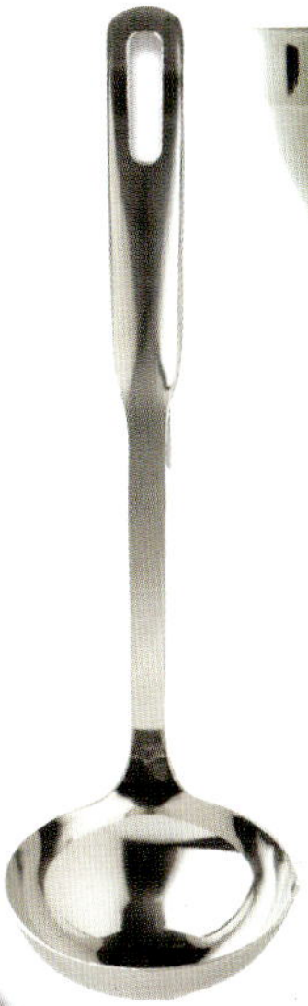

SCHÖPF-
KELLE

SCHAUMLÖFFEL

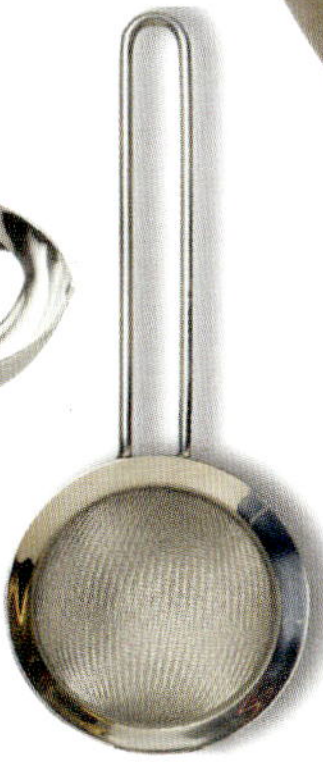

ABSCHÄUMSIEB

ABSCHÄUMSIEB
Damit Konfitüren oder Gelees kristallklar werden, muss man sie sorgfältig abschäumen. Das Sieb vor dem Benutzen stets in kaltes Wasser tauchen.

SCHÜSSELN

Sie benötigen verschiedene Größen – große Schüsseln, um Zutaten ziehen zu lassen und zu vermischen, mittlere für abgewogene Zutaten. Meiden Sie säureempfindliches Material.

EDELSTAHLSCHÜSSEL

GLASSCHÜSSELN

EINKOCHTÖPFE AUS EDELSTAHL

Für die Zubereitung von Chutneys und Pickles, die viel Säure enthalten, ist ein Edelstahltopf erforderlich.

Ein dicker schwerer Boden verteilt Hitze gleichmäßig und verhindert Anbrennen.

Wählen Sie einen Einkochtopf mit etwa 9 Liter Fassungsvermögen.

EINKOCHTÖPFE AUS KUPFER

Für Konfitüren und Gelees eignet sich ein Einkochtopf, der oben breiter ist als unten, ideal. Er muss stets absolut sauber sein und darf nicht für saure Lebensmittel verwendet werden.

DÖRRAPPARATE

Sie können Obst und Gemüse auch im Backofen trocknen, doch für große Mengen ist die Anschaffung eines Dörrapparats ratsam. Sein Preis ist relativ hoch, doch er arbeitet effizient, verbraucht sehr wenig Energie und ist einfach zu bedienen. Befolgen Sie stets die Gebrauchsanweisung.

Diese Einsätze erlauben schnelles, gleichmäßiges Trocknen ohne Wenden und Aromaverlust.

Stapelbare Einsätze ermöglichen das Trocknen unterschiedlicher Mengen.

RÄUCHERÖFEN

Ein eigener Räucherofen ist ein wunderbarer Luxus. Wählen Sie ein Modell, das sich leicht bedienen und sauber machen lässt, eine automatische Temperatur- und Zeitkontrolle hat und auch Räuchern bei niedrigen Temperaturen erlaubt.

In der Räucherkammer wird der Rauch kontrolliert verteilt. Er entsteht durch Verbrennen von Hartholzspänen.

Die Stahltür ist luftdicht und sollte einen Spalt offen bleiben, wenn der Ofen nicht in Gebrauch ist.

Gefäße

Verwenden Sie für Saft und andere flüssige Lebensmittel Gefäße aus nicht absorbierendem Material wie glasiertes Steingut, Email, Glas, Porzellan oder Edelstahl. Verzichten Sie auf säureempfindliches Material wie Aluminium oder Kunststoff, das sich verfärben und Gerüche annehmen kann. Vor Gebrauch müssen alle Gefäße auf Beschädigungen überprüft, sorgfältig gewaschen und sterilisiert werden (s. S. 12).

Hitzefeste Gefäße

Für Pasteten und andere haltbare Speisen, die im Backofen gegart werden, benötigen Sie hitzebeständige Gefäße aus Glas, Steingut, Porzellan oder Email. Wählen Sie Gefäße, die farblich zu ihrem Inhalt passen. Glas ist das ideale Material, um Eingemachtes von seiner besten Seite zu zeigen, und zudem säurebeständig. Glasgefäße, die bereits in Gebrauch waren, eignen sich nur für kurzzeitige Aufbewahrung. Für eine längerfristige Lagerung empfiehlt es sich, neue hitzebeständige Konservengläser mit säurefesten Deckeln zu verwenden.

EMAILLIERTE TERRINENFORM

PORZELLANFÖRMCHEN

OVALE TERRINE AUS STEINGUT

STEINGUTTOPF

Gläser mit weiter Öffnung sind für Rezepte mit ganzen Früchten oder Gemüsen unverzichtbar.

Dekorative Flaschen können für aromatisierte Öle und Essige verwendet werden.

Hygiene und Sicherheit

Nichts ist beim Konservieren wichtiger als Hygiene und Sicherheit. Alle Zutaten müssen Spitzenqualität haben und bei der empfohlenen Temperatur gelagert werden, Arbeitsflächen und Küchenutensilien müssen peinlich sauber sein. Reinigen Sie Arbeitsflächen vorher und zwischendurch mit einem keimtötenden Mittel. Verschließen Sie alle Konserven sorgfältig, werfen Sie jede Konserve weg, die Anzeichen von Verderb aufweist.

Sterilisieren

Es gibt zwei Methoden, Flaschen und Gläser zu sterilisieren, damit sie gefahrlos verwendet werden können.

MIT KOCHENDEM WASSER

Abgewaschene Gläser in einem Topf mit kochendem Wasser bedecken. Das Wasser zum Kochen bringen und 10 Minuten sprudelnd kochen lassen. Die Gläser herausheben und umgedreht auf ein sauberes Handtuch stellen. Auf einem abgedeckten Blech im lauwarmen Ofen trocknen lassen. Deckel, Gummiringe und Korken einige Sekunden in kochendes Wasser tauchen. Seihtücher und Saftbeutel mit kochendem Wasser übergießen.

IM BACKOFEN

Die abgewaschenen Gläser auf einem abgedeckten Blech für 10 Minuten in den auf 160 °C vorgeheizten Ofen stellen. Etwas abkühlen lassen und mit dem heißen Einmachgut füllen.

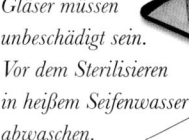

Gläser müssen unbeschädigt sein. Vor dem Sterilisieren in heißem Seifenwasser abwaschen.

UMGANG MIT FLEISCH

Bei Fleisch ist besondere Vorsicht geboten, doch wenn Sie die folgenden Hygieneregeln beachten, werden Sie alle Fleischkonserven im Buch problemlos genießen können.

- Die Küche muss absolut sauber sein. Für Fleisch stets eigene sterilisierte Küchenutensilien verwenden.
- Küchenutensilien in kochendem Wasser sterilisieren. Kunststoff kann mit Sterilisiertabletten oder in einem Sterilisator für Babyflaschen sterilisiert werden.
- Warme, feuchte Hände fördern Bakterienwachstum. Die Hände häufig mit antibakterieller Seife waschen und gut mit einem sauberen Handtuch oder Küchenpapier abtrocknen. Die Fingernägel kurz und sauber halten.
- Stets in einer kühlen, gut belüfteten Küche arbeiten, ideal sind 10–12 °C.
- Kaufen Sie immer Fleisch bester Qualität bei einem zuverlässigen Metzger und sagen Sie ihm, wofür.
- Fleisch darf niemals warm werden und muss bei 4 °C im Kühlschrank aufbewahrt werden. Prüfen Sie die Kühlschranktemperatur.
- Befolgen Sie die Rezepte genau und verwenden Sie stets die angegebenen Mengen Salpeter, Salz und Zucker. Mengen nie über den Daumen peilen.
- Überprüfen Sie gelagerte Konserven regelmäßig und werfen Sie alles weg, was unangenehm riecht oder Anzeichen von Verderb aufweist (s. S. 252).

SALPETER

Salpeter (Natriumnitrat) ist nicht unumstritten. Es handelt sich hier um eine natürliche Substanz, die in geringen Mengen verwendet Fleisch vor Verderb schützt, da sie Bakterienwachstum verhindert. Auch kommerziell hergestellten Fleischprodukten ist Natriumnitrat (und Natriumnitrit) zugesetzt, und ich würde beim Trocknen und Pökeln auf jeden Fall die Verwendung von Salpeter empfehlen.

- Salpeter ist nur in Apotheken erhältlich. Wahrscheinlich müssen Sie ihn sogar bestellen.
- Salpeter muss sicher aufbewahrt, eindeutig beschriftet und außerhalb der Reichweite von Kindern gelagert werden.
- Messen Sie Salpeter genau ab und vermischen Sie ihn sorgfältig mit den anderen Zutaten.
- In den Rezepten wird auf Salpeter hingewiesen.

Füllen und Verschließen

Gefäße

Verwenden Sie stets sterilisierte Gefäße mit passenden Deckeln oder Verschlüssen. Benutzen Sie für Sauerkonserven und Chutneys säurefeste Deckel, für Süßes Wachspapierkreise und Einmachzellophan. Für Dinge, die eingekocht werden, brauchen Sie spezielle Einmachgläser (s. S. 14–15).

Einmachzellophan

Wachspapierkreise

Korken

Konfitürengläser

Gummiringe

Kerzenwachs

Siegelwachs

Glasflasche

GLÄSER OHNE DECKEL FÜLLEN UND VERSCHLIESSEN

Zellophan zuerst anfeuchten.

1 Das heiße sterilisierte Glas mit Hilfe einer Schöpfkelle und eines Konfitüretrichters bis 1 cm unter den Rand füllen.

2 Den Rand mit einem feuchten Tuch abwischen. Behutsam einen Wachspapierkreis auf das Einmachgut legen.

3 Das Zellophan mit der feuchten Seite oben auf das Glas legen und mit einem Gummiring befestigen. Beim Trocknen schrumpft es und verschließt das Glas fest.

FLASCHEN FÜLLEN UND VERSCHLIESSEN

Das Wachs muss einen Teil des Flaschenhalses und den Korken bedecken.

1 Die heiße sterilisierte Flasche mit einem säurefesten Trichter bis 3,5 cm unter den Rand füllen. Den Rand abwischen.

2 Den Korken einige Minuten in heißes Wasser legen. Weit in den Flaschenhals drücken, dann mit einem Holzhammer bis auf 5 mm hineinklopfen.

3 Nach Abkühlen des Flascheninhalts den Korken vollständig in den Hals klopfen. Die Flasche mehrmals in geschmolzenes Kerzen- oder Siegelwachs tauchen, die einzelnen Schichten zwischendurch aushärten lassen.

Einkochen

Soll Einmachgut, das wenig Säure, Zucker oder Salz enthält, länger als drei bis vier Monate gelagert werden, muss es eingekocht werden – sonst droht Schimmel- und Bakterienbefall. Dazu wird es in sterilisierte Gläser oder Flaschen gefüllt, verschlossen, in Wasser gestellt und eine Zeit lang im Wasser gekocht (Kasten rechts). Beim Abkühlen entsteht im Gefäß ein Vakuum. Anschließend lagern Sie das Einmachgut kühl, trocken und dunkel (maximal zwei Jahre) und prüfen es regelmäßig auf Verderb.

Gefäße

Spezielle Gefäße zum Einmachen gibt es in vielen Formen und Größen. Am besten sind Gefäße, für die Sie stets neue Deckel und Dichtungsgummis nachkaufen können. Zudem empfiehlt es sich, neue Gefäße zu verwenden, die säurefeste Deckel oder Verschlüsse haben. Twist-off-Deckel sind eine günstige Alternative zu Spezialgläsern. Für Flaschen ohne Deckel oder Verschluss sind Korken erforderlich.

Der Dichtungsgummi muss neu sein.

Flaschen müssen einen Wulst zum Festbinden des Korkens haben.

Der Dichtungsgummi muss neu sein.

GLAS MIT SCHNAPP-VERSCHLUSS

GLAS MIT EINTEILIGEM VAKUUMDECKEL

GLAS MIT ZWEITEILIGEM VAKUUM-DECKEL

HITZEFESTE FLASCHE

FLASCHE MIT SCHNAPP-VERSCHLUSS

GLAS MIT SCHNAPPVERSCHLUSS

1 Einen neuen sterilisierten Dichtungsgummi (s. 12) auf den Deckelrand setzen – den Deckel gut festhalten und den Ring darüberziehen.

2 Das heiße sterilisierte Glas bis auf 1 cm oder bis zur Markierung des Herstellers füllen. Mit einem Tuch festhalten und den Deckel schließen.

GLAS MIT ZWEITEILIGEM SCHRAUBDECKEL

1 Das heiße sterilisierte Glas (s. S. 12) bis 1 cm unter den Rand füllen. Den Rand säubern und den sterilisierten beschichteten Deckel auflegen.

2 Das Glas mit einem Tuch festhalten. Den Ring aufschrauben, dann um eine Vierteldrehung oder nach Gebrauchsanweisung lockern.

FLASCHEN VERSCHLIESSEN

1 Die Flasche verkorken (s. S. 13), dann oben einen flachen Schnitt in den Korken machen.

2 Ein 50 cm langes Stück Küchengarn so in die Kerbe im Korken drücken, dass ein Garnende 10 cm länger ist als das andere.

3 Das lange Garnstück zu einer Schlaufe um den Flaschenhals legen, dann sein Ende vorn durch die Schlaufe ziehen.

4 Beide Garnenden nach unten ziehen, damit sich die Schlaufe zusammenzieht. Die Enden über dem Korken verknoten.

EINKOCHEN

1 Jedes Glas in einige Lagen Stoff oder zusammengefaltete Zeitung einwickeln, damit sie sich nicht direkt berühren. Die Gläser auf einem Rost in einen großen Topf mit Deckel setzen.

2 Die Gläser mindestens 2,5 cm hoch mit heißem Wasser bedecken. Den Deckel auflegen. Das Wasser zum Kochen bringen und die notwendige Zeit kochen lassen (siehe unten). Zwischendurch ggf. Wasser nachfüllen.

3 Die Gläser vom Herd nehmen, mit dem Glasheber herausnehmen und auf ein Gitter oder Tuch stellen. Schraubringe ggf. sofort festdrehen. Während die Gläser vollständig abkühlen, entsteht ein Vakuum.

4 Schnappverschluss oder Schraubring vorsichtig öffnen und das Glas am Rand behutsam hochheben. Der Deckel darf dabei nicht aufgehen. Einteilige Deckel wölben sich nach innen, wenn ein Vakuum entstanden ist.

EINKOCHZEITEN

Alle Zeiten gelten ab dem Moment, an dem das Wasser wieder zu kochen beginnt.

KALT EINGEFÜLLTES EINMACHGUT		HEISS EINGEFÜLLTES EINMACHGUT	
Gewicht	Einkochzeit	Gewicht	Einkochzeit
500-g-Gläser	25 Minuten	500-g-Gläser	20 Minuten
500-ml-Flaschen	25 Minuten	500-ml-Flaschen	20 Minuten
I-kg-Gläser	30 Minuten	I-kg-Gläser	25 Minuten
I-l-Flaschen	30 Minuten	I-l-Flaschen	25 Minuten

Die Zubereitung von ...
Konfitüren

Die Zubereitung von Konfitüren gehört zu den einfachsten Konservierungsmethoden. Geeignet sind hier fast alle Früchte und überraschend viele Gemüse. Zucker reagiert mit Pektin und Säure, wodurch die Masse geliert, zudem konserviert er und verhindert so Schimmelbildung. Entscheidend für das Gelieren ist aber das Verhältnis von Säure zu Pektin.

Der Pektingehalt

Viele Früchte enthalten von Natur aus die richtige Menge an Säure und Pektin. Bei anderen muss man etwas nachhelfen, indem man Zitronensaft oder pektinreiche Früchte (wie Äpfel), selbst gemachtes Pektinkonzentrat oder handelsübliches Pektin hinzufügt. Muss der Pektingehalt erheblich erhöht werden, ist auch die Zuckermenge entsprechend zu erhöhen. Die Zuckermenge in meinen Rezepten kann bis zu 30 Prozent reduziert werden, aber die Konfitüre ist dann nicht so lange haltbar und muss im Kühlschrank aufbewahrt werden.

1 Alle Zutaten 20–25 Minuten köcheln lassen, dann den Zucker hinzufügen. Bei mittlerer Hitze sorgfältig rühren, bis er sich aufgelöst hat. Die Hitze erhöhen, bis der Topfinhalt sprudelnd kocht.

2 20–25 Minuten kochen lassen, bis der Gelierpunkt erreicht ist (siehe Kasten rechts). Den Topf von der Kochstelle nehmen und die Konfitüre einige Minuten ruhen lassen. Ggf. abschäumen.

GELIERPROBE

Konfitüre kann bei Erreichen des Gelierpunkts abgefüllt werden, d. h. wenn sie sprudelnd kocht und ein Zuckerthermometer 105 °C anzeigt. Nun eine Gelierprobe durchführen.

Tropfentest
Einen Löffel in die Konfitüre tauchen, dann so herausheben, dass die Konfitüre seitlich herunterläuft. Fällt sie in flachen Tropfen oder bandförmig herab, ist sie geliert.

Kräuseltest
Etwas heiße Konfitüre auf eine kalte Untertasse geben und einige Minuten abkühlen lassen, dann mit dem Finger zusammenschieben. Kräuselt sie sich, ist der Gelierpunkt erreicht.

Die Zubereitung von ...
Gelees

Die Zubereitung von Gelee ist eine wundersame Sache, denn dabei entsteht aus trübem Fruchtsaft eine glasklare, funkelnde Substanz. Drei Dinge sind dazu notwendig: Pektin, das in unterschiedlichen Mengen in allen Früchten vorkommt, Säure und Zucker. Pektinarmen Früchten wie Kirschen, Pfirsichen und Himbeeren werden meist pektinreiche wie Äpfel, Cranberrys, Zitrusfrüchte oder Johannisbeeren hinzugefügt.

Die wichtigsten Schritte

Zur Herstellung von Gelee die Früchte waschen und zerkleinern. Bei Äpfeln die Kerngehäuse entfernen, aber nicht wegwerfen. Erfolgt das Zerkleinern in einer Küchenmaschine, reduziert sich die Garzeit, vermutlich müssen die Früchte aber portionsweise zerkleinert werden, da das Gefäß für die Gesamtmenge zu klein ist. Dann die Früchte (und Kerngehäuse) in einem Topf mit Wasser bedecken, zum Kochen bringen und 20–30 Minuten köcheln lassen. Ehe der Gelierpunkt erreicht ist, gut abschäumen, damit am Ende ein wunderbar klares Gelee entsteht.

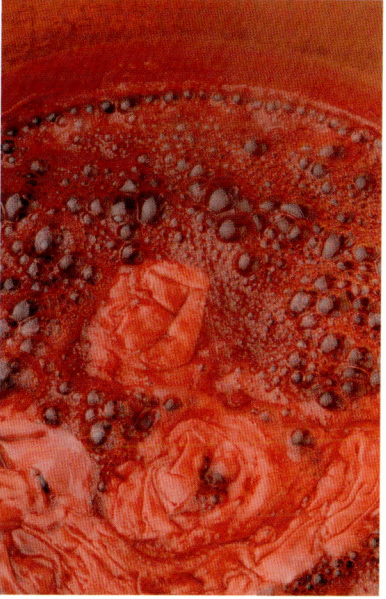

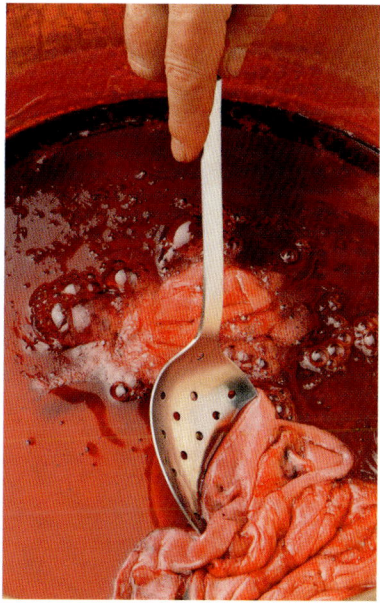

1 Fruchtmasse und Flüssigkeit in einen über eine große Schüssel gehängten sterilisierten Saftbeutel gießen. 2–3 Stunden abtropfen lassen. Den Beutel aber nicht ausdrücken, weil das Gelee sonst trüb wird.

2 Das Fruchtmus im Topf mit Wasser bedecken und 30 Minuten köcheln lassen. Wieder abtropfen lassen. Beide Saftmengen mischen. Mit dem Zucker erhitzen und rühren, bis dieser sich aufgelöst hat.

3 Sprudelnd zum Kochen bringen, dann mit einem Schaumlöffel gut abschäumen. Sprudelnd kochen lassen, bis der Gelierpunkt erreicht ist (s. S. 16). Nach etwa 10 Minuten die erste Gelierprobe machen.

Die Zubereitung von …
Fruchtmus und -paste

Fruchtpasten gab es schon in vorrömischer Zeit, als man Fruchtpüree mit Honig vermischte und in der Sonne trocknete. Mus wird wie Paste zubereitet, aber die Garzeit ist kürzer, und mitunter enthält es weniger Zucker, wodurch eine weichere streichfähige Masse entsteht. Fruchtpaste wird dagegen stärker eingekocht. Dies bedeutet, dass dafür alle Früchte verwendet werden können, weil der Pektingehalt keine große Rolle spielt.

Die wichtigsten Schritte

Mus und Paste müssen lange und langsam gegart und gegen Ende der Garzeit häufig umgerührt werden, da sie leicht anbrennen. Quitten ergeben die beste Paste, aus der sich herrlich bernsteinfarbenes Konfekt zubereiten lässt. Sowohl Fruchtpaste als auch Fruchtmus ist lange haltbar.

Der wichtigste Unterschied bei der Zubereitung von Fruchtmus und Fruchtpaste ist die Länge der Garzeit. Für Fruchtpaste wird das Fruchtpüree zu einer dicken, dunklen, glänzenden Masse eingekocht, Fruchtmus ist fertig, wenn ein hineingedrückter Löffel darin einen Abdruck hinterlässt.

1 Die Früchte zerkleinern, mit etwas Cidre oder Wasser aufkochen und 30–45 Minuten köcheln lassen, bis sie musig sind. Durch ein Passiergerät oder Sieb streichen, dann etwas Zucker hinzufügen.

2 Das Püree wieder in den Topf geben, langsam aufkochen und unter häufigem Rühren 2–3 Stunden köcheln lassen, bis es sehr dick ist und blubbert. Einen Bräter großzügig mit Öl einpinseln.

3 Die Paste in einer 2,5–4 cm dicken Schicht im Bräter verstreichen. Abkühlen lassen, abdecken und für 24 Stunden warm und trocken stellen. Auf Backpapier stürzen und in Rauten schneiden.

Die Zubereitung von ...
Chutneys und Relishes

In Indien bezeichnet man eine Vielzahl von Produkten als »Chutney« – langsam gegarte Saucen, die vor Verwendung mehrere Wochen ziehen müssen, aber auch einfache Relishes, die aus fein gehackten rohen Zutaten hergestellt werden und nach einigen Stunden verzehrfertig sind. Alle enthalten Säure, Gewürze und ein Süßungsmittel. Unten ist gezeigt, wie ein traditionelles gegartes Chutney zubereitet wird.

Die wichtigsten Schritte

Damit Chutneys und Relishes Säure erhalten, wird ihnen stets Essig hinzugefügt. Obwohl hier jede Art von Essig geeignet ist, verwende ich vorzugsweise Apfelessig, weil mir sein fruchtiges Aroma besonders passend erscheint. Viele Leute nehmen aber auch sehr gern Weißweinessig.

Chutneys und Relishes unterscheiden sich durch die Länge der Garzeit. Je nach Zutaten gart man ein Relish vielleicht ein Drittel der Zeit eines Chutneys, da zwar ein großer Teil der Flüssigkeit eingekocht werden muss, aber nicht die dicke Konsistenz eines Chutneys erreicht werden soll.

1 Obst und Gemüse mit Essig und Salz in einem säurefesten Topf gut vermischen und aufkochen. Köcheln lassen, bis sie weich, aber noch nicht musig sind. Werden sie zu trocken, noch etwas Cidre hinzufügen.

2 Rohrohrzucker dazugeben und rühren, bis er sich aufgelöst hat. Er verhindert, dass die Mischung noch weicher wird. Sollte dies aber gewünscht sein, den Zucker etwas später hinzufügen.

3 Die Mischung 50–60 Minuten garen, bis sie dick und die meiste Flüssigkeit verdampft ist. Häufig umrühren, damit sie nicht ansetzt. In Gläser füllen, verschließen und drei Wochen ziehen lassen.

Die Zubereitung von …
Ketchups und Saucen

Ketchup kommt ursprünglich aus China, wo er vor Jahrhunderten aus Flüssigkeit bestand, in der man Fisch eingelegt hatte. Bei Seefahrern war er eine beliebte Würze für Reisbrei. Zu Beginn des 18. Jh. brachten Kaufleute ihn aus Fernost nach Europa. Rasch wurde Ketchup – vor allem Tomatenketchup – zur beliebtesten Würzsauce der Welt. Selbst gemachter Ketchup ist aber weitaus besser als die im Handel erhältlichen sehr süßen Sorten.

Die wichtigsten Schritte

Ketchups und Saucen werden gleich zubereitet, und neben Tomaten kann man viele andere Obst- und Gemüsearten verwenden. Besonders gut eignen sich rote Paprikaschoten (siehe unten), Pilze, Pfirsiche, Äpfel, Birnen und Pflaumen. Vor dem Garen müssen Obst und Gemüse ggf. gehäutet und dann mit einem Messer oder in der Küchenmaschine gehackt werden. Dann gibt man sie mit einem Gewürzsäckchen und einem Kräuterstrauß (s. S. 31) in einen säurefesten Topf und bedeckt sie mit Wasser. Die Zutaten zum Kochen bringen und 25 Minuten köcheln lassen, bis sie weich sind.

1 Das gegarte Obst oder Gemüse etwas abkühlen lassen, dann Kräuter und Gewürzsäckchen herausnehmen und wegwerfen. Die Mischung durch ein Passiergerät oder Sieb streichen.

2 Das Püree mit Essig, Zucker und Salz in den abgewaschenen Einkochtopf geben. Aufkochen und rühren, bis sich der Zucker aufgelöst hat. 1–1 ½ Stunden köcheln lassen, bis es um die Hälfte eingekocht ist.

3 Pfeilwurzelmehl oder Maisstärke mit etwas Essig vermischen und in die Sauce rühren. Die Sauce 1–2 Minuten kochen lassen, bis sie etwas eingedickt ist. In Flaschen füllen, einkochen und abkühlen lassen.

Die Zubereitung von ...
Pickles und Essig

Will man Gemüse in Essig einlegen, salzt man sie zunächst, um ihnen Flüssigkeit zu entziehen. Dazu vermischt man sie entweder mit trockenem Salz oder legt sie in eine starke Salzlösung. Anschließend sollten sie je nach Größe für 12–48 Stunden an einen kühlen Platz gestellt werden. Bei Hitze muss man die Salzlösung täglich erneuern, da sie leicht gären kann.

Die kreative Note

Dann die Gemüse mit beliebigem Essig bedecken. Gewöhnlich werden nun Aromazutaten wie getrocknete Chilis und Pfefferkörner dazugegeben. Sollen die Pickles knackig werden, den Essig abkühlen lassen, für weichere Pickles kochenden Essig verwenden. Eingelegtes Grüngemüse verliert während der Lagerung leicht die Farbe. Ein Gegenmittel ist das Blanchieren. Auch etwas Natron im Wasser hilft die Farbe zu erhalten (1 TL auf jeweils 500 ml Wasser), zerstört aber leider die Vitamine im Gemüse.

1 Mit 75 g Salz je Liter Wasser genügend Salzlake anrühren. Die Gemüse mit der Lake bedecken, beschweren (s. S. 166) und für 24 Stunden an einen kühlen Platz stellen.

2 Für den Essig ein Gewürzsäckchen binden (s. S. 31) und mit dem gewählten Essig in einen säurefesten Topf geben. Den Essig zum Kochen bringen und etwa 5 Minuten kochen lassen.

3 Die Gemüse abspülen und vollständig mit dem kochenden Essig bedecken. Beschweren (s. S. 166), verschließen (s. S. 13) und für drei bis vier Wochen an einen kühlen dunklen Platz stellen.

BLANCHIEREN

Blanchieren ist beim Konservieren wichtig, da es in Obst und Gemüse die Enzyme zerstört, durch die sie, der Luft ausgesetzt, verderben und sich verfärben können (diesen Vorgang bezeichnet man als Oxidation). Grüngemüse werden meist in kochendem Salzwasser blanchiert – dazu pro Liter Wasser 1 EL Salz unterrühren. Obst wird dagegen in Wasser blanchiert, dem auf jeden Liter 3 EL Essig oder Zitronensaft oder 2 TL Zitronensäure hinzugefügt wurde.

FILTERN

Mitunter werden selbst bei sorgfältigster Zubereitung Flüssigkeiten trüb und müssen gefiltert werden. Dazu die Flüssigkeit durch einen sterilisierten Saftbeutel, ein doppelt genommenes Passiertuch, dünnes Nesseltuch oder einen Papierfilter (etwa einen Kaffeefilter) gießen.

Sterilisiertes Nesseltuch in ein Sieb legen oder ein großes Stück an den Beinen eines umgedrehten Schemels befestigen. Wird ein Papierfilter verwendet, ist es am einfachsten, ihn in einen Trichter zu stecken.

Die besten Zutaten für ...
Konfitüren und Marmeladen

Die wohl beliebteste Konservierungsmethode, die Konfitürenherstellung, verbindet man fast immer mit Früchten – insbesondere Beerenfrüchten. Aber auch aus manchen Gemüsen lassen sich süße Konfitüren zubereiten. Obwohl Gemüsekonfitüren nicht so fest werden, sind sie dennoch streichfähig. Als Marmelade bezeichnet man heute nur noch Konfitüre aus Zitrusfrüchten.

KIRSCHEN
Aus Sauerkirschen (wie Schattenmorellen) und Süßkirschen kann man wundervolle Konfitüre zubereiten, letzteren muss jedoch Pektin hinzugefügt werden.

BROMBEEREN
Da sie wenig Pektin enthalten, werden Brombeeren bei der Konfitürenherstellung am besten mit anderen Beerenfrüchten oder Äpfeln kombiniert.

FEIGEN
Diese pektin- und säurearmen Früchte ergeben köstliche, exotisch schmeckende Konfitüre, die perfekt zu Weichkäse passt.

HEIDELBEEREN
Bei diesen Beeren variiert der Pektingehalt stark. Deshalb verwendet man sie in Konfitüren meist zusammen mit anderen Früchten.

HIMBEEREN
Sie gehören zu den beliebtesten Früchten für Konfitüre und haben einen mittelhohen Pektingehalt, sodass die Fruchtmasse recht leicht geliert.

ERDBEEREN
Erdbeeren werden am besten möglichst rasch verarbeitet. Da sie wenig Pektin enthalten, muss beim Gelieren ein wenig nachgeholfen werden.

ZITRONEN UND ORANGEN
Zitrusfrüchte sind vielseitig und werden häufig für Konfitüren und Marmeladen verwendet. Da sie viel Pektin enthalten, helfen sie beim Gelieren. Zudem liefern sie viel Vitamin C.

PROBIEREN SIE AUCH...
Äpfel • Ananas • Auberginen • Kürbisse • Litschis • Markkürbisse • Maulbeeren • Melonen • Nektarinen • Paprikaschoten (rot) • Pfirsiche • Quitten • Reneclauden • Stachelbeeren • Tomaten • Weintrauben • Zwiebeln

BIRNEN
Diese Früchte haben wenig Pektin und Säure. Daher kombiniert man sie oft mit Äpfeln und Zitrusfrüchten.

APRIKOSEN
Konfitüre aus Aprikosen ist wunderbar. Aber da ihr Pektin- und Säuregehalt stark variiert, werden manche Konfitüren recht weich.

PFLAUMEN
Verschiedene Sorten haben einen unterschiedlichen Pektingehalt. Bei Dessertpflaumen ist er mittel, bei Kochpflaumen hoch.

SCHWARZE JOHANNISBEEREN
Selbst aus sehr reifen Beeren lässt sich köstliche Konfitüre zubereiten, die die Essenz des Sommers einfängt.

ZWETSCHGEN
Diese säuerlichen Früchte geben Konfitüre besonderen Kick und enthalten zudem viel Pektin.

MÖHREN
Da Möhren mehr Pektin haben als andere Gemüse, eignen sie sich ideal für Konfitüre. Auch ihre Süße und Farbe spricht für sie.

Die Zutaten für …
Gelees, Fruchtmus, und Fruchtpasten

Grundvoraussetzung für die Geleeherstellung sind Früchte, die viel Saft oder Pektin enthalten – im Idealfall beides. Bei Fruchtmus und Fruchtpaste ist es dagegen am wichtigsten, dass das verwendete Obst aromareich und in großen Mengen vorhanden ist. Letztere können durch Hinzufügen aromatischer Liköre und anderer ungewöhnlicher Aromazutaten aufgepeppt werden.

HIMBEEREN
Diese Beeren sind die klassischen Geleefrüchte und ergeben ein wunderbar klares Gelee. Auch Fruchtpasten verleihen sie besonderen Pfiff.

WEINTRAUBEN
Da der Pektingehalt von Weintrauben variiert, fügt man ihnen bei der Geleeherstellung gehackte Zitrone hinzu.

ERDBEEREN
Erdbeeren ergeben köstliche Gelees, enthalten aber wenig Pektin.

WILDÄPFEL
Sie sind eine ideale Alternative zu Äpfeln, um bei der Herstellung von Gelee aus pektinarmen Früchten den Pektingehalt zu erhöhen.

ÄPFEL
Die perfekte Zutat für Fruchtmus, sie können mit Zwetschgen oder Quitten kombiniert, aber auch für Fruchtpasten verwendet werden.

ZITRONEN
Sie ergeben herrliche Fruchtpaste und schenken Gelees ihr Pektin.

PROBIEREN SIE AUCH ...

Ananas • Aprikosen • Grapefruit • Guaven • Mangos • Mispeln • Melonen • Maulbeeren • Orangen • Passionsfrüchte • Pfirsiche (reif) • Paprikaschoten (rot) • Schlehen • schwarze Johannisbeeren • Stachelbeeren • Tomaten • Zwetschgen

BROMBEEREN
Kombiniert mit pektinreichen Äpfeln sind Brombeeren die idealen Früchte für Fruchtmus, Fruchtpasten und Gelee.

KIWIS
Mit etwas Zitronensaft, der Säure und Pektin beisteuert, kann man aus Kiwis ein köstliches Fruchtmus zubereiten.

CHILISCHOTEN
Chilis sorgen in Gelee für etwas Schärfe. Experimentieren Sie mit verschiedenen Chilisorten oder unterschiedlichen Früchten.

PFLAUMEN
Sie ergeben großartiges Gelee, und verschiedene Sorten führen zu unterschiedlichen Resultaten.

BIRNEN
Relativ feste Birnen sind eine herrliche Basis für Fruchtpaste und Fruchtmus, vor allem in Kombination mit Quitten, Äpfeln oder Cranberrys.

QUITTEN
Die beste Fruchtpaste wird aus Quitten hergestellt – und Quittenmus schmeckt auch wunderbar.

Die besten Zutaten für ...
Chutneys, Relishes, Ketchups und Saucen

Für die Zubereitung von Chutneys und Relishes eignet sich eine riesige Auswahl an Obst und Gemüse, doch wie immer beim Konservieren darf nur beste Qualität verwendet werden, und im Idealfall nimmt man Saisonware. Denken Sie daran, dass Chutneys im Laufe der Zeit immer besser werden. Für Ketchups und Saucen braucht man weniger Zutaten, von denen viele in jedem Vorratsschrank stehen.

TOMATEN
Die Tomate ist zweifellos die ultimative Zutat für Chutneys, Relishes, Ketchups und Saucen.

ZWIEBELN
Unverzichtbar für Chutneys und Relishes. Es ist jede Zwiebelsorte geeignet, auch die mildere Schalotte.

CHILISCHOTEN
Wie zu erwarten verleihen Chilischoten wunderbare Schärfe, aber nicht jeder mag sie.

PAPRIKASCHOTEN
Rote wie gelbe Paprikaschoten verleihen Chutneys und Relishes herrliche Farbe, Süße und Konsistenz.

ZUCCHINI
Besonders die großen Marrow-Zucchini sind wegen ihrer cremigen Konsistenz eine bevorzugte Zutat für Chutneys.

AUBERGINEN
Diese Chutney-Grundzutat wird besonders gern für indische, südostasiatische und mediterrane Rezepte genommen.

PFLAUMEN
Aus Pflaumen lassen sich köstliche süß-würzige Ketchups zubereiten, und sie eignen sich perfekt für Chutneys.

RHABARBER
Durch seinen säuerlichen Geschmack harmoniert Rhabarber in Chutneys und Relishes gut mit anderen Früchten.

CRANBERRYS
Bei einem klassischen amerikanischen Erntedankessen darf niemals eine Cranberrysauce fehlen.

BIRNEN
Mit Ingwer kombiniert sind Birnen eine wunderbare Chutneyzutat.

PFIRSICHE
Pfirsichchutneys erhalten durch Walnüsse, Mandeln oder Pekannüsse einen herrlichen Biss.

FEIGEN
Unreife Feigen werden häufig für Chutneys und Relishes verwendet, denen sie eine samtige Konsistenz und ein exotisches Aroma verleihen.

ÄPFEL
Apfelsauce ist die perfekte Beilage zu Schweinefleisch, doch Äpfel sind auch eine wichtige Chutneyzutat.

PROBIEREN SIE AUCH…

Ananas • Aprikosen • Champignons • Datteln (entsteint) • grüne Tomaten • Ingwer • Knoblauch • Kumquats • Limetten • Maiskolben (klein und groß) • Mangos • Möhren • Kürbis • Rosinen • Staudensellerie• Weintrauben (kernlos)

Die besten Zutaten für …
Pickles und Essig

Ein gutes würziges Pickle sollte in keinem Vorratsschrank fehlen. Es ist die perfekte Beilage zu warmem oder kaltem Fleisch, Käse und Kräckern. Für Pickles am besten geeignet sind harte oder feste Obst- und Gemüsesorten wie Zwiebeln, rote Bete oder Paprikaschoten. Für Essige sind dagegen nicht unbedingt feste Früchte erforderlich. Man kann sie sogar mit weichen Sommerfrüchten wie Erdbeeren herstellen.

CHILISCHOTEN
Sie sind für sich eingelegt großartig, eignen sich aber auch ideal, um anderem Einmachgut Schärfe zu geben.

WALNÜSSE
Eingelegte Walnüsse sind ein Klassiker, doch ihre Konservierung erfordert viel Zeit.

ZWETSCHGEN
Eingelegte Zwetschgen werden süßsauer, und je länger man sie lagert, desto köstlicher schmecken sie.

LIMETTEN
Aus Limetten lassen sich indisch anmutende leckere Pickles herstellen. Mit Ingwer, Kreuzkümmel und Gewürznelken einlegen.

BLUMENKOHL
Er lässt sich besonders gut mit asiatischen Gewürzen einlegen und mit ostasiatischen Speisen kombinieren.

ROTKOHL
Eingelegter Rotkohl ist ein Klassiker. Kümmel oder Kreuzkümmel verleihen ihm zusätzliches Aroma.

OKRASCHOTEN
Dieses Gemüse verleiht von der indischen Küche inspirierten Pickles und Würzsaucen eine interessante Konsistenz.

PROBIEREN SIE AUCH …
Violette Mini-Auberginen • Erdbeeren • Fischfilet • grüne Tomaten • Gurken • Ingwer • Kiwis • Meerrettich • Möhren • Paprikaschoten (rote und gelbe) • Perlzwiebeln • Pflaumen • Radieschen • Sauerampfer • Spinat • Stachelbeeren • Staudensellerie • Wassermelonenschale

GETROCKNETE CHILISCHOTEN
Mit getrockneten Chilis zubereitete Essige wirken wunderbar wärmend.

EINLEGEGURKEN
An Einlegegurken scheiden sich die Geister, aber als Gewürzgurken sind sie sehr beliebt.

SCHALOTTEN
Zwiebeln gehören zu den bekanntesten Zutaten für Pickles, aber Schalotten sind eine mildere Alternative.

KNOBLAUCH
Eingelegt wirkt Knoblauch belebend und erfrischend. Er würde es verdienen, größere Beachtung zu finden.

WEISSE RÜBEN
Diese Rüben sind im Nahen Osten eine ausgesprochen populäre Zutat für Pickles.

ROTE BETE
Eingelegte Rote Beten können mit Knoblauch und Estragon aufgepeppt werden.

Aromazutaten

Die Geschichte der guten Küche begann, als Menschen entdeckten, dass sie durch Hinzufügen von frischen Kräutern und Gewürzen Speisen in Delikatessen verwandeln konnten. Seitdem streben alle Küchen der Welt nach einer perfekten Ausgewogenheit der Aromen. Doch Kräuter und Gewürze werden nicht nur wegen ihres Geschmacks und Dufts geschätzt, sondern auch, weil sie keimtötend und verdauungsfördernd sind.

Gewürze

Am besten werden Gewürze erst direkt vor der Verwendung gemahlen. Ganze Gewürze halten sich in einem luftdichten Behälter bis zu zwei Jahre, gemahlene Gewürze verlieren rasch ihr Aroma.

GEMAHLENE
KURKUMA

KURKUMA-
WURZEL

ANISSAMEN

PFEFFERKÖRNER

KORIANDERSAMEN

DILLSAMEN

SELLERIESAMEN

INGWERWURZEL

KREUZKÜMMELSAMEN

VANILLESCHOTEN

GEWÜRZNELKEN

CHILIFLOCKEN

CAYENNEPFEFFER

WACHOLDERBEEREN

STERNANISFRÜCHTE

GRÜNE KARDAMOMKAPSELN

PIMENTBEEREN

ZIMTSTANGEN

GEMAHLENER ZIMT

SCHWARZKÜMMEL

BOCKSHORNKLEE-
SAMEN

Kräuter

Frische Kräuter stellen Sie in ein Glas mit Wasser oder legen sie in feuchtes Küchenpapier eingewickelt in das Gemüsefach des Kühlschranks. Abgesehen von zarten Sorten wie Basilikum können frische Kräuter durch getrocknete ersetzt werden; da diese aber ein intensiveres Aroma haben, nur die halbe Menge verwenden.

LORBEER-BLÄTTER

SALBEI

OREGANO

GERANIENBLATT

GLATTE PETERSILIE

ROSMARIN

THYMIAN

KRAUSE PETERSILIE

KORIANDER

GOLDBLÄTTRIGER MAJORAN

STAUDEN-SELLERIE-BLATT

APFELMINZE

GRÜNE MINZE

GRÜNES BASILIKUM

VIOLETTES BASILIKUM

MAJORAN

Gewürzsäckchen und Kräutersträuße

In Stoffsäckchen gegebene Gewürze und gebundene Kräutersträußchen verleihen Aroma und können später leicht wieder entfernt werden.

Die Aromazutaten in die Mitte eines kleinen Stoffquadrats geben. Den Stoff zusammennehmen und mit Küchengarn zusammenbinden.

Den Kräuterstrauß mit Küchengarn zusammenbinden.

Spätwinter

Zutaten der Saison

Gegen Ende des Winters erfreut sich Fleisch seit jeher größter Beliebtheit. Die Wurzelgemüse sind immer noch allgegenwärtig und je nachdem, in welchem Teil der Welt Sie leben, ist die Saison der Zitrusfrüchte angebrochen. Hier eine Auswahl der Zutaten, die ich im Spätwinter am liebsten konserviere.

WACHTEL
Für Wildgeflügel hat die Wachtel einen recht zarten Geschmack. Ihr Fleisch ist saftig und ihre Brust dunkler und fleischiger als bei Hähnchen.

ORANGEN
Der frische, vollmundige Geschmack von Orangen macht sie zu perfekten Muntermachern für kalte Winternachmittage.

FASAN
Oft heißt es, Fasan würde ganz ähnlich schmecken wie Hähnchen, aber häufig ist sein Fleisch trockener – und natürlich hat es einen Wildgeschmack.

SCHALOTTEN
Sie sind mit Zwiebeln austauschbar, sind aber milder im Geschmack.

ROTE UND ROSA GRAPEFRUIT
Dieser Frühstücksklassiker hat aufgrund seines typischen bitteren Geschmacks vermutlich ebenso viele Freunde wie Feinde. Aber er ergibt herrliche Fruchtpaste.

KABELJAUFILET
Ist so beliebt, dass bereits dazu aufgerufen wurde, zum Schutz der Bestände anderen Fisch zu essen, doch er ist vielseitig und wird oft unterschätzt.

CLEMENTINEN
Durch ihren hohen Pektin- und Säuregehalt eignen sich Clementinen ideal für Konfitüre und Gelee, aber sie können auch eingelegt werden.

WILDBRET
Dieses fettarme Fleisch kann auf überraschend vielfältige Weise konserviert werden.

Rosa Grapefruitcreme

☆☆ **SCHWIERIGKEITSGRAD** MITTEL   **GARZEIT** 30–45 MINUTEN

KÜCHENUTENSILIEN WASSERBADTOPF, STERILISIERTE GLÄSER, EINFACHZELLOPHAN (S. S. 12–13)

ERGIBT ETWA 1 KG   **HALTBARKEIT** GEKÜHLT 3 MONATE, EINGEKOCHT 6 MONATE

SERVIERVORSCHLAG ALS FÜLLUNG FÜR KUCHEN, TARTES UND PAWLOWAS

ZUTATEN

2 rote oder rosa Bio-Grapefruit

Saft von 2 Zitronen

400 g Einmachzucker

100 g weiche Butter

4 Eier und 2 Eigelb (Größe M oder L), verquirlt

3 EL Orangenblütenwasser

1 Die Schale einer Grapefruit auf einer Reibe fein abreiben, anschließend die Grapefruit auspressen.

2 Mit einem scharfen Messer von der anderen Grapefruit der Rundung der Frucht folgend die Schale abschneiden.

3 Vorsichtig die Fruchtsegmente aus den Häutchen herauslösen und grob hacken.

Die Butter in Stückchen hinzufügen, damit sie rasch schmilzt.

4 Grapefruitsaft, abgeriebene Schale und Fruchtfleisch mit Zitronensaft, Zucker und Butter in einem Topf behutsam erhitzen, bis die Butter geschmolzen ist. Die Mischung in den Wasserbadtopf oder in eine auf einen Topf mit siedendem Wasser gesetzte Schüssel füllen.

5 Die Eier durch ein feines Sieb dazugießen, dabei ständig mit einem Holzlöffel rühren, um sie gleichmäßig unterzumischen.

6 Die Mischung bei schwacher Hitze unter ständigem Rühren 25–45 Minuten garen, bis sie den Löffelrücken überzieht. Die Creme darf aber nicht kochen, weil sie sonst gerinnt.

Das verquirlte Ei durch ein Sieb gießen, damit sich keine Klumpen bilden.

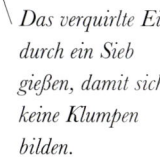

7 Topf oder Schüssel von der Kochstelle nehmen. Orangenblütenwasser in die Creme rühren. Die Creme in die Gläser füllen. Mit Wachspapierkreisen bedecken. Die Gläser sofort mit Einmachzellophan verschließen.

Orangenmarmelade mit Koriander

 **SCHWIERIGKEITSGRAD** EINFACH **GARZEIT** 1–1 ½ STUNDEN  **KÜCHENUTENSILIEN** EINKOCHTOPF, ZUCKERTHERMOMETER, STERILISIERTE GLÄSER MIT DECKEL (S. S. 12–13)  **ERGIBT** ETWA 2 KG **HALTBARKEIT** 2 JAHRE **SERVIERVORSCHLAG** ZUM FRÜHSTÜCK AUF TOAST

ZUTATEN

1 kg Bio-Pomeranzen

2 Bio-Zitronen

1,5 kg Einmachzucker

3 EL Koriandersamen, zerstoßen

75 ml Orangenlikör wie Grand Marnier oder Cointreau

1 Alle Früchte waschen, dann quer halbieren. Die Kerne entfernen. Die Hälften längs halbieren und die Viertel in dünne Scheiben schneiden, sodass Halbmonde entstehen.

2 Die Kerne auf ein sauberes Stück Baumwollstoff legen. Den Stoff über den Kernen zusammennehmen und zu einem Säckchen zusammenbinden.

3 Früchte und Säckchen mit 2 l Wasser in eine große Glasschüssel geben. Mit einem Teller beschweren (s. S. 166), damit die Früche eingetaucht bleiben. Abdecken und über Nacht stehen lassen.

4 Am nächsten Tag Früchte und Wasser in den Einkochtopf geben. Zum Kochen bringen und nach Reduzieren der Hitze 45–60 Minuten köcheln lassen, bis die Orangenschalen weich sind und die Mischung auf die Hälfte eingekocht ist.

5 Den Zucker in den Topf geben. Zum Kochen bringen und rühren, bis er sich aufgelöst hat. Gut abschäumen, dann den Koriander unterrühren.

6 Den Topfinhalt 10–15 Minuten sprudelnd kochen lassen, bis der Gelierpunkt erreicht ist (s. S. 16). Von der Kochstelle nehmen und einige Minuten abkühlen lassen. Den Orangenlikör sorgfältig unterrühren. Die Marmelade in die heißen sterilisierten Gläser füllen und verschließen.

Diese Marmelade wird mit Koriander und Orangenlikör aromatisiert. Sie können auch süße Orangen verwenden, am besten schmecken aber Pomeranzen, deren Saison jedoch kurz ist.

Kandierte Zitrusschalen

☆ **SCHWIERIGKEITSGRAD** EINFACH **GARZEIT** 2¾–3¾ STUNDEN ▮ **KÜCHENUTENSILIEN** LUFTDICHTER

BEHÄLTER ODER STERILISIERTES 1-L-GLAS MIT DECKEL (S. S. 12–13) **ERGIBT** ETWA 1,5 KG

HALTBARKEIT IN SIRUP 2 JAHRE, GETROCKNET 1 JAHR

SERVIERVORSCHLAG MIT SCHOKOLADE ÜBERZIEHEN, ALS DEKORATION

ZUTATEN

1 kg Zitrusschalen von Bio-Früchten,
in 5 cm lange Streifen geschnitten

1 kg Einmachzucker

feiner Zucker zum Bestreuen

1 Die Zitrusschalen in einen säurefesten Topf geben und mit Wasser bedecken. Zum Kochen bringen und 10 Minuten köcheln lassen. Abtropfen lassen, das Garwasser weggießen. Die Zitrusschalen mit frischem Wasser bedecken. Wieder zum Kochen bringen und nach Reduzieren der Hitze 20 Minuten köcheln lassen. Wiederum abtropfen lassen.

2 Die Zitrusschalen in eine große Schüssel geben, mit kaltem Wasser bedecken und 24 Stunden stehen lassen.

3 Die Schalen abtropfen lassen. Den Zucker und 350 ml Wasser in einen Topf geben. Zum Kochen bringen und rühren, bis sich der Zucker aufgelöst hat. Die Zitrusschalen hinzufügen und nach Reduzieren der Hitze 2–3 Stunden köcheln lassen, bis sie glasig sind und den größten Teil des Sirups aufgenommen haben. Häufig umrühren, damit sie nicht ansetzen.

4 Die Zitrusschalen mit dem Sirup in das Glas füllen und verschließen. Oder aus dem Sirup heben, auf ein Gitter legen und im Backofen trocknen (siehe kandierte Ananasringe, S. 228).

5 Die Zitrusschalen mit feinem Zucker bestreuen und zwischen Wachspapierlagen in dem luftdichten Behälter aufbewahren.

TIPP
Sie können einen Teil der Außenschale entfernen, die recht bitter ist. Ich finde das überflüssig, aber traditionell wird es so gemacht.

Dieses Rezept eignet sich wunderbar für die Verwertung von Zitrusschalen. Sie können hier alle dickschaligen Zitrusfrüchte verwenden wie Orangen, Grapefruits, Zitronen und Pomelos – besonders gut die beiden letzteren.

Weinbrand-Clementinen

 SCHWIERIGKEITSGRAD EINFACH **GARZEIT** ETWA 1¼ STUNDEN **KÜCHENUTENSILIEN** EINKOCHTOPF, ZUCKERTHERMOMETER, 2 STERILISIERTE 1-L-GLÄSER MIT DECKEL (S. S. 12–13) **ERGIBT** ETWA 2 KG **HALTBARKEIT** 2 JAHRE 🥄 **SERVIERVORSCHLAG** IM SIRUP MIT SCHLAGSAHNE

ZUTATEN

2 kg Bio-Clementinen

1 kg Einmachzucker

FÜR DAS GEWÜRZSÄCKCHEN (S. S. 31)

5 cm Ingwerwurzel, geschält

1 TL Gewürznelken

1 Clementinenblatt (nach Belieben)

FÜR JEDES GLAS

2 Gewürznelken

einige Streifen Ingwerwurzel

Clementinenblätter (nach Belieben)

etwa 250 ml Weinbrand

1 Die Clementinen rundum mehrmals mit einem Zahnstocher einstechen.

2 Zucker und Gewürzsäckchen mit 2 l Wasser in den Einkochtopf geben. Zum Kochen bringen und 5 Minuten sprudelnd kochen lassen. Die Clementinen hinzufügen. Den Topfinhalt wieder zum Kochen bringen, dann die Clementinen etwa 1 Stunde köcheln lassen, bis sie weich sind.

3 Die Früchte mit einem Schaumlöffel herausheben. Mit Gewürzen und, sofern verwendet, Clementinenblättern in die heißen sterilisierten Gläser schichten.

4 Den Sirup wieder zum Kochen bringen und sprudelnd kochen lassen, bis das Zuckerthermometer 113 °C anzeigt. Dann auf 75 °C abkühlen lassen.

5 Die Gläser zur Hälfte mit Weinbrand füllen. Sirup auffüllen und die Gläser verschließen. Die Clementinen sind nach einem Monat fertig, werden durch längere Lagerung aber noch besser.

VARIANTE

KUMQUATS IN WEINBRAND
Die gleiche Menge Kumquats waschen, einstechen und etwa 25 Minuten garen, bis sie weich sind. Wie oben fortfahren. Statt Weinbrand andere Spirituosen wie Wodka, Rum oder Branntwein verwenden.

Clementinen in Weinbrand sind ein wunderbares Dessert. Verwenden Sie kleine dünnschalige Früchte, am besten mit einigen Blättern.

TIPP
Die Clementinen vor Verwendung sorgfältig in heißem Seifenwasser waschen, um die Wachsschicht zu entfernen. Gut abspülen und abtrocknen.

Einige Clementinen-
blätter und Gewürze
sehen hübsch aus und
geben Aroma ab.

Eingelegte Früchte
werden mit der
Zeit manchmal
etwas runzelig.

Gewürzorangen

 SCHWIERIGKEITSGRAD MITTEL **GARZEIT** ETWA I STUNDE **KÜCHENUTENSILIEN** ZISELIERMESSER, SÄURE-FESTER EINKOCHTOPF, STERILISIERTES 2-L-GLAS MIT WEITER ÖFFNUNG UND SÄUREFESTEM DECKEL (S. S. 12–13)

 ERGIBT ETWA I KG **HALTBARKEIT** 2 JAHRE **SERVIERVORSCHLAG** ZU KALTEM SCHINKEN (REZEPT S. S. 184), PUTE, HÄHNCHEN ODER ANDEREM GEFLÜGEL

ZUTATEN

1 kg kleine dünnschalige Bio-Orangen, am besten ohne Kerne

1 l Apfel- oder Weißweinessig

750 g Zucker

Saft von 1 Zitrone

Gewürznelken

FÜR DAS GEWÜRZSÄCKCHEN (S. S. 31)

2 TL Gewürznelken

2 Zimtstangen, zerstoßen

1 TL Kardamomkapseln, zerstoßen

1 Die Orangen unter fließendem heißem Wasser sorgfältig bürsten. Mit dem Ziseliermesser von jeder Orange fünf oder sechs Streifen Schale abschneiden und dem Gewürzsäckchen hinzufügen.

2 Die Orangen in den Einkochtopf geben und mit kaltem Wasser bedecken. Zum Kochen bringen und 20–25 Minuten köcheln lassen, bis die Schalen gerade weich sind. Mit einem Schaumlöffel herausheben und sorgfältig abtropfen lassen.

3 Von dem Garwasser 1 l abmessen und wieder in den Topf geben. Essig, Zucker, Zitronensaft und Gewürzsäckchen hinzufügen. Zum Kochen bringen und 10 Minuten kochen lassen.

Von der Kochstelle nehmen und gut abschäumen. Die Orangen wieder in den Topf geben und über Nacht stehen lassen.

4 Am nächsten Tag wieder zum Kochen bringen und 20 Minuten köcheln lassen. Mit einem Schaumlöffel herausheben und etwas abkühlen lassen.

5 Jede Orange mit einigen Nelken spicken und in das heiße sterilisierte Glas legen. Den Sirup zum Kochen bringen und sprudelnd kochen lassen, bis er etwas eingedickt ist. Die Orangen mit Sirup bedecken und verschließen. Nach einem Monat sind die Orangen verzehrfertig, durch längere Aufbewahrung werden sie aber noch besser.

Eingelegte Orangen sind in England ein Klassiker. Bei dieser edlen Version werden sie ganz gelassen und sind eine wunderbare Beilage für ein festliches Essen.

Orangen-Estragon-Senf

 SCHWIERIGKEITSGRAD EINFACH  **GARZEIT** 1–2 MINUTEN **KÜCHENUTENSILIEN** GEWÜRZ- ODER KAFFEE-MÜHLE, KLEINE STERILISIERTE GLÄSER MIT SÄUREFESTEM DECKEL (S. S. 12–13) **ERGIBT** ETWA 500 G

 HALTBARKEIT 6 MONATE **SERVIERVORSCHLAG** ZU KALTEM BRATEN, SCHINKEN UND WURST

ZUTATEN

abgeriebene Schale und Saft von

2 Bio-Orangen

250 g gelbe Senfkörner

100 ml Weißweinessig

2 TL Salz

1 EL gehackter frischer Estragon oder

1 TL getrockneter Estragon

etwas Weinbrand oder Whisky

1 Orangenschale und Orangensaft in einen kleinen Topf geben. Zum Kochen bringen und nach Reduzieren der Hitze einige Sekunden köcheln lassen. (Dadurch hält sich der Senf länger.) Von der Kochstelle nehmen und vollständig erkalten lassen.

2 200 g Senfkörner in der Gewürz- oder Kaffeemühle grob mahlen. Mit den restlichen Senfkörnern in eine Glasschüssel geben. Orangensaft und Orangenschale hinzufügen und sorgfältig untermischen. Die Mischung etwa 5 Minuten ziehen lassen, dann Essig, Salz und Estragon unterrühren.

3 Den Senf in die sterilisierten Gläser füllen. Mit in Weinbrand oder Whisky getauchten Wachspapierkreisen bedecken und verschließen. Nach einigen Tagen ist der Senf verzehrfertig (dann sind die ganzen Senfkörner aufgequollen und weich.)

Dieser grobkörnige Senf eignet sich besonders, um mit ihm Fleisch vor dem Braten zu bestreichen. Der Estragon verleiht ihm eine würzig-süße Note. Wenn Sie ihn sofort verwenden möchten, brauchen Sie den Orangensaft nicht zu kochen.

Schalotten in Essig

 SCHWIERIGKEITSGRAD EINFACH **GARZEIT** 3–4 MINUTEN **KÜCHENUTENSILIEN** THERMOMETER, 2 STERILISIERTE 500-ML-FLASCHEN MIT SÄUREFESTEM VERSCHLUSS (S. S. 12–13) **ERGIBT** ETWA 1 L **HALTBARKEIT** 2 JAHRE  **SERVIERVORSCHLAG** FÜR SALATDRESSINGS

ZUTATEN

500 g Schalotten

1 l Weißwein- oder Apfelessig

1 Die Schalotten schälen und grob hacken, dann auf die sterilisierten Flaschen verteilen.

2 Den Essig in einen säurefesten Topf gießen, zum Kochen bringen und 1–2 Minuten sprudelnd kochen lassen. Von der Kochstelle nehmen und auf 40 °C abkühlen lassen.

3 Den warmen Essig in die Flaschen gießen und verschließen. Die Flaschen während der Lagerung ab und zu schütteln, damit die Schalotten ihr Aroma abgeben. Der Essig ist nach drei Wochen gebrauchsfertig. Dann kann er gefiltert werden, damit er klar wird.

VARIANTE

ZITRUSESSIG
Die Schale von 3–4 Bio-Orangen oder Bio-Zitronen abhobeln. Die Schalenstreifen auf Holzspieße stecken und in die Flaschen stecken. Den warmen Essig in die Flaschen gießen und wie oben fortfahren.

TIPP
Verwenden Sie diesen Essig für Salatdressings, oder geben Sie ihn anstelle von frischen Schalotten in Sauce hollandaise.

Schalotten in Sirup

✿ **SCHWIERIGKEITSGRAD** ANSPRUCHSVOLL 🍲 **GARZEIT** 2. TAG 30–35 MINUTEN, 3. TAG ETWA 20 MINUTEN, 4. TAG 2¼–2¾ STUNDEN 🍴 **KÜCHENUTENSILIEN** SÄUREFESTER TOPF, STERILISIERTE GLÄSER MIT SÄUREFESTEM DECKEL (S. S. 12–13) 🍯 **ERGIBT** ETWA 1,25 KG 🍶 **HALTBARKEIT** 2 JAHRE 🍽 **SERVIERVORSCHLAG** BESONDERS LECKER ZU WILDBRET UND LAMMFLEISCH

ZUTATEN

1,3 kg Schalotten

150 g Salz

1,5 l weißer Branntweinessig oder Weißweinessig

1 kg Einmachzucker

FÜR DAS GEWÜRZSÄCKCHEN (S. S. 31)

4 Kardamomkapseln

2 Zimtstangen

3 Streifen Bio-Zitronenschale

1 EL Kümmel

1 TL Gewürznelken

½ TL Bird's-Eye-Chilischote (scharfe kleine grüne Chilischote)

1 Die Schalotten einige Minuten in kochendem Wasser blanchieren (s. S. 21), dann schälen. Dabei aber die Wurzelscheibe intakt lassen, damit sie beim Garen nicht zerfallen.

2 Die Schalotten in einer großen Glasschüssel mit kaltem Wasser bedecken. Das Salz hinzufügen und untermischen, bis es sich aufgelöst hat. Die Schalotten beschweren (s. S. 166) und 24 Stunden stehen lassen.

3 Essig, Zucker und Gewürzsäckchen im Einkochtopf zum Kochen bringen und 10 Minuten unter gelegentlichem Rühren kochen lassen. Gut abschäumen.

4 Die Schalotten abtropfen lassen, gut abspülen und wieder abtropfen lassen. Vorsichtig in den Sirup geben. Den Topfinhalt wieder zum Kochen bringen und bei schwacher Hitze 15 Minuten köcheln lassen. Vom Herd nehmen, abkühlen lassen, abdecken und über Nacht ziehen lassen.

5 Den Topfinhalt langsam wieder zum Kochen bringen, dann 15 Minuten sanft köcheln lassen. Nach dem Abkühlen wieder über Nacht ziehen lassen.

6 Den Topfinhalt erneut langsam aufkochen, dann 2–2 ½ Stunden leise köcheln lassen, bis die Schalotten glasig und goldbraun sind.

7 Mit dem Schaumlöffel vorsichtig aus dem Sirup heben und locker in die sterilisierten Gläser schichten. Den Sirup wieder aufkochen und etwa 5 Minuten sprudelnd kochen lassen. In die Gläser gießen und diese verschließen. Die Schalotten sind sofort verzehrfertig, werden durch Lagern aber noch besser.

Diese würzigen süßsauren Schalotten sind meine Version eines alten Rezepts aus dem Nahen Osten. Das langsame Garen ist wichtig, weil die Schalotten sonst zerfallen.

Eingelegtes Wildbret

☆☆ **SCHWIERIGKEITSGRAD** MITTEL 🍲 **GARZEIT** ETWA 2½ STUNDEN 🍴 **KÜCHENUTENSILIEN** KÜCHENMASCHINE, GEWÜRZ- ODER KAFFEEMÜHLE, STERILISIERTE 500-G-GLÄSER MIT WEITER ÖFFNUNG UND SÄUREFESTEM DECKEL (S. S. 12–13) 🫙 **ERGIBT** ETWA 1,5 KG 🫙 **HALTBARKEIT** GEKÜHLT 5 WOCHEN, EINGEKOCHT 1 JAHR 🥄 **SERVIERVORSCHLAG** ALS HAUPTGERICHT MIT REIS

ZUTATEN

250 ml Erdnuss- oder Senföl

1 kg Wildbret (Schulter oder Keule), in 5 cm große Würfel geschnitten

300 ml Rotweinessig

100 g Tamarindenmark

1 EL Salz

1 EL Muscovadozucker oder Jaggery

2 TL grüne Kardamomkapseln, leicht geröstet

1 TL Schwarzkümmel, leicht geröstet

1 TL Kreuzkümmel, leicht geröstet

FÜR DIE WÜRZPASTE

500 g Zwiebeln, geschält und grob gehackt

5 Knoblauchzehen, geschält

3–4 frische Chilischoten, Stielansatz, Samen und Scheidewände entfernt

5 cm Ingwerwurzel, grob gehackt

2 EL Koriandersamen

TIPP
Bevor Sie das Fleisch wieder erhitzen, heben Sie das Fett oben im Glas ab.

1 Alle Zutaten für die Würzpaste in der Küchenmaschine pürieren. Das Öl in einem Topf erhitzen. Das Fleisch darin rundum anbraten, dann herausnehmen.

2 Die Würzpaste in den Topf geben. Bei starker Hitze einige Minuten braten, dann nach Reduzieren der Hitze 30 Minuten köcheln lassen, bis sie leicht gebräunt ist. Das Fleisch wieder in den Topf geben und 1 ½ Stunden köcheln lassen, bis es weich ist. Falls es zu trocken wird, 1–2 EL Wasser hinzufügen.

3 Den Essig erwärmen und über die Tamarinde gießen. Die Tamarinde 30 Minuten quellen lassen, dann durch ein Sieb streichen. Die Samen wegwerfen. Salz und Zucker in die Flüssigkeit rühren und in den Topf geben. Den Topfinhalt zum Kochen bringen, dann 15 Minuten köcheln lassen, oder bis Öl an die Oberfläche steigt.

4 Den Kardamom in der Gewürz- oder Kaffeemühle mahlen. In den Topf sieben, dann Schwarzkümmel und Kreuzkümmel hinzufügen. Den Topf von der Kochstelle nehmen. Das Fleisch in die heißen sterilisierten Gläser füllen und verschließen. Es ist sofort verzehrfertig, schmeckt nach einer Woche aber noch besser. Kalt stellen oder 35 Minuten einkochen (s. S. 14–15).

Wildbretpastete

 SCHWIERIGKEITSGRAD MITTEL  **GARZEIT** 2½–3 STUNDEN **KÜCHENUTENSILIEN** KÜCHENMASCHINE, STERILISIERTES 1-L-GEFÄSS ODER 6 PORTIONSFÖRMCHEN MIT 175 ML FASSUNGSVERMÖGEN (S. S. 12–13) **ERGIBT** 1 KG **HALTBARKEIT** GEKÜHLT 1 MONAT **SERVIERVORSCHLAG** WIRD TRADITIONELL IM PORTIONSFÖRMCHEN MIT TOAST UND BRUNNENKRESSE SERVIERT

ZUTATEN

250 g Bauchspeckscheiben, die Schwarten entfernt und mit Küchengarn zusammengebunden

750 g entbeintes Wildbret (Schulter oder Keule), pariert und in 2,5 cm große Würfel geschnitten

100 g Butter

2 Knoblauchzehen, geschält und fein gehackt

250 ml Portwein oder guter Rotwein

1 TL Wacholderbeeren, zerstoßen

1 TL schwarzer Pfeffer

2 Stücke Muskatblüte

einige Lorbeerblätter und Cranberrys zum Garnieren (nach Belieben)

FÜR DEN KRÄUTERSTRAUSS (S. S. 31)

2 Zweige Thymian

1 Lorbeerblatt

2–3 Salbeiblätter

1 Streifen Bio-Zitronenschale

FÜR DIE GEKLÄRTE BUTTER

100–250 g Butter

1 Den Speck grob zerkleinern. Mit dem Kräuterstrauß und allen anderen Zutaten (ausgenommen die geklärte Butter und die Garnitur) in eine tiefe Kasserolle geben. Zugedeckt im auf 160 °C vorgeheizten Backofen 2½–3 Stunden garen, bis das Fleisch sehr weich ist.

2 Muskatblüte, Kräuterstrauß und Speckschwarten herausnehmen. Das Fleisch in der Küchenmaschine glatt pürieren. In das Gefäß füllen oder auf die Portionsförmchen verteilen und vollständig erkalten lassen. Abdecken und für 2–3 Stunden kalt stellen.

3 In der Zwischenzeit die geklärte Butter zubereiten. Die Butter in einem kleinen Topf bei schwacher Hitze zerlassen, bis sie schäumt. Noch einige Sekunden auf der Kochstelle stehen lassen, dann den Schaum entfernen. Die Butter etwas abkühlen lassen. Anschließend durch ein mit einem Passiertuch ausgelegtes Sieb gießen, der milchige Bodensatz sollte im Topf zurückbleiben. Wird das Passiertuch vorher in kaltes Wasser getaucht und dann gut ausgewrungen, hält es noch vorhandenen Schaum noch besser zurück.

4 Die geklärte Butter über das Fleisch gießen, sodass sie eine etwa 1 cm dicke Schicht bildet. Für Portionsförmchen ist eine größere Menge Butter erforderlich. Die Pastete in den Kühlschrank stellen, bis die Butter erstarrt ist. Falls gewünscht mit Lorbeerblättern und Cranberrys garnieren. Die Pastete kann sofort gegessen werden.

Wildbret ergibt köstliche Pastete, die durch den Speck wunderbar saftig wird. Am besten eignet sich hier trocken gepökelter Speck.

Wachtel-Fasanen-Terrine

☆☆☆ **SCHWIERIGKEITSGRAD** ANSPRUCHSVOLL **GARZEIT** ETWA 2 STUNDEN **KÜCHENUTENSILIEN** KÜCHEN-MASCHINE, 2 TERRINEN MIT 1 L FASSUNGSVERMÖGEN **ERGIBT** ETWA 2 KG **HALTBARKEIT** GEKÜHLT 3–4 WOCHEN **SERVIERVORSCHLAG** MIT RUCOLASALAT UND PFIRSICHCHUTNEY (S. S. 79)

ZUTATEN

4 Wachteln, entbeint, aber mit Haut

2 EL Honig

¼ TL Salz

4 TL Weinbrand

FÜR DIE FARCE

1 großer Fasan, entbeint, das Fleisch pariert und grob zerkleinert

300 g Schweinefilet, gewürfelt

100 ml Weinbrand

200 g Schalotten, gehackt

2 Knoblauchzehen, gehackt

etwas Öl oder Butter

500 g milder Speck oder Schweinebauch ohne Schwarte, zerkleinert

250 ml trockener Weißwein

2 Eier (Größe L)

je 1½ TL schwarzer Pfeffer und Salz

2 EL fein gehackter Thymian

15 Wacholderbeeren, grob gemahlen

abgeriebene Schale von ½ Bio-Zitrone

FÜR DIE GRÜNE FARCE

100 g junger Spinat

2 EL fein gehackte Petersilie

FÜR DIE TERRINEN

2 Stücke Schweinenetz oder 300 g Bauchspeckscheiben, Schwarte entfernt

1 Die Wachteln mit der Brust nach unten auf ein Brett legen und mit Honig, Salz und Weinbrand bestreichen. Fest aufrollen, in eine Schüssel legen und zugedeckt für 12 Stunden kalt stellen.

2 Für die Farce Fasanenfleisch, Schweinefilet und Weinbrand sorgfältig vermischen. Abdecken und für 12 Stunden kalt stellen.

3 Schalotten und Knoblauch im Öl einige Minuten anschwitzen. Abkühlen lassen. Mit Fleisch und Speck in der Küchenmaschine 1–2 Minuten zu einer glatten Farce pürieren, dabei die Flüssigkeit aus der Schüssel und etwas Wein hinzufügen. Eier, Gewürze und Zitronenschale gut untermischen. 100 g Farce beiseitestellen, den Rest zugedeckt für zwei Stunden kalt stellen.

4 Für die grüne Farce den Spinat 2 Minuten blanchieren (s. S. 21) und gut ausdrücken. In der Küchenmaschine pürieren, dann mit der zurückgestellten Farce und der Petersilie vermischen. Für 2 Stunden kalt stellen.

5 Die Wachteln auseinanderrollen. Die grüne Farce in der Mitte der Wachteln verteilen. Die Haut darüberschlagen und die Wachteln in Form drücken.

6 Die Terrinen mit Schweinenetz oder Speck auslegen (siehe Schritt 2, S. 180). Speckstreifen mit dem Rücken eines Messers dehnen und sich überlappend in die Terrine legen. Je ein Viertel der Farce in jede Terrine geben und mit einer Palette glatt streichen. Die Wachteln fest daraufsetzen. Die restliche Farce daraufgeben und glatt streichen, dabei darauf achten, dass keine Lufteinschlüsse entstehen.

7 Schweinenetz oder Speckstreifen darüberschlagen. Die Deckel auflegen oder die Formen mit einer doppelten Lage Alufolie abdecken. In einen Bräter stellen und bis in halbe Terrinenhöhe warmes Wasser einfüllen. Für 2 Stunden in den auf 160 °C vorgeheizten Backofen schieben, bis sich die Pasteten von den Wänden gelöst haben und mit Flüssigkeit umgeben sind.

8 Die Formen aus dem Bräter heben und abkühlen lassen. Die Pasteten beschweren (s. S. 166) und über Nacht kalt stellen. Danach können die Terrinen sofort serviert werden.

Eingelegter Fisch

 SCHWIERIGKEITSGRAD EINFACH **GARZEIT** ETWA 30 MINUTEN **KÜCHENUTENSILIEN** STERILISIERTES

2-L-GLAS ODER STEINGUTGEFÄSS MIT SÄUREFESTEM DECKEL (S. S. 12–13)

 ERGIBT ETWA 1,5 KG **HALTBARKEIT** GEKÜHLT 3–4 MONATE

SERVIERVORSCHLAG ALS LEICHTE VORSPEISE MIT EINEM GEMISCHTEN BLATTSALAT

ZUTATEN

1 kg sehr frisches festes Fischfilet, in 5 cm große Stücke geschnitten

5 TL Salz

6–7 EL Erdnussöl oder raffiniertes Sesamöl

500 g Zwiebeln, geschält und in schmale Ringe geschnitten

1 l Rotwein- oder Weißweinessig

2 EL heller Rohrrohrzucker

1 EL mildes Currypulver

1 TL gemahlene Kurkuma

2,5 cm Ingwerwurzel, in feine Streifen geschnitten

2–3 getrocknete rote Chilischoten

1–2 Lorbeerblätter

1 Den Fisch in eine Schüssel geben. 3 TL Salz darüberstreuen und sorgfältig untermischen. Den Fisch für 2 Stunden beiseitestellen. Abtropfen lassen und mit Küchenpapier trockentupfen.

2 In einer großen schweren Pfanne 4 EL Öl erhitzen. Die Fischstücke darin bei hoher Temperatur portionsweise auf jeder Seite 3 Minuten braten, bis sie gleichmäßig gebräunt und gerade gar sind. Auf Küchenpapier abtropfen lassen.

3 Zwiebeln, Essig, Zucker, Currypulver, Kurkuma, Ingwer und restliches Salz in einen säurefesten Topf geben. Zum Kochen bringen, dann gut abschäumen. Den Topfinhalt 5–6 Minuten kochen lassen, bis die Zwiebeln gar sind, aber noch etwas Biss haben. Die Zwiebeln mit einem Schaumlöffel herausheben und gut abtropfen lassen.

4 Abwechselnd Fischstücke und Zwiebeln in das Glas schichten, dabei Chilis und Lorbeerblätter dazugeben. Mit einer Schicht Zwiebeln aufhören. Den Essig wieder zum Kochen bringen und in das Glas gießen. Das restliche Öl daraufgeben. Den Fisch verschließen und zwei Tage durchziehen lassen.

Frühjahr & Frühsommer

Zutaten der Saison

Im Frühjahr erwacht alles zu neuem Leben. Das Wetter bessert sich, es wird wärmer, und wir beginnen leichtere, frischere Mahlzeiten zu essen – und das wird auch im Sommer so bleiben. Die Welt um uns herum erscheint bunter, was sich auf unseren Esstellern widerspiegelt, wo nun Rot- und Grüntöne dominieren. Hier eine Auswahl der Zutaten, die ich im Frühjahr und Frühsommer am liebsten konserviere.

KNOBLAUCH
Obwohl er meist zum Würzen verwendet wird, hat Knoblauch größeres Potenzial. Man kann ihn zum Beispiel einlegen, in Chutneys geben oder auf dem Grill rösten.

SPARGEL
Dieses wunderbare Gemüse eignet sich perfekt zum Einlegen in Öl, so kann man seine kurze Saison um einige Monate verlängern.

HÄHNCHEN
Durch Konservieren kann man Hähnchen mehr Geschmack und eine neue Dimension verleihen. Aber man sollte nur beste Qualität verwenden.

WALDERDBEEREN
Denkt man an Sommer-
früchte, wird man an Erdbeeren denken. Der Sommer
ist die beste Zeit, um sie zu
ernten und zu Konfitüre,
Essig und vielem mehr zu
verarbeiten.

GARNELEN UND SHRIMPS
Hier herrscht Begriffsverwirrung. Als
Garnelen bezeichnet man oft größere,
fleischigere Tiere, als Shrimps gewöhnlich
kleinere Garnelen, die sich aber perfekt
zum Konservieren eignen.

SAUERKIRSCHEN
Sie sind säuerlicher als
Süßkirschen und eignen
sich wunderbar zum
Konservieren, beispiels-
weise für Konfitüren.

HERING
Ein Klassiker ist Rollmops, doch eines meiner
eigenen Rezepte, Hering in gewürztem Öl, findet immer größeren Anklang unter denjenigen
meiner Freunde, die Chilis mögen.

LAMM
Lammfleisch wird in vielen
Teilen der Welt mit Ostern asso-
ziiert. Will man es auch zu anderen
Zeiten verwenden, macht man am
besten Wurst daraus.

Garnelentöpfchen

☆ **SCHWIERIGKEITSGRAD** EINFACH 🫕 **GARZEIT** ETWA 17 MINUTEN 🍴 **KÜCHENUTENSILIEN** 6 PORTIONSFÖRM-
CHEN MIT 175 ML FASSUNGSVERMÖGEN 🫙 **ERGIBT** ETWA 1 KG 🫙 **HALTBARKEIT** GEKÜHLT 1 MONAT

🥄 **SERVIERVORSCHLAG** MIT EINEM RUCOLASALAT UND MISCHBROT
ALS VORSPEISE ODER ALS BELAG FÜR SANDWICHES

ZUTATEN

1 kg rohe Garnelen

300 g geklärte Butter
(siehe Schritt 3, S. 47)

1 TL Salz

½ TL frisch gemahlener weißer oder
schwarzer Pfeffer

½ TL gemahlene Muskatblüte

1 große Prise Cayennepfeffer
oder Chilipulver

1 Die Garnelen höchstens
2 Minuten in kochendem
Salzwasser garen. Abgießen,
unter fließendem kaltem Wasser
abschrecken, abtropfen lassen
und schälen.

2 Die Garnelen in einer Schüssel
mit 200 g geklärter Butter und
den anderen Zutaten vermischen. Auf die Portionsförmchen
verteilen und im auf 190 °C vorgeheizten Backofen 15 Minuten
garen.

3 Abkühlen lassen und für
2–3 Stunden kalt stellen. Die
restliche Butter daraufgießen
(siehe Schritt 4, S. 47). Abdecken
und für 24 Stunden in den Kühlschrank stellen. Danach sind die
Garnelen verzehrfertig.

Es ist wichtig, frische gegarte Garnelen zu ver-
wenden, am besten kleine Nordseegarnelen, die
ein frisches mildes Aroma haben. Gewöhnlich
werden sie geschält, ich mag jedoch die knacki-
gen Schalen und entferne daher nur die Köpfe.

Geräucherte Garnelen

☆☆ **SCHWIERIGKEITSGRAD** MITTEL **GARZEIT** KÖCHELN ETWA 20 MINUTEN, RÄUCHERN 2 STUNDEN

KÜCHENUTENSILIEN RÄUCHEROFEN **ERGIBT** ETWA I KG **HALTBARKEIT** GEKÜHLT I MONAT,

TIEFGEFROREN 3 MONATE **SERVIERVORSCHLAG** ALS SNACK ZU DRINKS ODER ALS VORSPEISE,

KURZ VOR DEM SERVIEREN FISCHTÖPFEN, RISOTTO UND NUDELGERICHTEN HINZUFÜGEN

ZUTATEN

1,5 kg rohe Garnelen

1 Bund frischer Dill oder Fenchel mit Blüten oder 2 EL getrockneter Dill

2–3 EL Oliven- oder Erdnussöl

FÜR DIE LAKE

350 g Salz

1 Die Köpfe der Garnelen abdrehen und wegwerfen. Garnelen sorgfältig waschen und 30–45 Minuten abtropfen lassen.

2 Für die Lake das Salz in 2 l Wasser auflösen und rühren, bis sich das Salz aufgelöst hat. Die Garnelen mit der Lake übergießen und beschweren (s. S. 166), damit sie vollkommen mit Lake bedeckt sind. 30 Minuten stehen lassen, dann abgießen, dabei die Lake auffangen. (Die Garnelen sind nun mild gesalzen. Sollen sie salziger schmecken, werden sie bis zu 1 Stunde in der Lake gelassen.)

3 Die Lake in einem großen Topf zum Kochen bringen.

Dill oder Fenchel hinzufügen und 15 Minuten köcheln lassen. Die Garnelen dazugeben und 2–5 Minuten köcheln lassen, bis sie gerade gar sind.

4 Herausheben und auf einem Rost 1–2 Stunden abkühlen lassen, oder bis sie sich gerade trocken anfühlen.

5 Die Garnelen mit dem Öl einpinseln und 2 Stunden bei weniger als 25 °C kalträuchern.

6 Die Garnelen in Wachs- oder Butterbrotpapier einwickeln und in den Kühlschrank stellen.

Räuchern verleiht Garnelen ein besonderes Aroma und macht sie haltbarer. Da mir der Rauch von Eichenholz hier zu intensiv ist, verwende ich zum Räuchern lieber leichtere, duftintensive Hölzer wie etwa von Apfel- oder Zitrusbäumen.

SPARGEL

Regionaler Spargel ist besser als Importware. Zum Einfrieren zuvor in einer Grillpfanne garen – so bleiben Geschmack und Konsistenz erhalten. Frisch geernteter grüner Spargel eignet sich ideal zum Konservieren in Öl (nach dem Paprikarezept auf S. 119 verfahren).

Sauerkirsch-konfitüre

☆ **SCHWIERIGKEITSGRAD** EINFACH 🍲 **GARZEIT** ETWA 30 MINUTEN

🍴 **KÜCHENUTENSILIEN** EINKOCHTOPF, ZUCKERTHERMOMETER, STERILISIERTE GLÄSER MIT DECKEL (S. S. 12–13) 🫙 **ERGIBT** ETWA 1,5 KG 🫙 **HALTBARKEIT** 2 JAHRE

🍽 **SERVIERVORSCHLAG** SCHMECKT GROSSARTIG ZUM FRÜHSTÜCK ODER ALS KUCHENFÜLLUNG

ZUTATEN

1,25 kg Sauerkirschen, entsteint

750 g Einmachzucker

250 ml Saft von schwarzen oder roten Johannisbeeren (Methode siehe scharfes Wildapfelgelee, S. 198)

4 EL Kirschwasser oder Kirschlikör

1 Die Kirschen mit dem Zucker in den Einkochtopf schichten. Den Johannisbeersaft dazugießen und alles zugedeckt einige Stunden stehen lassen.

2 Den Topfinhalt langsam zum Kochen bringen, dabei den Topf gelegentlich sanft rütteln. Gut abschäumen, dann 20–25 Minuten kochen lassen, bis der Gelierpunkt erreicht ist (s. S. 16).

3 Den Topf von der Kochstelle nehmen und den Inhalt einige Minuten abkühlen lassen. Das Kirschwasser oder den Kirschlikör unterrühren. Die Konfitüre in die heißen sterilisierten Gläser füllen. Die Gläser verschließen.

TIPPS
• Anstelle von Johannisbeersaft kann man den Saft von 3 Zitronen verwenden.
• Für das Rezept eignen sich alle Sauerkirschen, am besten sind jedoch Schattenmorellen.

Dies ist eine der großartigsten Konfitüren überhaupt – süßsaure Kirschen, eingebettet in aromatisches Gelee.

Walderdbeerkonfitüre

☆☆ **SCHWIERIGKEITSGRAD** MITTEL **GARZEIT** 25–30 MINUTEN

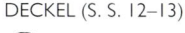 **KÜCHENUTENSILIEN** EINKOCHTOPF, ZUCKERTHERMOMETER, STERILISIERTE GLÄSER MIT

DECKEL (S. S. 12–13) **ERGIBT** ETWA 1,5 KG **HALTBARKEIT** 6 MONATE

SERVIERVORSCHLAG MIT SCONES UND SAHNE ODER ALS TORTELETTBELAG

ZUTATEN

750 g Einmachzucker

1 kg Walderdbeeren

250 ml Wodka (40 %)

1 Zucker und Walderdbeeren in eine große Glasschüssel schichten, dabei mit einer Schicht Zucker beginnen und aufhören. Den Wodka darübergießen. Die Schüssel mit einem sauberen Tuch abdecken und über Nacht stehen lassen.

2 Am nächsten Tag die Flüssigkeit in den Einkochtopf abgießen. Zum Kochen bringen und einige Minuten sprudelnd kochen lassen, bis das Zuckerthermometer 116 °C anzeigt.

3 Die Früchte dazugeben. Den Topfinhalt wieder zum Kochen bringen und 5–7 Minuten kochen lassen, bis der Gelierpunkt erreicht ist (s. S. 16). Bei diesem Rezept entsteht eine weiche Konfitüre.

4 Die Konfitüre von der Kochstelle nehmen und einige Minuten abkühlen lassen, dann gut abschäumen. In die heißen sterilisierten Gläser füllen und verschließen.

Walderdbeeren sind besonders aromatisch. Bei diesem Rezept bleiben durch das Marinieren und anschließende behutsame Garen die Beeren ganz und ihr Duft erhalten. Als Kuchenfüllung verwenden oder mit Scones und Sahne servieren.

Erdbeeressig

 SCHWIERIGKEITSGRAD EINFACH  **GARZEIT** 3–4 MINUTEN ❙❙ **KÜCHENUTENSILIEN** THERMOMETER, KÜCHENMASCHINE, STERILISIERTER SAFTBEUTEL, STERILISIERTE FLASCHEN MIT SÄUREFESTEM VERSCHLUSS (S. S. 12–13) **ERGIBT** ETWA 2 LITER **HALTBARKEIT** 2 JAHRE **SERVIERVORSCHLAG** FÜR SALATDRESSINGS, ZUM ABRUNDEN VON FLEISCHSAUCEN ODER ZUM BETRÄUFELN VON FRISCHEN ERDBEEREN

ZUTATEN

1,25 l Apfel- oder Weißweinessig

1 kg reife aromatische Erdbeeren

einige Walderdbeeren oder kleine Gartenbeeren und einige Basilikumblätter (nach Belieben)

1 Den Essig in einem säurefesten Topf aufkochen und 1–2 Minuten sprudelnd kochen lassen. Von der Kochstelle nehmen und auf 40 °C abkühlen lassen.

2 Die Erdbeeren putzen und in der Küchenmaschine fein hacken. In ein großes Glasgefäß oder eine Glasschüssel füllen.

3 Den warmen Essig über die Beeren gießen und sorgfältig untermischen. Die Mischung mit einem sauberen Tuch abdecken und für zwei Wochen an einen warmen Platz stellen (ein sonniges Fensterbrett ist ideal), zwischendurch gelegentlich umrühren.

4 Den Essig durch den Saftbeutel gießen, dann filtern (s. S. 21). In sterilisierte Flaschen füllen und verschließen.

5 Zum Intensivieren des Aromas abwechselnd einige Erdbeeren und Basilikumblätter auf Holzspießchen stecken und in die Flaschen schieben. Die Flaschen verschließen. Der Essig kann sofort verwendet werden, wird aber durch Lagern noch besser.

VARIANTE
BROMBEER- ODER JOHANNISBEERESSIG

Die Erdbeeren durch Brombeeren oder schwarze Johannisbeeren ersetzen, die Essigmenge auf 1,5 l erhöhen. Walderdbeeren und Basilikum weglassen. Wie im Rezept oben verfahren. Beide Essige ergeben ein köstliches Salatdressing oder können verdünnt als Erfrischungsgetränk gereicht werden.

TIPP
Obwohl Fruchtessig durch Lagerung noch aromatischer wird, verblasst er irgendwann und verfärbt sich bräunlich.

Zuckerblüten

☆ **SCHWIERIGKEITSGRD** EINFACH 🍴 **KÜCHENUTENSILIEN** KLEINER WEICHER MALPINSEL, LUFTDICHTER BEHÄLTER

 HALTBARKEIT 3 MONATE 🍽 **SERVIERVORSCHLAG** ZUM DEKORIEREN VON KUCHEN UND DESSERTS

ZUTATEN

Eiweiß

1 Prise Salz

einige Tropfen Rosen- oder

Orangenblütenwasser

perfekte Blüten

feiner Zucker

1 Das Eiweiß mit dem Salz und dem Blütenwasser schaumig schlagen. Den Eischnee einige Minuten ruhen lassen.

2 Die Blütenblätter mit dem Pinsel innen und außen gleichmäßig mit dem Eischnee bestreichen. Großzügig mit Zucker bestreuen, dabei darauf achten, dass alle Oberflächen gleichmäßig überzogen werden.

3 Ein Backblech etwa 1 cm dick mit Zucker bestreuen. Die gezuckerten Blüten vorsichtig daraufsetzen und großzügig mit Zucker bestreuen. An einem warmen luftigen Platz ein bis zwei Tage trocknen lassen, bis die Blüten hart geworden sind und sich trocken anfühlen. Zur Aufbewahrung in einen luftdichten Behälter zwischen Lagen aus Wachspapier legen.

VARIANTE

EIFREIE VERSION

Anstelle von Eiweiß kann auch eine Gummiarabikumlösung verwendet werden. Dazu 2 TL Gummiarabikum und 1 EL Zucker in 250 ml Wasser in eine Schüssel geben und auf einem Topf mit heißem Wasser auflösen.

TIPP
Am besten eignen sich hier stark duftende Rosen, Veilchen, Stiefmütterchen, Orangenblüten und Obstbaumblüten etwa von Apfel- oder Birnbäumen.

Auf die gleiche Weise können essbare Blüten kristallisiert werden. Wie viel Eiweiß und Zucker benötigt werden, hängt von der Anzahl der Blüten ab.

Eingelegter Knoblauch

☆ **SCHWIERIGKEITSGRAD** EINFACH **GARZEIT** 4–5 MINUTEN  **KÜCHENUTENSILIEN** STERILISIERTE GLÄSER MIT SÄUREFESTEM DECKEL (S. S. 12–13) **ERGIBT** ETWA 1 KG **HALTBARKEIT** 2 JAHRE

SERVIERVORSCHLAG ALS PICKLE ODER ALS ERSATZ FÜR FRISCHEN KNOBLAUCH

ZUTATEN

500 ml Weißweinessig

2 EL Salz

1 kg frischer Knoblauch

1 Essig und Salz in einem säurefesten Topf zum Kochen bringen und 2–3 Minuten kochen lassen. Von der Kochstelle nehmen und abkühlen lassen.

2 Die Knoblauchknollen in Zehen zerteilen und blanchieren, damit sie sich besser schälen lassen (s. S. 46). Bei jungem Knoblauch nur die äußere Schale der Knollen entfernen und die Knollen quer halbieren.

3 Den Knoblauch 1 Minute in kochendem Wasser blanchieren, abtropfen lassen und in die sterilisierten Gläser füllen. Mit dem Essig übergießen und beschweren (s. S. 166). Die Gläser verschließen. Nach einem Monat ist der Knoblauch essbar.

TIPP
Für dieses Rezept eignet sich jeder Knoblauch, am besten schmeckt jedoch frischer junger Knoblauch.

Eingelegter Knoblauch kommt aus Persien, wo er als kleiner Snack serviert oder anstelle von frischem Knoblauch zum Kochen verwendet wird. Das Einlegen mildert und verändert den Geschmack des Knoblauchs, der dadurch ein unglaublich feines Aroma erhält.

Die Knoblauchzehen
bleiben ganz, wenn
sie zum Entfernen
der Schalen blanchiert
werden.

Heringe in gewürztem Öl

☆ **SCHWIERIGKEITSGRAD** EINFACH 🫕 **GARZEIT** ETWA 25 MINUTEN 🍴 **KÜCHENUTENSILIEN** THERMOMETER, STERILISIERTES GLAS MIT WEITER ÖFFNUNG UND DECKEL (S. S. 12–13) 🫙 **ERGIBT** ETWA 500 G 🫙 **HALTBARKEIT** 6 MONATE

🍴 **SERVIERVORSCHLAG** MIT KALTEM WODKA SERVIEREN, ALS BELAG FÜR SCHNITTCHEN ODER ALS APPETITHÄPPCHEN

ZUTATEN

1 kg Salzheringe oder etwa 500 g Heringsfilets

500 ml leichtes Olivenöl, Erdnussöl oder raffiniertes Sesamöl

5 cm Zimtstange, zerstoßen

1 Stängel Zitronengras, gehackt

3–4 getrocknete rote Chilischoten, aufgeschlitzt

4–5 Gewürznelken

4–5 Kardamomkapseln

1 Salzheringe 24 Stunden wässern, dabei das Wasser mehrmals wechseln. Gut abtropfen lassen. Längs halbieren und alle Gräten entfernen. Abspülen, mit Küchenpapier gut trockentupfen und in mundgerechte Stücke schneiden. Fertige Heringsfilets müssen nicht gewässert werden.

2 Die übrigen Zutaten in einem Topf langsam zum Kochen bringen. Etwa 20 Minuten knapp unterhalb des Siedepunkts ziehen lassen, dann von der Kochstelle nehmen. Die Mischung auf 50 °C abkühlen lassen.

3 Heringsstücke in das warme sterilisierte Glas schichten. Mit dem warmen Öl bedecken. Das Glas behutsam rütteln, damit alle Luftblasen entweichen und die Gewürze sich gleichmäßig verteilen, dann verschließen. Nach drei bis vier Wochen verzehrfertig.

TIPP
Nehmen Sie festfleischige Heringe wie Matjes oder selbst eingesalzene Heringe (siehe Einsalzen, S. 212). Auf die gleiche Weise eingesalzene Makrele zubereiten.

Diese würzige Konserve ist eine Erfindung von mir, die unter Chili-Liebhabern immer mehr Freunde findet.

Rollmops

☆ **SCHWIERIGKEITSGRAD** EINFACH **GARZEIT** ETWA 12 MINUTEN **KÜCHENUTENSILIEN** STERILISIERTES 2-L-GLAS MIT WEITER ÖFFNUNG UND SÄUREFESTEM DECKEL (S. S. 12–13) **ERGIBT** ETWA 1,5 KG **HALTBARKEIT** GEKÜHLT 6 MONATE **SERVIERVORSCHLAG** ALS APPETITHÄPPCHEN MIT GEKÜHLTEM WODKA, ALS BESTANDTEIL EINES BÜFETTS ODER MIT WARMEM KARTOFFELSALAT ALS LEICHTES HAUPTGERICHT

ZUTATEN

8 ganze Salzheringe oder

8 Heringsdoppelfilets

6 EL scharfer Senf

4 große Dillgurken, in dicke Stäbchen von der Breite der Heringsfilets geschnitten

1 große Zwiebel, geschält, in schmale Ringe geschnitten und einige Sekunden blanchiert (s. S. 21)

2 EL Kapern

FÜR DIE MARINADE

500 ml Weißwein- oder Apfelessig

500 ml Wasser oder trockener Weißwein

2 TL Wacholderbeeren, zerstoßen

1 EL Pimentkörner, zerstoßen

2–3 Gewürznelken, zerstoßen

1 Ganze Salzheringe mit Wasser bedecken und für mindestens 12 Stunden kalt stellen, dabei ein- oder zweimal das Wasser wechseln.

2 Alle Zutaten für die Marinade in einem säurefesten Topf aufkochen, 10 Minuten köcheln, dann vollständig abkühlen lassen.

3 Die Heringe abtropfen lassen, trockentupfen und filetieren. Zuerst Kopf und Schwanz abschneiden. Die Fische mit der Haut oben auf die Arbeitsfläche legen. Mit dem Daumen fest auf die Rückengräte drücken, um sie zu lockern. Die Fische umdrehen und die Gräte ganz herausziehen. (Fertige Filets abspülen und trockentupfen.)

4 Die Filets mit der Haut nach unten auf ein Brett legen und mit Senf bestreichen. Ein Gurkenstück auf das breite Ende legen. Mit einigen Zwiebelringen und Kapern bestreuen. Aufrollen und mit zwei Zahnstochern zusammenstecken.

5 Die Rollmöpse mit den restlichen Zwiebeln in das sterilisierte Glas schichten, mit einer Zwiebelschicht abschließen. Die Zutaten vollständig mit der Marinade bedecken (nötigenfalls noch kalten Essig dazugeben) und verschließen. Für eine Woche in den Kühlschrank stellen.

Für dieses Rezept eignen sich am besten Matjesfilets, Sie können aber auch Salzheringe verwenden. Doppelfilets sind entgrätet, aber noch miteinander verbunden.

Heringe in Senfsauce

☆☆ **SCHWIERIGKEITSGRAD** MITTEL ● **GARZEIT** 35–40 MINUTEN ● **KÜCHENUTENSILIEN** WASSERBADTOPF,

2 STERILISIERTE 500-ML-GLÄSER MIT SÄUREFESTEM DECKEL (S. S. 12–13) ● **ERGIBT** ETWA 1 KG

 HALTBARKEIT GEKÜHLT 1–2 WOCHEN ● **SERVIERVORSCHLAG** MIT GEBUTTERTEM ROGGENBROT

ALS VORSPEISE, DAZU GEKÜHLTEN WODKA ODER AQUAVIT SERVIEREN

ZUTATEN

6 ganze Salzheringe oder

12 küchenfertige Heringsfilets

250 ml Weißweinessig

¼ TL Gewürznelken

2 Lorbeerblätter

1 TL schwarze Pfefferkörner

3 Zwiebeln, geschält und in dünne Scheiben geschnitten

4 Eier (Größe L)

1½ EL Zucker

2 EL Senfpulver

1 große Prise gemahlene Kurkuma

1 Ganze Salzheringe mit Wasser bedecken und für mindestens 12 Stunden kalt stellen, das Wasser ein- oder zweimal wechseln.

2 Den Essig mit Gewürznelken, Lorbeerblättern und Pfefferkörnern in einem säurefesten Topf zum Kochen bringen und bei schwacher Hitze einige Minuten köcheln lassen. Zum Abkühlen beiseitestellen.

3 Die Zwiebeln 2 Minuten blanchieren (s. S. 21). Die Heringe abtropfen lassen, trockentupfen und filetieren (siehe Rollmops, S. 65). Küchenfertige Filets abtropfen lassen und trockentupfen. Die Filets in mundgerechte Stücke schneiden.

4 Die Eier mit Zucker, Senfpulver und Kurkuma verquirlen und zum Essig geben. In den Wasserbadtopf oder eine auf einen Topf mit heißem Wasser gesetzte Schüssel füllen und bei schwacher Hitze rühren, bis die Mischung so dick ist, dass sie einen Löffelrücken überzieht. Über die Zwiebeln gießen und abkühlen lassen.

5 Den Hering hinzufügen und sorgfältig untermischen. In die sterilisierten Gläser füllen, verschließen und für drei Tage kalt stellen.

TIPPS

• Die Eimischung darf
nicht kochen,
sonst gerinnt sie.
• Vor dem Verschließen
die Gläser auf die Arbeitsfläche klopfen, um
Luftblasen zu
entfernen.

Die Herkunft dieses Rezepts ist unbekannt, vermutlich stammt es jedoch aus Nord- oder Mitteleuropa. Nehmen Sie große Salzheringe, die über Nacht gewässert werden sollten, um überschüssiges Salz zu entfernen.

Heringe in Sahnesauce

☆ **SCHWIERIGKEITSGRAD** EINFACH 🥄🔪 **KÜCHENUTENSILIEN** 2 STERILISIERTE 500-ML-GLÄSER MIT SÄUREFESTEM DECKEL (S. S. 12–13) **ERGIBT** ETWA 1 KG 🫙 **HALTBARKEIT** GEKÜHLT 1 WOCHE 🔪 **SERVIERVORSCHLAG** MIT ROGGENBROT ALS VORSPEISE

ZUTATEN

6 ganze Salzheringe oder

12 küchenfertige Heringsfilets

2 große Zwiebeln, geschält und in schmale Ringe geschnitten

6–8 Pimentkörner, zerstoßen

2–3 getrocknete Lorbeerblätter, zerkrümelt

350 g Sahne

250 ml Weißweinessig

1 EL Zucker

1 Ganze Heringe mit Wasser bedecken und mindestens 12 Stunden kalt stellen, das Wasser ein- oder zweimal wechseln.

2 Abtropfen lassen, trockentupfen und filetieren (siehe Rollmops, S. 65). Küchenfertige Heringsfilets waschen und trockentupfen. Die Fische in mundgerechte Stücke schneiden.

3 Die Zwiebelringe 2 Minuten blanchieren (s. S. 21). Mit den zerstoßenen Pimentkörnern und Lorbeerblättern vermischen. Abwechselnd Zwiebeln und Fischstücke in die sterilisierten Gläser schichten, mit einer Lage Zwiebeln abschließen.

4 Die Sahne mit Weinessig und Zucker verrühren. In die Gläser gießen, wobei keine Luftblasen entstehen dürfen. Die Gläser verschließen und für zwei bis drei Tage in den Kühlschrank stellen.

Dieses Rezept habe ich von Penny Stonfield bekommen - eine der besten Expertinnen für traditionelle jüdische Küche. Diesen köstlichen Salat bereitet sie für besondere Anlässe in großen Mengen zu.

TIPP
Sind Salzheringe nach 12 Stunden noch zu salzig, abgießen, mit frischem Wasser bedecken und weitere 12 Stunden wässern.

Geräuchertes Hähnchen

☆☆☆ **SCHWIERIGKEITSGRAD** ANSPRUCHSVOLL 🍲 **GARZEIT** KÖCHELN ETWA 15 MINUTEN, RÄUCHERN 3–3½ STUNDEN 🍴 **KÜCHENUTENSILIEN** GARN, RÄUCHEROFEN, FLEISCHERHAKEN 🫙 **ERGIBT** ETWA 1,5 KG 🫙 **HALTBARKEIT** GEKÜHLT 1 MONAT, TIEFGEFROREN 3 MONATE 🥄 **SERVIERVORSCHLAG** IN DÜNNE SCHEIBEN GESCHNITTEN MIT GEMISCHTEM BLATTSALAT, MIT MANGO AUF CANAPÉS ODER MIT GEWÜRZBIRNEN (S. S. 202) AUF SPIESSCHEN

ZUTATEN

1 Hähnchen (1,5–2 kg)

1 EL Oliven- oder Erdnussöl

4–5 Zweige Thymian

4–5 Zweige Estragon

1 Lorbeerblatt

FÜR DIE LAKE

600 g Salz

5–6 Zweige Estragon

4–5 Streifen Bio-Zitronenschale

WICHTIG

Ehe Sie beginnen, lesen Sie bitte die Informationen auf den Seiten 12 und 184.

1 Für die Zubereitung der Lake die Zutaten mit 2 l Wasser in einem Edelstahltopf zum Kochen bringen. Rühren, bis sich das Salz aufgelöst hat. Die Lake bei schwacher Hitze 10 Minuten köcheln lassen. Abseihen und vollständig abkühlen lassen.

2 Das Hähnchen waschen und trockentupfen. Lose Haut und das Fett in der Bauchhöhle entfernen. Die Schenkel mit Küchengarn zusammenbinden. Die Haut ringsum mit einem Holzspießchen einstechen.

3 Das Hähnchen in einer tiefen Glasschüssel mit der Lake bedecken. Beschweren (s. S. 166) und für 6–8 Stunden kalt stellen.

4 Das Hähnchen gut abtropfen lassen. Die Flügel zusammenbinden. Einen Holzspieß durch die Flügel stecken und eine Schnurschlaufe daran befestigen. Das Hähnchen für 24 Stunden bei 6–8 °C an einen trockenen, dunklen, luftigen Platz hängen.

5 Das Hähnchen mit dem Öl einpinseln und mit den Schenkeln nach unten in den Räucherofen hängen oder auf den Rost legen. 3–3½ Stunden bei 110–125 °C räuchern. Nach der Hälfte der Zeit die Kräuter auf den Rost legen.

6 Zur Garprobe einen Schenkel an der dicksten Stelle einstechen – der austretende Saft muss klar sein und nicht mehr rosa. Das Hähnchen kann heiß serviert werden, kalt schmeckt es aber am besten. In Wachspapier einwickeln und kalt stellen.

Auch anderes Zucht- und Wildgeflügel kann so zubereitet werden, wobei aber die Pökelzeit von seiner Größe abhängig ist: je 500 g mehr oder weniger Gewicht 1 Stunde dazurechnen oder abziehen.

Getrocknete Lammwürste

☆☆ **SCHWIERIGKEITSGRAD** MITTEL ❙❙ **KÜCHENUTENSILIEN** FLEISCHWOLF, WURSTEINFÜLLER,

FLEISCHERHAKEN **ERGIBT** ETWA 1 KG **HALTBARKEIT** GEKÜHLT 6 MONATE

SERVIERVORSCHLAG DIE WÜRSTE GRILLEN ODER IN EINTÖPFE, COUSCOUS ODER EINE TAJINE GEBEN

ACHTUNG DIESES REZEPT ENTHÄLT SALPETER

ZUTATEN

1,5 kg entbeintes Lammfleisch (Schulter oder Keule), in große Würfel geschnitten

300 g Lamm- oder Rinderfett, in große Würfel geschnitten

6 Knoblauchzehen, geschält und zerdrückt

4 EL Olivenöl

1½ EL Salz

1 EL Fenchelsamen

2 EL edelsüßes Paprikapulver

1 EL getrocknete Minze

1–2 TL Chilipulver

½ TL frisch gemahlener schwarzer Pfeffer

½ TL Salpeter

3,5 m Wurstdarm vom Rind

WICHTIG

Ehe Sie beginnen, lesen Sie bitte die Informationen auf den Seiten 12 und 184.

1 Lammfleisch und Fett durch die grobe Scheibe des Fleischwolfs drehen. Bis auf den Darm alle anderen Zutaten sorgfältig untermischen. In eine Glasschüssel drücken, dabei darauf achten, dass keine Lufteinschlüsse entstehen. Abdecken und 12 Stunden kalt stellen.

2 Den Darm vorbereiten (siehe Schritt 3 und 4, S. 190). Dann mit dem Fleisch füllen und in 15 cm lange Würste teilen (siehe Schritt 5, S. 191). Vier bis fünf Wochen bei 6–8 °C an einen trockenen, dunklen, luftigen Platz hängen, bis sie etwa die Hälfte ihres ursprünglichen Gewichts verloren haben. In Pergamentpapier wickeln und in den Kühlschrank legen.

In der gesamten muslimischen Welt, in der Schweinefleisch tabu ist, werden verschiedene Versionen dieses Rezepts zubereitet.

TIPP
Die Würste können nach vier Wochen gegessen werden – dann sind sie sehr aromatisch. Oder man trocknet sie, bis sie hart sind, und verwendet sie zum Kochen.

Hochsommer

Zutaten der Saison

Zu keiner anderen Zeit ist das Angebot an Obst und Gemüse so groß wie im Hochsommer. Überdies ist die Vielfalt an Farben atemberaubend! Was immer Sie auch aus den Produkten dieser Jahreszeit herstellen, das Ergebnis wird großartig aussehen und fantastisch schmecken. Hier finden Sie einige der Zutaten, die ich im Hochsommer am liebsten konserviere.

HIMBEEREN
Eine klassische Geleezutat, die aber auch herrliche Konfitüre, Fruchtmus und Fruchtpaste ergibt, um nur einige Konservierungsmöglichkeiten zu nennen.

KIRSCHEN
Sie schmecken direkt vom Baum gegessen köstlich, sind jedoch unglaublich vielseitig verwendbar. Allerdings enthalten sie wenig Pektin.

HEIDELBEEREN
Aufgrund ihres mittleren Pektingehalts bedürfen sie bei der Konfitüreherstellung etwas Unterstützung, aber sie ergeben wunderbaren Sirup.

ERDBEEREN
Ohne Erdbeeren würde dem Sommer etwas fehlen. Sie lassen sich auf vielfältige Weise konservieren.

PFIRSICHE
Trotz ihres niedrigen Pektin- und Säuregehalts gibt es fast nichts, was sich nicht aus Pfirsichen zubereiten ließe.

MELONEN
Obwohl sie pektin- und säurearm
ist, eignet sie sich dennoch für
Fruchtaufstriche, sofern man z.B.
Äpfel oder Zitronen hinzufügt.

APRIKOSEN
Vielseitige duftende Steinfrucht mit cre-
miger Konsistenz. Sie eignet sich ideal
zum Pochieren in Sirup, aber auch für
zahlreiche andere Verwendungen.

PFLAUMEN
Der Geschmack der unzähligen Pflau-
mensorten reicht von säuerlich bis sehr
süß. Pektin- und Säuregehalt hängen
von Sorte und Reifegrad ab.

JOHANNISBEEREN
Rote und schwarze
Johannisbeeren sind
pektin- und säurereich
und sind deshalb eine
perfekte Hauptzutat für
Konfitüren und Gelees.

STACHELBEEREN
Auch diese Frucht enthält viel Pektin
und Säure und eignet sich daher ideal für
Konfitüren und Gelees.

Zutaten der Saison Fortsetzung

GURKEN
Gurken werden wegen ihrer Knackigkeit gern Chutneys und Relishes hinzugefügt. Kleine Sorten können eingelegt werden.

TOMATEN
Ob rot oder gelb, sie sind das klassische Saucengemüse schlechthin. Sie eignen sich großartig für Chutneys und Relishes und selbst für Konfitüren.

STAUDENSELLERIE
Dieses Salatgemüse kann zum Einlegen und Würzen verwendet oder Chutneys, Relishes und Saucen hinzugefügt werden.

PAPRIKASCHOTEN
Unabhängig von der Farbe gibt man Paprika häufig in Pickles und Chutneys. Rote und gelbe Sorten sind süßer als grüne Früchte.

KRÄUTER
Es gibt Hunderte verschiedener Kräuter, die einer Vielfalt von Konserven ihren ganz besonderen Geschmack verleihen. Finden Sie heraus, welche Kräuter Ihnen am besten schmecken.

STANGENBOHNEN
Sie werden oft für Chutneys und Relishes verwendet, denen sie Konsistenz und Farbe verleihen. Zudem können sie sauer eingelegt oder in Öl konserviert werden.

INGWER
Diese würzige aromatische Wurzel ist eine umwerfende Zutat für zahlreiche süße und pikante Konserven.

AUBERGINEN
Sie gehören zu den Hauptzutaten für Chutneys und Relishes, können aber auch in Öl eingelegt und sogar für Konfitüren verwendet werden.

BLUMENKOHL
Eingelegt ist Blumenkohl sehr beliebt, doch er verleiht auch Chutneys und Relishes Konsistenz.

Pfirsiche in Weinbrand

 SCHWIERIGKEITSGRAD MITTEL **GARZEIT** ETWA 15 MINUTEN **KÜCHENUTENSILIEN** ZUCKER-THERMOMETER, STERILISIERTES GLAS MIT WEITER ÖFFNUNG UND DECKEL (S. S. 12–13) **ERGIBT** ETWA 1 KG

 HALTBARKEIT 2 JAHRE  **SERVIERVORSCHLAG** GROSSARTIG ALS KUCHENBELAG, MIT SAHNE UND EISCREME UND REICHLICH WEINBRANDSIRUP ALS KÖSTLICHES DESSERT

ZUTATEN

1,5 kg feste Pfirsiche

1,5 kg Einmachzucker

300 ml guter Weinbrand

100 g Cocktailkirschen, halbiert (nach Belieben)

FÜR DAS GEWÜRZSÄCKCHEN (S. S. 31)

1 Vanilleschote

1 kleines Stück Zimtstange

3–4 Kardamomkapseln

4 Gewürznelken

1 Die Pfirsiche blanchieren (s. S. 46), dann mit einem scharfen Messer rundum bis zum Stein einschneiden. Die obere Hälfte abdrehen und den Stein entfernen.

2 500 g Zucker mit 1 l Wasser in einen großen Topf geben und zum Kochen bringen. Abschäumen und nach Reduzieren der Hitze 5 Minuten zu Sirup einkochen.

3 Die Pfirsiche hineingeben. Den Topfinhalt wieder zum Kochen bringen und nach Reduzieren der Hitze 4–5 Minuten köcheln lassen. Die Pfirsiche mit einem Schaumlöffel herausheben und abkühlen lassen. Die Gewürze in ein Säckchen binden.

4 600 ml Sirup mit dem restlichen Zucker und dem
Gewürzsäckchen in einem Topf zum Kochen
bringen und abschäumen. Sprudelnd kochen lassen,
bis das Zuckerthermometer 104 °C anzeigt. Vom
Herd nehmen und etwas abkühlen lassen. Das Säckchen entfernen und den Weinbrand unterrühren.

5 In der Mitte jeder Pfirsichhälfte mit einem Zahnstocher eine halbe Kirsche feststecken. Die Pfirsiche
locker in das heiße sterilisierte Glas schichten.

6 Den Sirup über die Pfirsiche gießen. Das Gefäß
sanft rütteln, um Luftblasen zu entfernen, und
verschließen. Nach zwei Wochen können die Pfirsiche
gegessen werden, später sind sie aber noch besser.

Pfirsichkonfitüre mit Vanille

☆ **SCHWIERIGKEITSGRAD** EINFACH **GARZEIT** 50–55 MINUTEN ▐▌ **KÜCHENUTENSILIEN** EINKOCHTOPF,
ZUCKERTHERMOMETER, STERILISIERTE GLÄSER MIT DECKEL (S. S. 12–13)  **ERGIBT** ETWA 1 KG
🍯 **HALTBARKEIT** 1 JAHR 🥄 **SERVIERVORSCHLAG** HIMMLISCH MIT SCONES UND SCHLAGSAHNE
ODER MIT CROISSANTS ZUM FRÜHSTÜCK

ZUTATEN

1,25 kg gerade reife, feste weiße oder gelbe Pfirsiche

1 kg Einmachzucker

Saft von 2 Zitronen

4 EL guter Cognac

1–2 Vanilleschoten, in 7 cm lange Stücke geschnitten

1 Die Pfirsiche blanchieren (s. S. 21) und häuten. Halbieren, die Steine entfernen und das Fleisch in dicke Scheiben schneiden.

2 Die Früchte mit Zucker und Zitronensaft in den Topf geben. Abdecken und einige Stunden stehen lassen.

3 Den Topfinhalt zum Kochen bringen, dann 20 Minuten köcheln lassen, bis die Pirsiche gerade weich sind.

4 Wieder aufkochen. Unter häufigem Rühren 20–25 Minuten kochen lassen, bis der Gelierpunkt erreicht ist (s. S. 16). Die entstehende Konfitüre ist weich.

5 Den Topf von der Kochstelle nehmen. Die Konfitüre gut abschäumen und etwa 10 Minuten abkühlen lassen. Den Cognac unterrühren.

6 Die Konfitüre in die heißen sterilisierten Gläser füllen, dabei je 1 Stück Vanilleschote hineinschieben. Die Gläser verschließen. Die Konfitüre kann nach etwa einem Monat gegessen werden, wird aber durch längere Lagerung noch besser.

TIPP
Die Konfitüre während aller Zubereitungsschritte gut abschäumen, da Pfirsiche meist große Mengen Schaum abgeben.

Pfirsichchutney

 SCHWIERIGKEITSGRAD EINFACH **GARZEIT** ETWA 1¼ STUNDEN **KÜCHENUTENSILIEN** SÄUREFESTER EINKOCHTOPF, GEWÜRZ- ODER KAFFEEMÜHLE, STERILISIERTE GLÄSER MIT SÄUREFESTEM DECKEL (S. S. 12–13) **ERGIBT** ETWA 1,75 KG **HALTBARKEIT** 6 MONATE **SERVIERVORSCHLAG** GROSSARTIG ZU SCHARFEN CURRYS UND KÄSE

ZUTATEN

1 kg Pfirsiche, gehäutet, entsteint und in 2,5 cm dicke Scheiben geschnitten

300 g Kochäpfel, geschält und nach Entfernen des Kerngehäuses gehackt

250 g kernlose Trauben

2 Bio-Zitronen, in sehr dünne Halbmonde geschnitten

275 g Schalotten, grob gehackt

3 Knoblauchzehen, fein gehackt

75 g Ingwerwurzel, in feine Streifen geschnitten

500 ml Apfel- oder Weißweinessig

250 g Zucker

1 TL Gewürznelken

1 TL Kardamomkapseln

5 cm Zimtstange

2 TL Kümmel

1 Alle Früchte mit Schalotten, Knoblauch, Ingwer und Essig im Einkochtopf aufkochen. Die Hitze reduzieren und die Zutaten etwa 25 Minuten köcheln lassen, bis die Äpfel gerade weich und die Schalotten glasig sind.

2 Den Zucker hinzufügen und rühren, bis er sich aufgelöst hat. Den Topfinhalt 35–40 Minuten köcheln lassen, bis die meiste Flüssigkeit verdampft und das Chutney dick geworden ist. Von der Kochstelle nehmen.

3 Nelken, Kardamom und Zimtstange in der Gewürz- oder Kaffeemühle mahlen.

4 Die Gewürze in das Chutney sieben (fasrige Kardamomteile bleiben dann im Sieb zurück). Den Kümmel hinzufügen und alles gut vermischen.

5 Das Chutney in die heißen sterilisierten Gläser füllen. Die Gläser verschließen. Nach einem Monat kann das Chutney gegessen werden.

Mitunter wird Pfirsichchutney recht blass. Durch Zugabe von 2 EL süßem Paprikapulver können Sie es aber rötlich, durch 2 TL gemahlener Kurkuma goldgelb färben. Einfach mit den anderen Gewürzen in das Chutney rühren.

Getrocknete Pfirsiche

☆ **SCHWIERIGKEITSGRAD** EINFACH 🍲 **GARZEIT** BIS ZU 36 STUNDEN TROCKNEN
🔪 **KÜCHENUTENSILIEN** STERILISIERTE GLÄSER MIT DECKEL (S. S. 12–13) 🫙 **HALTBARKEIT** VOLLSTÄNDIG GETROCKNET
2 JAHRE, HALB GETROCKNET 2 MONATE 🍴 **SERVIERVORSCHLAG** IN DESSERTS UND BACKWAREN ODER ALS SNACK

ZUTATEN

gewünschte Menge Pfirsiche

1 Die Pfirsiche einige Sekunden in kochendem Wasser blanchieren (s. S. 21), in kaltem Wasser abschrecken und häuten.

2 Die Pfirsiche halbieren und entsteinen. Die Hälften ganz lassen oder in Viertel oder kleinere Stücke schneiden.

3 In eine Schüssel mit Zitronenwasser tauchen. Herausheben und sorgfältig abtropfen lassen.

4 Die Pfirsiche mit den Schnittflächen nach unten auf einen Rost über ein mit Alufolie belegtes Backblech setzen. In den auf 110 °C vorgeheizten Backofen schieben. Die Tür einen Spalt offen stehen lassen.

5 Pfirsichhälften brauchen zum Trocknen 24–36 Stunden, Viertel 12–16 Stunden, kleinere Stücke 8–12 Stunden. Nach der Hälfte der Zeit die Früchte wenden.

6 Die Pfirsiche in einen luftdichten Behälter zwischen Lagen aus Wachspapier schichten. Kühl und, falls der Behälter lichtdurchlässig ist, dunkel aufbewahren.

TIPP
Achten Sie darauf, dass die getrockneten Pfirsiche vollkommen ausgekühlt sind, ehe sie gelagert werden.

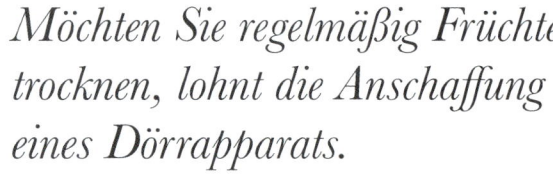

Möchten Sie regelmäßig Früchte trocknen, lohnt die Anschaffung eines Dörrapparats.

Rotes Pflaumengelee

 SCHWIERIGKEITSGRAD EINFACH **GARZEIT** 40–50 MINUTEN **KÜCHENUTENSILIEN** EINKOCHTOPF, STERILI-

SIERTER SAFTBEUTEL, ZUCKERTHERMOMETER, STERILISIERTE GLÄSER MIT DECKEL (S. S. 12–13) **ERGBT** ETWA 1,25 KG

 HALTBARKEIT 2 JAHRE ✍ **SERVIERVORSCHLAG** ZU LAMMFLEISCH, WILD ODER KALTEM HÄHNCHEN

ZUTATEN

1 kg rote Pflaumen

*15 Bittermandeln (Apotheke),
grob zerstoßen, oder 1 TL
Bittermandelextrakt*

Einmachzucker

*4 EL Slibowitz (oder anderer
Pflaumenschnaps)*

*einige blanchierte Bittermandeln für
jedes Glas (nach Belieben)*

1 Die Pflaumen mit Bittermandeln oder Mandelextrakt im Einkochtopf mit kaltem Wasser bedecken. Zum Kochen bringen und nach Reduzieren der Hitze 20–25 Minuten köcheln lassen, bis die Früchte musig sind.

2 In den sterilisierten Saftbeutel (s. S. 17) füllen und 2–3 Stunden abtropfen lassen. Den Saft abmessen und für je 500 ml Saft 500 g Zucker abwiegen.

3 Zucker und Saft in den abgewaschenen Einkochtopf geben, zum Kochen bringen und unter gelegentlichem Rühren einige Minuten kochen, bis sich der Zucker aufgelöst hat. Dann die Hitze reduzieren und gut abschäumen. Den Topfinhalt erneut 10 Minuten spru-

delnd kochen lassen, bis der Gelierpunkt (s. S. 16) erreicht ist.

4 Das flüssige Gelee 5 Minuten abkühlen lassen. Abschäumen und den Slibowitz unterrühren. In die Gläser gießen und verschließen.

5 Werden Mandeln hinzugefügt, das Gelee halbfest werden lassen, dann in jedes Glas einige Mandeln geben. Das Gelee mit einem in etwas Slibowitz getauchten Wachskreis abdecken und verschließen.

Durch Bittermandeln erhält dieses Gelee eine interessante Note. Am besten eignen sich hier dunkelrote Pflaumen.

Pflaumenkonfitüre

 SCHWIERIGKEITSGRAD EINFACH **GARZEIT** ETWA 1 STUNDE **KÜCHENUTENSILIEN** EINKOCHTOPF, ZUCKERTHERMOMETER, STERILISIERTE GLÄSER MIT DECKEL (S. S. 12–13) **ERGIBT** ETWA 1,75 KG

 HALTBARKEIT 2 JAHRE **SERVIERVORSCHLAG** ANSTELLE VON HIMBEERKONFITÜRE ALS FÜLLUNG FÜR LNZER TORTE ODER IN EINEM EINFACHEN PFLAUMENCRUMBLE

ZUTATEN

1,25 kg Pflaumen, entsteint und halbiert, große Früchte geviertelt

1 kg Einmachzucker

TIPP
Rote Pflaumenkonfitüre bekommt einen lebendigen Akzent, wenn man 75 g in feine Streifen geschnittene Ingwerwurzel hinzufügt, die mit dem Zucker eingerührt wird.

Aus Mirabellen kann man goldgelbe Konfitüre, aus Renekloden eine grünlich-gelbe Konfitüre zubereiten.

1 Die Pflaumen mit 350 ml Wasser im Einkochtopf langsam zum Kochen bringen. Die Hitze reduzieren und die Pflaumen unter gelegentlichem Rühren etwa 25 Minuten köcheln lassen, bis sie weich sind.

2 Den Zucker hinzufügen und so lange rühren, bis er sich aufgelöst hat. Die Mischung wieder zum Kochen bringen und 25–30 Minuten kochen lassen, bis der Gelierpunkt erreicht ist (s. S. 16).

3 Die Konfitüre von der Kochstelle nehmen und einige Minu-

ten abkühlen lassen. In die heißen sterilisierten Gläser füllen und verschließen.

VARIANTEN

ZWETSCHGENKONFITÜRE
Anstelle von Pflaumen ganze Zwetschgen verwenden. Mit 750 ml Wasser köcheln lassen, bis sie sehr weich sind. Durch ein Sieb streichen, um die Steine zu entfernen. Pro 500 ml Fruchtmus 625 g Zucker hinzufügen. Alles 10–15 Minuten kochen lassen, bis der Gelierpunkt erreicht ist.

RENEKLODENKONFITÜRE
Die Pflaumen durch Renekloden ersetzen. 10 Reneklodensteine aufknacken und die Kerne in Baumwollstoff binden. Mit Früchten, dem Saft von 1 Zitrone und 250 ml Wasser in den Topf geben, dann wie oben verfahren.

Reneklodenkonfitüre wird seit jeher vor allem in Frankreich hergestellt.

Powidl (Pflaumenmus)

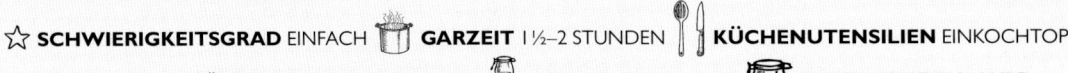

☆ **SCHWIERIGKEITSGRAD** EINFACH **GARZEIT** 1½–2 STUNDEN **KÜCHENUTENSILIEN** EINKOCHTOPF,
STERILISIERTE GLÄSER MIT DECKEL (S. S. 12–13) **ERGIBT** ETWA 1,5 KG **HALTBARKEIT** 2 JAHRE
 SERVIERVORSCHLAG ALS FÜLLUNG FÜR ZWETSCHENKNÖDEL VERWENDEN ODER
ÜBER KLÖSSE SCHÖPFEN UND MIT SAUERRAHM SERVIEREN

ZUTATEN

*2 kg blaue Pflaumen, am besten
Zwetschen*

1 kg Einmachzucker

1 Die Pflaumen entsteinen und
grob hacken. Mit dem Zucker in
den Einkochtopf schichten, mit
einem sauberen Tuch abdecken
und einige Stunden stehen lassen, bis sie Saft ziehen.

2 Den Topfinhalt zum Kochen
bringen und rühren, bis sich der
Zucker aufgelöst hat. Die Hitze
reduzieren und die Mischung
unter gelegentlichem Rühren

1½–2 Stunden köcheln lassen,
bis sie dunkel und dick geworden ist. (Eine Gelierprobe ist in
diesem Fall nicht nötig.)

3 Das Mus in die heißen sterilisierten Gläser füllen und verschließen. Es kann sofort gegess-
sen werden, schmeckt aber nach
längerer Lagerung noch besser.

*Bei dieser böhmischen Spezialität han-
delt es sich eher um eine weiche Fruchtpaste als um eine Konfitüre. Da hier
recht wenig Zucker verwendet wird, entsteht ein pikantes süßsaures Fruchtmus.*

Eingelegte Pflaumen

☆ **SCHWIERIGKEITSGRAD** EINFACH **GARZEIT** 3–4 MINUTEN ❙❘ **KÜCHENUTENSILIEN** STERILISIERTE GLÄSER

MIT SÄUREFESTEM DECKEL (S. S. 12–13) **ERGIBT** ETWA 1 KG **HALTBARKEIT** 2 JAHRE

SERVIERVORSCHLAG ZU KALTEM FLEISCH, SCHINKEN UND WURST ODER KÄSE

ZUTATEN

500 ml Apfelessig

150 ml Apfel- oder Birnendicksaft

1 EL Salz

1 kg Pflaumen (vorzugsweise Zwetschgen)

8 Gewürznelken

8 Pimentkörner

6–8 feine Streifen Ingwerwurzel

2 Lorbeerblätter

1 Den Apfelessig mit Dicksaft und Salz in einen säurefesten Topf geben. Zum Kochen bringen und 1–2 Minuten kochen lassen.

2 Die Pflaumen oder Zwetschgen rundum mit einem Zahnstocher einstechen. Mit Nelken, Pimentkörnern, Ingwer und Lorbeerblättern in die heißen sterilisierten Gläser schichten. Die Gläser mit dem kochenden Essig füllen und verschließen. Nach einem Monat können die Pflaumen gegessen werden.

Diese Pflaumen sind eine ungewöhnliche Beilage zu Brot und Käse.

PFLAUMEN

Da sich die wunderbar vielseitigen Pflaumen besonders gut zum Ein-frieren eignen, kann man sie zu jeder Jahreszeit genießen. Sollen sie für Konfitüren und Chutneys verwendet werden, friert man sie ganz ein, ansonsten halbiert. Zudem kann man sie in Sirup einlegen.

Pflaumenchutney

 SCHWIERIGKEITSGRAD EINFACH **GARZEIT** ETWA 1¼ STUNDEN **KÜCHENUTENSILIEN** NUSSKNACKER ODER HAMMER, BAUMWOLLSTOFF, SÄUREFESTER EINKOCHTOPF, GEWÜRZ- ODER KAFFEEMÜHLE, STERILISIERTE GLÄSER MIT SÄUREFESTEM DECKEL (S. S. 12–13) **ERGIBT** ETWA 1 KG **HALTBARKEIT** 2 JAHRE

 SERVIERVORSCHLAG ZU KALTEM BRATEN, SCHINKEN UND KÄSE ODER EINFACH ALS BROTAUFSTRICH

ZUTATEN

500 g dunkelrote Pflaumen

500 g hellrote Pflaumen

6 große Knoblauchzehen, geschält und grob gehackt

6 frische rote Chilischoten, grob gehackt

125 g Tamarindenmark oder 2 EL Tamarindenpaste

750 ml Weißweinessig

400 g heller Rohrohrzucker oder weißer Zucker

2 TL Salz

1 TL Gewürznelken

1 TL Pimentkörner

1 Zimtstange, in Stücke gebrochen

½ TL schwarzer Kreuzkümmel (Kala jeera)

1 Die Pflaumen halbieren und entsteinen. Die Steine mit einem Nussknacker oder Hammer aufknacken und in ein Stück Baumwollstoff binden.

2 Die Pflaumen mit dem Säckchen, Knoblauch, Chilischoten und 75 ml Wasser in den Einkochtopf geben. Zum Kochen bringen und unter häufigem Rühren 15–20 Minuten köcheln lassen, bis die Pflaumen weich sind.

3 Tamarindenmark ggf. 20 Minuten in 125 ml Wasser einweichen und durch ein Sieb streichen. Die großen Samen wegwerfen.

4 Essig, passierte Tamarinde oder Tamarindenpaste, Zucker und Salz in den Topf geben. Den Topfinhalt zum Kochen bringen und rühren, bis sich alle hinzugefügten Zutaten aufgelöst haben. Den Topfinhalt 25–30 Minuten unter häufigem Rühren köcheln lassen, bis die meiste Flüssigkeit verdampft und das Chutney dick geworden ist. Von der Kochstelle nehmen und das Stoffsäckchen entfernen.

5 Gewürznelken, Pimentkörner und Zimtstange in der Gewürz- oder Kaffeemühle mahlen. Mit dem Kreuzkümmel unter das Chutney rühren. Das Chutney in die heißen sterilisierten Gläser füllen und verschließen. Nach einem Monat kann das Chutney gegessen werden.

Dies ist ein dunkelrotes aromatisches Chutney. Für das Originalrezept aus Assam verwendet man 15 Chilischoten und mehrere Esslöffel Cayennepfeffer. Ich habe es ausprobiert, und es war herrlich scharf – ein echtes Vergnügen für Chili-Liebhaber.

TIPP
Nehmen Sie feste, fleischige Pflaumen mit schöner Farbe. Ich mische immer dunkelrote Pflaumen mit helleren, doch Sie können auch nur eine einzige Sorte verwenden.

Pflaumensauce nach chinesischer Art

 SCHWIERIGKEITSGRAD EINFACH  **GARZEIT** ETWA 1¼ STUNDEN **KÜCHENUTENSILIEN** SÄUREFESTER

EINKOCHTOPF, STERILISIERTE FLASCHEN MIT SÄUREFESTEM VERSCHLUSS ODER KORKEN (S. S. 12–13)

 ERGIBT ETWA 1 LITER  **HALTBARKEIT** EINGEKOCHT 2 JAHRE

 SERVIERVORSCHLAG ALS SALATDRESSING

ZUTATEN

2 kg rote Pflaumen oder je 1 kg rote

Pflaumen und Zwetschgen

1 l Rotwein- oder Reisessig

2 TL Salz

250 ml dunkle Sojasauce

300 g Honig oder

Muscovadozucker

1 EL Pfeilwurzelmehl oder

Maisstärke

FÜR DAS GEWÜRZSÄCKCHEN (S. S. 31)

1 EL Sternanis, zerstoßen

2 TL Sichuanpfefferkörner, zerstoßen

1 TL kleine getrocknete rote

Chilischoten, zerstoßen

1 Das Gewürzsäckchen binden. Die Pflaumen mit Essig, Salz und Gewürzsäckchen im Einkochtopf zum Kochen bringen. Die Hitze reduzieren und die Früchte etwa 25 Minuten köcheln lassen, bis sie weich und musig sind.

2 Das Gewürzsäckchen herausnehmen und wegwerfen. Die Pflaumen durch ein Sieb passieren. Das Püree im abgewaschenen Topf mit der Sojasauce und dem Honig oder Zucker verrühren. Zum Kochen bringen, dann 45 Minuten köcheln lassen, bis das Püree um ein Viertel reduziert ist.

3 Das Pfeilwurzelmehl mit Wasser zu einer Paste verrühren. Unter das Püree mischen und 1–2 Minuten unter Rühren garen. Die Sauce in die heißen sterilisierten Flaschen füllen und verschließen. Einkochen, dann abkühlen lassen. Die Verschlüsse prüfen, Korken in Wachs tauchen (s. S. 13–15). Die Sauce ist sofort gebrauchsfertig, wird durch Lagerung aber noch besser.

Diese chinesische Sauce ist süß, sauer und scharf. Sie passt wunderbar zu gebratener Ente, eignet sich aber auch zum Aromatisieren von Suppen und Eintöpfen.

Aprikosenkonfitüre

 SCHWIERIGKEITSGRAD EINFACH **GARZEIT** 45–55 MINUTEN ❘❘ **KÜCHENUTENSILIEN** HAMMER ODER NUSSKNACKER, EINKOCHTOPF, ZUCKERTHERMOMETER, STERILISIERTE GLÄSER MIT DECKEL (S. S. 12–13) **ERGIBT** ETWA 1,5 KG **HALTBARKEIT** 2 JAHRE **SERVIERVORSCHLAG** ALS GLASUR FÜR EINE LAMMKEULE ODER OBSTKUCHEN

ZUTATEN

1,25 kg Aprikosen

Saft von 1 Zitrone

1 kg Einmachzucker

1 Die Aprikosen halbieren und entsteinen (die Kerne aufbewahren). Die Früchte in eine Glasschüssel geben. Den Zitronensaft darüberträufeln und sorgfältig untermischen. Die Früchte abgedeckt beiseitestellen.

2 10 Aprikosenkerne mit dem Hammer oder Nussknacker aufbrechen. Einen Kern probieren – schmeckt er sehr bitter, nur die Hälfte der Kerne verwenden. Die Kerne 1 Minute in kochendem Wasser blanchieren und entweder in der Mitte spalten oder fein hacken.

3 Den Zucker mit 300 ml Wasser im Einkochtopf langsam zum Kochen bringen und rühren, bis er sich aufgelöst hat. 3–4 Minuten sprudelnd kochen lassen. Die Aprikosen hinzufügen. Den Topfinhalt wieder zum Kochen bringen und 5 Minuten köcheln lassen.

4 Erneut aufkochen und 20–25 Minuten unter häufigem Rühren sprudelnd kochen lassen, bis der Gelierpunkt erreicht ist (s. S. 16). Etwa 5 Minuten vor Ende der Garzeit die Aprikosenkerne unterrühren.

5 Die Konfitüre von der Kochstelle nehmen und einige Minuten abkühlen lassen, dann sorgfältig abschäumen. In die heißen sterilisierten Gläser füllen und verschließen.

VARIANTE
Für eine glatte Konfitüre die Fruchtmasse nach Schritt 3 leicht abkühlen lassen und durch ein Sieb oder Passiergerät streichen. Wieder in den abgewaschenen Topf füllen und wie oben fortfahren. Falls die Konfitüre als Glasur dienen soll, keine Aprikosenkerne hinzufügen.

TIPP
Optimale Ergebnisse erzielen Sie mit reifen, aber festen Aprikosen. Verwenden Sie die Konfitüre als Füllung für Teigtaschen und Kuchen oder erwärmt und durch ein Sieb gestrichen als gelbe Glasur.

Diese duftende, weiche Aprikosenkonfitüre mit ihrer wunderschönen goldenen Farbe ist vielseitig verwendbar und fängt die Essenz des Sommers ein.

Die Aprikosenkerne befinden sich in den Steinen.

Kandierte Aprikosen

☆☆ **SCHWIERIGKEITSGRAD** MITTEL 🍲 **GARZEIT** 1. TAG: ETWA 10 MINUTEN, 2. TAG: ETWA 15 MINUTEN, 4. TAG: 3¼–4¼ STUNDEN 🍴 **KÜCHENUTENSILIEN** EINKOCHTOPF, ZUCKERTHERMOMETER, STERILI-SIERTES 1,5-L-GLAS MIT WEITER ÖFFNUNG UND DECKEL (S. S. 12–13) ODER LUFTDICHTER BEHÄLTER 🫙 **ERGIBT** ETWA 1,5 KG 🍯 **HALTBARKEIT** IN SIRUP 2 JAHRE, GETROCKNET 3–4 MONATE 🔪 **SERVIERVORSCHLAG** ALS VERZIERUNG FÜR KUCHEN, SÜSSSPEISEN UND DESSERTS ODER ALS SÜSSIGKEIT

ZUTATEN

1 kg Aprikosen

1,5 kg Zucker

Saft von 1 Zitrone oder

1 TL Zitronensäure

> **TIPP**
> **Damit der Zucker rascher aufgenommen wird, die Früchte nach dem Einstechen zunächst für 24–48 Stunden in Salzlake legen (für die Lake auf 500 ml Wasser 75 g Salz geben).**

1 Jede Aprikose einige Male mit einem Zahnstocher einstechen.

2 1 kg Zucker mit 250 ml Wasser und Zitronensaft im Einkochtopf aufkochen und rühren, bis er sich aufgelöst hat. Gut abschäumen und kochen, bis das Zuckerthermometer 110 °C anzeigt.

3 Die Aprikosen dazugeben und 3 Minuten köcheln lassen. Mit einem Schaumlöffel in eine große Glasschüssel heben. Den Sirup nochmals 5 Minuten kochen lassen, dann über die Aprikosen gießen. Die Früchte beschweren (s. S. 166) und 24 Stunden stehen lassen.

4 Die Aprikosen abtropfen lassen. Den Sirup wieder in den Topf gießen. 250 g Zucker hinzufügen, langsam erhitzen und rühren, bis er sich aufgelöst hat. Gut abschäumen und etwa 5 Minuten kochen lassen.

5 Die Aprikosen dazugeben, zum Kochen bringen und nach Reduzieren der Hitze etwa 5 Minuten köcheln lassen. Mit dem Schaumlöffel in die Schüssel heben. Den Sirup noch 5 Minuten kochen lassen, dann über die Aprikosen gießen. Die Früchte beschweren und 24 Stunden stehen lassen.

6 Die Aprikosen abtropfen lassen. Den Sirup mit dem übrigen Zucker aufkochen und rühren, bis sich der Zucker aufgelöst hat. Abschäumen und 2–3 Minuten kochen lassen.

7 Die Früchte dazugeben, zum Kochen bringen und 3–4 Stunden ganz sanft köcheln lassen, bis die Früchte glasig sind.

8 In das heiße Glas heben, mit dem Sirup übergießen und verschließen. Oder die Früchte auf Gittern 24 Stunden trocknen lassen, mit Zucker bestreuen und 12–24 Stunden im Ofen trocknen (siehe kandierte Ananasringe, S. 228).

Die Früchte sind nur wenige Monate haltbar. Damit sie nicht verderben, kann man sie in dem dicken Sirup aufbewahren. Weiche Früchte wie Aprikosen ganz lassen, festere halbieren oder entsteinen.

Rumtopf

☆ **SCHWIERIGKEITSGRAD** EINFACH 🍴 **KÜCHENUTENSILIEN** RUMTOPF ODER GROSSES SCHRAUBGLAS ODER KASSE-
ROLLE MIT DECKEL 🏺 **ERGIBT** I TOPF 🏺 **HALTBARKEIT** UNBEGRENZT ✎ **SERVIERVORSCHLAG** ZU EISCREME ODER
ANDEREN DESSERTS ODER FRÜCHTE UND FLÜSSIGKEIT EINFACH MIT DEM LÖFFEL ESSEN

ZUTATEN

*frische reife saftige Früchte wie etwa
Erdbeeren, schwarze, rote und weiße
Johannisbeeren und alle anderen
Beeren, Pfirsiche, Birnen, Pflaumen
und Kirschen*

JE KG VORBEREITETE FRÜCHTE

*250 g Einmachzucker, für eine süßere
Version bis zu 400 g*

etwa 1 l Rum

1 Die Stiele der Früchte und
beschädigte Stellen entfernen.
Große Früchte wie Birnen vierteln, Pfirsiche blanchieren und
häuten (s. S. 21).

2 Die vorbereiteten Früchte in
einer großen Schüssel mit dem
Zucker vermischen. Abdecken
und etwa 30 Minuten stehen
lassen.

3 Die Früchte in den Rumtopf
füllen und mit dem Rum übergießen. Mit Frischhaltefolie abdecken und den Deckel auflegen.

4 Den Topf etwa einmal pro
Woche rütteln, um den Inhalt zu
vermischen.

5 Weitere Früchte, die auf den
Markt kommen, wie oben vorbereiten und mit der entsprechen-
den Zucker- und Rummenge
dem Rumtopf hinzufügen. Drei
Monate, nachdem die letzten
Früchte dazugegeben wurden, ist
der Rumtopf verzehrfertig.

TIPP
**Falls Sie ein Glasgefäß ver-
wenden, dieses an einen
dunklen Platz stellen, da
Licht die Farbe der Früchte
beeinträchtigt.**

*Rumtopf ist eine geniale Erfindung. Für
seine Zubereitung gibt man frisches Obst
mit Zucker und Alkohol in einen Steinguttopf und fügt nach und nach weitere
Früchte der Saison hinzu. Pünktlich zu
Weihnachten wird der Rumtopf dann
fertig sein!*

Feines Fruchtmus

 SCHWIERIGKEITSGRAD EINFACH **GARZEIT** 2¾–3¼ STUNDEN **KÜCHENUTENSILIEN** EINKOCHTOPF, GEWÜRZ- ODER KAFFEEMÜHLE, STERILISIERTE GLÄSER (S. S. 12–13) **ERGIBT** ETWA 1,5 KG **HALTBARKEIT** 2 JAHRE

SERVIERVORSCHLAG ALS FÜLLUNG FÜR KUCHEN ODER BEILAGE ZU KALTEM BRATEN, SCHINKEN UND WURST

ZUTATEN

1,25 kg Äpfel, mit Schale und Kerngehäuse gehackt

625 g Birnen, mit Schale und Kerngehäuse gehackt

625 g Pfirsiche, halbiert und entsteint

1 l süßer Cidre oder Wasser

1 kg heller Rohrohrzucker oder weißer Zucker

1 TL Pimentkörner

½ TL Gewürznelken

2 TL gemahlener Zimt

1 Äpfel, Birnen und Pfirsiche zusammen mit dem Cidre oder Wasser in den Einkochtopf geben. Zum Kochen bringen und abschäumen. Die Hitze reduzieren und die Früchte 1 Stunde köcheln lassen, bis sie sehr weich und musig sind.

2 Durch ein Sieb oder ein Passiergerät streichen. Das Püree in den abgewaschenen Einkochtopf füllen. Den Zucker hinzufügen und rühren, bis er sich aufgelöst hat. Die Mischung zum Kochen bringen, dann unter häufigem Rühren 1½–2 Stunden köcheln lassen, bis sie sehr dick geworden ist.

3 Pimentkörner und Gewürznelken in der Gewürz- oder Kaffeemühle mahlen. Mit dem Zimt in das Mus rühren und dieses noch 1–2 Minuten köcheln lassen. In die warmen sterilisierten Gläser füllen und verschließen.

Mango-Mus (s. S. 224) kann mit Orange, Vanille oder Zimt aromatisiert werden.

Das Fruchtmus im Rezept oben bekommt durch Piment, Nelken und Zimt ein warmes Aroma.

Kiwi-Mus (s. S. 225) schmeckt säuerlich-pikant.

Dies ist eine großartige Methode, der Flut an Früchten aus dem Obstgarten Herr zu werden. Experimentieren Sie mit unterschiedlichen Kombinationen, mindestens die Hälfte der Früchte sollten jedoch Äpfel sein.

Heidelbeerkonfitüre

☆ **SCHWIERIGKEITSGRAD** EINFACH · **GARZEIT** ETWA 45 MINUTEN

KÜCHENUTENSILIEN EINKOCHTOPF, ZUCKERTHERMOMETER, STERILISIERTE GLÄSER MIT DECKEL (S. S. 12–13)

ERGIBT ETWA 1,5 KG · **HALTBARKEIT** 2 JAHRE

ZUTATEN

1 kg Heidelbeeren

1 kg Einmachzucker

Saft von 1 Zitrone

1 Die Heidelbeeren mit Zucker, Zitronensaft und 4 EL Wasser in den Einkochtopf geben. Langsam zum Kochen bringen, dabei gelegentlich rühren, bis sich der Zucker aufgelöst hat. Die Hitze reduzieren und den Topfinhalt etwa 10 Minuten köcheln lassen.

2 Die Temperatur heraufschalten. Die Mischung 15–20 Minuten sprudelnd kochen lassen, bis der Gelierpunkt erreicht ist (s. S. 16).

3 Die Konfitüre von der Kochstelle nehmen und einige Minuten abkühlen lassen. In die heißen sterilisierten Gläser füllen und verschließen.

TIPP
Schaum entfernt man am besten, nachdem die Konfitüre von der Kochstelle genommen wurde, sie aber noch nicht zu stark abgekühlt ist.

Heidelbeerkonfitüre ist recht weich. Man kann sie auf Käsekuchen streichen oder unter Schlagsahne gehoben als Füllung für eine Biskuitrolle verwenden.

Himbeerkonfitüre

☆ **SCHWIERIGKEITSGRAD** EINFACH 🫕 **GARZEIT** ETWA 45 MINUTEN 🍴 **KÜCHENUTENSILIEN** EINKOCHTOPF, ZUCKERTHERMOMETER, STERILISIERTE GLÄSER MIT DECKEL (S. S. 12–13) **ERGIBT** ETWA 1,5 KG **HALTBARKEIT** 2 JAHRE **SERVIERVORSCHLAG** ALS FÜLLUNG FÜR BISQUITROLLEN, LINZER TORTE ODER EINE BESONDERS EDLE QUEEN-OF-PUDDINGS-VERSION

ZUTATEN

1 kg Himbeeren

1 kg Einmachzucker

Saft von 1 Zitrone

1 Die Himbeeren mit dem Zucker in den Einkochtopf schichten. Mit einem Tuch abdecken und über Nacht stehen lassen.

2 Am nächsten Tag den Zitronensaft hinzufügen. Die Mischung langsam zum Kochen bringen und immer wieder rühren, bis sich der Zucker aufgelöst hat.

3 Die Temperatur heraufschalten. Die Konfitüre 20–25 Minuten sprudelnd kochen lassen, bis der Gelierpunkt erreicht ist (s. S. 16). Gegen Ende der Garzeit ständig rühren, damit sie nicht ansetzt. Falls gewünscht, die Hälfte der Konfitüre durch ein Sieb streichen, um einen Teil der Kerne zu entfernen, dann noch einmal 5 Minuten kochen lassen.

4 Die Konfitüre von der Kochstelle nehmen und einige Minuten abkühlen lassen. In die heißen sterilisierten Gläser füllen und verschließen.

Der Geschmack dieser Konfitüre aus saftigen Beeren erinnert das ganze Jahr hindurch an den Sommer.

Diese Konfitüre hat einen besonders intensiven Duft und Geschmack.

Himbeersirup

 SCHWIERIGKEITSGRAD EINFACH **GARZEIT** ETWA 1¼ STUNDEN **KÜCHENUTENSILIEN** STERILISIERTER SAFTBEUTEL UND SAUBERES PASSIERTUCH, 750-ML-FLASCHE MIT KORKEN (S. S. 12–13) **ERGIBT** ETWA 750 ML **HALTBARKEIT** 2 JAHRE **SERVIERVORSCHLAG** ALS SAUCE AUF DESSERTS UND EISCREME, MIT WASSER VERDÜNNT ALS GETRÄNK ODER GEFROREN ALS EIS

ZUTATEN

1 kg Himbeeren

Einmachzucker

Sirup lässt sich heiß einfacher zubereiten als kalt (siehe Johannisbeersirup, S. 101), schmeckt dann aber nicht so intensiv.

1 Die Himbeeren mit 75 ml Wasser in einer Schüssel zerstampfen. Für 1 Stunde auf einen Topf mit köchelndem Wasser setzen, zwischendurch ab und zu stampfen.

2 In den Saftbeutel gießen (s. S. 17) und einige Stunden abtropfen lassen. Den Beutel zusammendrehen, um möglichst viel Flüssigkeit herauszudrücken. Den Saft durch das doppelt genommene Passiertuch seihen (s. S. 21).

3 Für jeweils 500 ml Saft 400 g Zucker abwiegen. Saft und Zucker in einem Topf langsam zum Kochen bringen und unter Rühren auflösen. Den Sirup abschäumen und 4–5 Minuten kochen lassen. Nicht zu lange kochen, sonst geliert der Sirup.

4 In die heiße sterilisierte Flasche füllen und verkorken. Abkühlen lassen, dann den Korken in Wachs tauchen (s. S. 13).

Cassis

 **SCHWIERIGKEITSGRAD** EINFACH **KÜCHENUTENSILIEN** STERILISIERTES 1,5-L-GLAS MIT WEITER ÖFFNUNG, STERILI-SIERTER SAFTBEUTEL UND SAUBERES PASSIERTUCH, STERILISIERTE FLASCHEN MIT VERSCHLUSS (S. S. 12–13)

ERGIBT ETWA I L **HALTBARKEIT** UNBEGRENZT, NACH DEM ÖFFNEN 3 MONATE

SERVIERVORSCHLAG I–2 EL AUF EIN GLAS TROCKENEN WEISSWEIN (»KIR«) ODER CHAMPAGNER (»KIR ROYAL«) GEBEN

ZUTATEN

1 kg reife schwarze Johannisbeeren, gewaschen und entstielt

500 ml Weinbrand

350–500 g Einmachzucker

1 Die Johannisbeeren in das sterilisierte Glas geben und mit dem Kartoffelstampfer sorgfältig zerdrücken (keine beschädigten oder schimmelnden Beeren verwenden).

2 Den Weinbrand darübergießen und das Glas fest verschließen. Für etwa zwei Monate an einen kühlen dunklen Platz stellen, zwischendurch gelegentlich schütteln.

3 Früchte und Flüssigkeit in den sterilisierten Saftbeutel gießen (s. S. 17). Einige Stunden abtropfen lassen, dann den Beutel zusammendrehen, um noch möglichst viel Flüssigkeit herauszudrücken. Den Saft durch das doppelt genommene Passiertuch gießen (s. S. 21) und wieder in das Glas füllen.

4 Zucker nach Geschmack hinzufügen (ich bevorzuge eine geringere Menge). Das Glas verschließen. Für zwei Wochen an einen kühlen dunklen Platz stellen und alle paar Tage schütteln, bis sich der Zucker aufgelöst hat und die Flüssigkeit klar ist.

5 Die Flüssigkeit nötigenfalls filtern. In sterilisierte Flaschen füllen und verschließen. Der Likör kann sofort getrunken werden, wird aber durch längere Lagerung noch besser.

TIPP
Auf die gleiche Weise können auch andere Beeren wie Erdbeeren, rote Johannisbeeren, Heidelbeeren und Himbeeren verarbeitet werden.

Dieser traditionelle französische Likör aus schwarzen Johannisbeeren ist unglaublich lecker und ganz leicht zuzubereiten.

Johannisbeerkonfitüre

 SCHWIERIGKEITSGRAD EINFACH **GARZEIT** ETWA I STUNDE **KÜCHENUTENSILIEN** EINKOCHTOPF, ZUCKERTHERMOMETER, STERILISIERTE GLÄSER MIT DECKEL (S. S. 12–13) **ERGIBT** ETWA 1,5 KG **HALTBARKEIT** 2 JAHRE **SERVIERVORSCHLAG** MIT DICKEM NATURJOGHURT ALS EINFACHES DESSERT

ZUTATEN

1 kg schwarze Johannisbeeren

750 g Einmachzucker

etwas Weinbrand

1 Die Johannisbeeren mit 750 ml Wasser im Einkochtopf langsam zum Kochen bringen. Nach Reduzieren der Hitze 20–25 Minuten unter gelegentlichem Rühren köcheln lassen, bis die Masse um ein Drittel eingekocht ist.

2 Den Zucker in den Topf geben. Die Mischung langsam wieder zum Kochen bringen und rühren, bis sich der Zucker aufgelöst hat. Den Topfinhalt 15–20 Minuten sprudelnd kochen lassen, bis der Gelierpunkt erreicht ist (s. S. 16).

3 Den Topf von der Kochstelle nehmen und die Konfitüre vollständig abkühlen lassen.

4 Die kalte Konfitüre in die sterilisierten Gläser füllen. In jedes Glas einen in etwas Weinbrand getauchten Wachspapierkreis legen. Die Gläser verschließen.

VARIANTE

Sollten Sie eine glatte Konfitüre bevorzugen, das Fruchtmus am Ende von Schritt 1 durch ein Sieb streichen. Das Mus wieder in den abgewaschenen Topf geben und wie oben fortfahren.

Schwarze Johannisbeeren sind reich an Pektin und damit ideal für Konfitüren und Gelees geeignet.

Schwarzes Johannisbeergelee

☆☆ **SCHWIERIGKEITSGRAD** MITTEL • **GARZEIT** ETWA 1¾ STUNDEN • **KÜCHENUTENSILIEN** KASSEROLLE ODER STEINGUTFORM, STERILISIERTER SAFTBEUTEL, EINKOCHTOPF, ZUCKERTHERMOMETER, STERILISIERTE GLÄSER MIT DECKEL (S. S. 12–13) **ERGIBT** ETWA 1,5 KG **HALTBARKEIT** 2 JAHRE **SERVIERVORSCHLAG** UNTER SCHLAGSAHNE GEZOGEN UND MIT OBSTSALAT IN DESSERTSCHÄLCHEN GESCHICHTET, ALS GLASUR FÜR LAMMKEULE

ZUTATEN

1 kg schwarze Johannisbeeren

Einmachzucker

1 Die Johannisbeeren in die Steingutform oder Kasserolle geben und zugedeckt im auf 140 °C vorgeheizten Backofen 1 Stunde garen, bis sie weich sind und Saft abgegeben haben. Oder die Form in ein Wasserbad setzen und die Beeren 1 Stunde köcheln lassen.

2 Die Beeren mit ihrem Saft in den sterilisierten Saftbeutel (s. S. 17) füllen und abtropfen lassen, bis kein Saft mehr herausläuft.

3 Die Fruchtmasse in den Einkochtopf geben und mit kaltem Wasser bedecken. Zum Kochen bringen und nach Reduzieren der Hitze 20 Minuten köcheln lassen. Wie zuvor zum Abtropfen in den Saftbeutel füllen.

4 Die beiden Saftmengen vermischen und abmessen. Für jeweils 500 ml Saft 500 g Zucker abwiegen.

5 Den Zucker mit dem Saft in den Einkochtopf geben, langsam erhitzen und rühren, bis er sich aufgelöst hat. Die Temperatur heraufschalten und die Mischung zum Kochen bringen.

6 Gut abschäumen und 10 Minuten sprudelnd kochen lassen, bis der Gelierpunkt erreicht ist (s. S. 16). In die heißen sterilisierten Gläser füllen und verschließen.

Diese Methode ist recht zeitaufwendig, aber dabei entsteht ein Gelee mit einem intensiven Geschmack und einer herrlichen Farbe.

Johannisbeersirup

☆ **SCHWIERIGKEITSGRAD** EINFACH 🍲 **GARZEIT** ETWA 20 MINUTEN 🍴 **KÜCHENUTENSILIEN** KÜCHENMASCHINE, STERILISIERTER SAFTBEUTEL UND PASSIERTUCH, STERILISIERTE FLASCHEN MIT VERSCHLUSS (S. S. 12–13) 🫙 **ERGIBT** ETWA 750 ML 🫙 **HALTBARKEIT** 2 JAHRE 🔪 **SERVIERVORSCHLAG** VERDÜNNT ALS GETRÄNK, AUF DESSERTS UND EISCREME

ZUTATEN

1 kg schwarze Johannisbeeren

Einmachzucker

1 Die Johannisbeeren in der Küchenmaschine pürieren. Das Püree in eine Schüssel füllen und abgedeckt 24 Stunden stehen lassen.

2 In den sterilisierten Saftbeutel (s. S. 17) geben und einige Stunden abtropfen lassen. Anschließend möglichst viel Flüssigkeit aus dem Beutel drücken. Den Saft durch das doppelt genommene Passiertuch gießen (s. S. 21).

3 Für jeweils 500 ml Saft 400 g Zucker abwiegen. Den Zucker zum Saft geben und rühren, bis er sich aufgelöst hat.

4 Den Sirup in die sterilisierten Flaschen bis 5 cm unter den Rand füllen. Verkorken und einkochen, anschließend die Korken in Wachs tauchen (s. S. 13–15).

Es gibt keinen besseren Sirup als Sirup aus schwarzen Johannisbeeren. Hier wird der Saft kalt extrahiert, wodurch der Sirup einen besonders frischen Geschmack bekommt. Durch die Ruhezeit vor dem Abtropfen der Früchte wird Pektin zerstört, damit der Sirup nicht geliert.

Orangenmarmelade mit grünen Tomaten

☆ **SCHWIERIGKEITSGRAD** EINFACH 🍲 **GARZEIT** 1½–1¾ STUNDEN 🍴 **KÜCHENUTENSILIEN** FLEISCHWOLF ODER KÜCHENMASCHINE, EINKOCHTOPF, STERILISIERTE GLÄSER MIT DECKEL (S. S. 12–13) **ERGIBT** ETWA 2 KG **HALTBARKEIT** 1 JAHR **SERVIERVORSCHLAG** KÖSTLICH AUF HEISSEM GEBUTTERTEM TOAST

ZUTATEN

4 große süße Bio-Orangen

2 Zitronen

1 kg grüne Tomaten

1 kg Einmachzucker

1 ½ EL Koriandersamen, grob zerstoßen

1 Die Orangen waschen und in Scheiben schneiden, dabei ggf. Kerne entfernen. Die Zitronen auspressen, die Kerne aufbewahren. Alle Kerne in ein Stück Baumwollstoff binden.

2 Tomaten und Orangen durch den Fleischwolf drehen oder in der Küchenmaschine fein hacken.

3 Das Fruchtpüree mit 750 ml Wasser und dem Stoffsäckchen in den Einkochtopf geben und zum Kochen bringen. Die Hitze reduzieren und den Topfinhalt 45 Minuten köcheln lassen, bis die Orangenschale weich ist.

4 Zucker und Zitronensaft hinzufügen und rühren, bis sich der Zucker aufgelöst hat.

5 Den Topfinhalt zum Kochen bringen und bei mittlerer Hitze unter gelegentlichem Rühren kochen lassen, bis er so dick ist, dass ein durch die Mitte gezogener Holzlöffel eine Rille hinterlässt.

6 Die Konfitüre von der Kochstelle nehmen und einige Minuten abkühlen lassen. Falls nötig, abschäumen. Das Stoffsäckchen herausnehmen, dann den Koriander unterrühren. Die Konfitüre in die heißen sterilisierten Gläser füllen und verschließen.

Da süße Orangen heute das ganze Jahr hindurch erhältlich sind, kann man die Marmelade im Sommer zubereiten, wenn grüne Tomaten Saison haben.

Ofengetrocknete Tomaten in Öl

☆ **SCHWIERIGKEITSGRAD** EINFACH · **GARZEIT** 8–12 STUNDEN · **KÜCHENUTENSILIEN** STERILISIERTES 600-ML-GLAS MIT VERSCHLUSS (S. S. 12–13) · **ERGIBT** ETWA 300 G · **HALTBARKEIT** 2 JAHRE

SERVIERVORSCHLAG ALS AROMAZUTAT IN SALATEN, NUDELSAUCEN, EINTÖPFEN UND BROTEN, FRISCH AUS DEM OFEN MIT EINEM JOGHURTDRESSING ALS LECKERE VORSPEISE

ZUTATEN

1 kg Fleisch- oder Eiertomaten, halbiert

2 EL Salz

1 EL Zucker

1 EL getrocknetes Basilikum oder getrocknete Minze

4 EL bestes Olivenöl

1 Zweig Rosmarin

1–2 getrocknete Chilischoten (nach Belieben)

1–2 Knoblauchzehen, geschält und in Scheiben geschnitten (nach Belieben)

Olivenöl für das Glas

1 Die Tomatenhälften mit der Schnittseite nach oben auf einen Rost legen und diesen auf ein mit Alufolie abgedecktes Blech setzen. Die Tomaten mit Salz, Zucker und Basilikum oder Minze bestreuen, dann mit den 4 EL Olivenöl beträufeln.

2 Das Blech in den auf niedrigster Temperatur vorgeheizten Backofen schieben. Die Backofentür einen Spalt offen lassen, damit Feuchtigkeit entweichen kann. Die Tomaten 8–12 Stunden im Backofen lassen, bis sie trocken, aber noch biegsam sind.

3 Die getrockneten Tomaten mit dem Rosmarin und, sofern verwendet, den Chilischoten und dem Knoblauch in das sterilisierte Glas schichten.

4 So viel Olivenöl in das Glas gießen, dass die Tomaten vollständig bedeckt sind. Die Tomaten mehrmals mit einem Holzspieß anstupsen, damit alle Luftblasen entweichen. Das Glas verschließen. Nach zwei Tagen können die Tomaten gegessen werden, aber durch Lagerung werden sie noch besser.

Tomaten entwickeln durch Trocknen ein kräftiges, konzentriertes Aroma und können den Geschmack vieler pikanter Speisen heben.

Würzige Kirschtomaten

☆ **SCHWIERIGKEITSGRAD** EINFACH **KÜCHENUTENSILIEN** STERILISIERTES 1-L-GLAS MIT SÄUREFESTEM DECKEL (S. S. 12–13) **ERGIBT** ETWA 1 KG **HALTBARKEIT** 1 JAHR
 **SERVIERVORSCHLAG** ALS GARNITUR ODER ZU GETRÄNKEN

ZUTATEN

1 kg feste rote oder gelbe Cocktailtoma-
ten, am besten mit den Stielansätzen

10–12 Minze- oder Basilikumblätter

zuckerfreier süßer Essig (siehe unten)

FÜR DEN ZUCKERFREIEN SÜSSEN ESSIG

4 l Apfel- oder Weißweinessig

300 ml Apfel- oder Birnendicksaft

2 EL schwarze Pfefferkörner

1 EL Pimentkörner

2 TL Gewürznelken

2 EL Koriandersamen

3 Zimtstangen

einige frische oder getrocknete Chilischoten (nach Belieben)

1 Essig und Dicksaft in einen säurefesten Topf geben. Zum Kochen bringen und gut abschäumen. Die restlichen Zutaten für den Essig in ein Gewürzsäckchen binden (s. S. 31), in den kochenden Essig geben und 10 Minuten kochen lassen.

2 Das Gewürzsäckchen herausnehmen. Den Essig in heiße sterilisierte Flaschen gießen und verschließen. Er ist sofort gebrauchsfertig, wird aber mit der Zeit noch besser.

3 Jede Tomate an mehreren Stellen mit einem Zahnstocher einstechen. Mit Minze oder Basilikum in das sterilisierte Glas schichten.

4 Essig darübergießen, dabei darauf achten, dass die Tomaten mindestens 2,5 cm hoch bedeckt sind. Die Tomaten mit einem Holzspieß anstupsen, um Luftblasen zu entfernen.

5 Die Tomaten beschweren (s. S. 166) und das Glas verschließen. Nach vier bis sechs Wochen können die Tomaten gegessen werden, nach längerer Lagerung schmecken sie aber noch besser.

Bei diesem hübschen Pickle wird das Fruchtfleisch der Tomaten weich und zerplatzt im Mund, wenn man daraufbeißt. Kleine grüne oder gelbe Tomaten eignen sich ebenso gut.

Minzeblätter verleihen dem Pickle ein frischeres sommerliches Aroma.

Die Pfefferkörner im Essig geben den Tomaten ein wenig Schärfe.

Rote Tomatenkonfitüre

 SCHWIERIGKEITSGRAD EINFACH **GARZEIT** ETWA 50 MINUTEN

 KÜCHENUTENSILIEN EINKOCHTOPF, ZUCKERTHERMOMETER, STERILISIERTE GLÄSER MIT DECKEL (S. S. 12–13)

ERGIBT ETWA 1,5 KG **HALTBARKEIT** 2 JAHRE

ZUTATEN

1 kg feste reife Tomaten, gehäutet und nach Entfernen der Samen grob gehackt

1 kg Einmachzucker

schmale Schalenstreifen und Saft von 2 Bio-Zitronen

1 ½ EL Koriandersamen, grob zerstoßen (nach Belieben)

1 Die Tomaten mit Zucker, Zitronenschale und Zitronensaft in den Einkochtopf geben. Langsam zum Kochen bringen und 5 Minuten köcheln lassen. Abschäumen und, sofern verwendet, den Koriander hinzufügen.

2 Die Mischung wieder zum Kochen bringen und unter häufigem Rühren 30 Minuten kochen lassen, bis der Gelierpunkt erreicht ist (s. S. 16). Von der Kochstelle nehmen und einige Minuten abkühlen lassen. In die heißen sterilisierten Gläser füllen und verschließen.

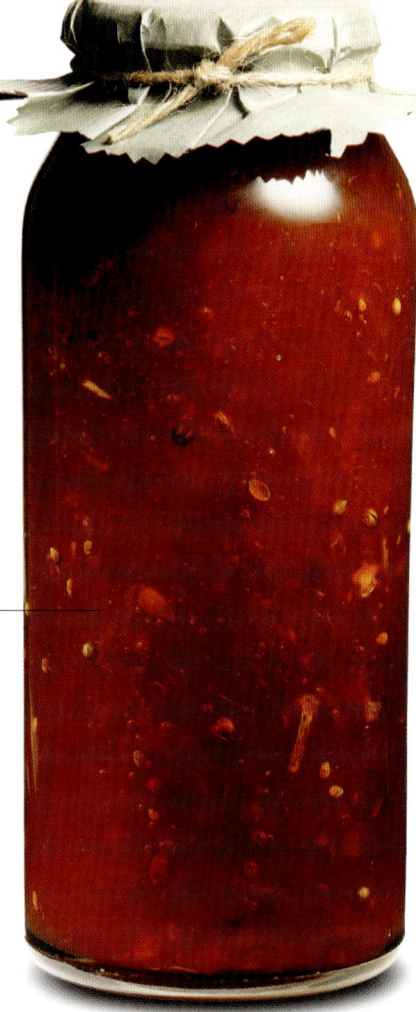

Koriander und Zitrone verleihen der Konfitüre einen würzigen Geschmack.

Tomaten ergeben eine außerordentlich schmackhafte Konfitüre, deren unglaubliches Aroma Sie faszinieren und überraschen wird.

Gelbe Tomatenkonfitüre

 SCHWIERIGKEITSGRAD EINFACH **GARZEIT** ETWA I STUNDE

KÜCHENUTENSILIEN EINKOCHTOPF, ZUCKERTHERMOMETER, STERILISIERTE GLÄSER MIT DECKEL (S. S. 12–13)

 ERGIBT ETWA 1,5 KG **HALTBARKEIT** 2 JAHRE

ZUTATEN

1 kg gelbe Tomaten

2 Bio-Zitronen, in dünne Halbmonde geschnitten

1 Stängel Zitronengras, fein gehackt (nach Belieben)

750 g Einmachzucker

250 g heller Rohrohrzucker

1 Alle Zutaten in den Einkochtopf geben (die Tomaten brauchen nicht zerkleinert zu werden). Den Topfinhalt langsam zum Kochen bringen und 15 Minuten köcheln lassen.

2 Die Temperatur heraufschalten und die Masse unter häufigem Rühren 25 Minuten kochen lassen, bis der Gelierpunkt erreicht ist (s. S. 16).

3 Die Konfitüre von der Kochstelle nehmen und einige Minuten abkühlen lassen. In die heißen sterilisierten Gläser füllen und verschließen.

Gelbe Tomaten ergeben eine herrlich goldgelbe Konfitüre. Nehmen Sie feste, noch ein wenig unreife und farbintensive Tomaten. Weiche, überreife Früchte lassen die Konfitüre wässrig werden.

Rotes Tomatenchutney

 SCHWIERIGKEITSGRAD EINFACH **GARZEIT** 45–50 MINUTEN **KÜCHENUTENSILIEN** SÄUREFESTER EINKOCH-TOPF, GEWÜRZ- ODER KAFFEEMÜHLE, STERILISIERTE GLÄSER MIT SÄUREFESTEM DECKEL (S. S. 12–13)

 ERGIBT ETWA 1 KG **HALTBARKEIT** 1 JAHR **SERVIERVORSCHLAG** EINIGE ESSLÖFFEL AUF DEM BODEN VON PIKANTEN KUCHEN VERTEILEN, EHE DER BELAG DARAUFGEGEBEN WIRD

ZUTATEN

3 EL Erdnuss- oder Sesamöl

300 g Zwiebeln, grob gehackt

1 Knoblauchknolle, geschält und grob gehackt

90 g Ingwerwurzel, in feine Streifen geschnitten

2–3 frische rote Chilischoten, geputzt und in dicke Streifen geschnitten (nach Belieben)

1 kg feste rote Eier- oder Fleischtomaten, gehäutet und nach Entfernen der Samen gehackt

125 g Jaggery oder heller Rohrohrzucker

250 ml Rotweinessig

6 Kardamomkapseln

90 g Basilikum oder Minze, grob gehackt

1 Das Öl im Einkochtopf erhitzen. Zwiebeln, Knoblauch, Ingwer und, falls verwendet, Chilischoten hineingeben und 5 Minuten anschwitzen, bis die Zwiebeln gerade etwas Farbe annehmen. Die Tomaten hinzufügen und etwa 15 Minuten garen, bis sie weich sind.

2 Zucker und Essig hinzufügen und rühren, bis sich der Zucker aufgelöst hat. Die Mischung zum Kochen bringen und 25–30 Minuten unter häufigem Rühren köcheln lassen, bis die meiste Flüssigkeit verdampft und das Chutney dick geworden ist. Von der Kochstelle nehmen.

3 Den Kardamom in der Gewürz- oder Kaffeemühle mahlen. In das Chutney sieben und mit Basilikum oder Minze unterrühren. Das Chutney in die heißen sterilisierten Gläser füllen und verschließen. Nach einem Monat ist es verzehrfertig, bei längerer Lagerung wird es aber noch besser.

Dies ist ein mildes duftendes Chutney. Im Originalrezept wird Jaggery (unraffinierter indischer Palmzucker) verwendet, der im Asienladen erhältlich ist. Man kann ihn aber auch durch braunen Zucker ersetzen.

Tomatenketchup

☆☆ **SCHWIERIGKEITSGRAD** MITTEL **GARZEIT** 2¼–2½ STUNDEN **KÜCHENUTENSILIEN** KÜCHENMASCHINE, SÄUREFESTER EINKOCHTOPF, STERILISIERTE FLASCHEN MIT SÄUREFESTEM VERSCHLUSS ODER KORKEN (S. S. 12–13) **ERGIBT** ETWA 1 L **HALTBARKEIT** EINGEKOCHT 2 JAHRE **SERVIERVORSCHLAG** ALS WÜRZE IN SUPPEN, EINTÖPFEN UND SAUCEN ODER ALS PASTASAUCE

ZUTATEN

2 kg Tomaten

500 g Schalotten oder Zwiebeln, geschält

75 g Ingwerwurzel, geschält

6 Knoblauchzehen, geschält

3–4 Chilischoten, Stielansatz, Samen und Scheidewände entfernt (nach Belieben)

6 Selleriestangen mit Blättern

FÜR DAS GEWÜRZSÄCKCHEN (S. S. 31)

2 EL Koriandersamen

1 TL Gewürznelken

1 TL zerkrümelte Muskatblüte

JE LITER TOMATENPÜREE

250 ml Apfelessig

75 g heller Rohrohrzucker oder weißer Zucker

2 TL Salz

1 EL edelsüßes Paprikapulver

1 Tomaten, Schalotten oder Zwiebeln, Ingwer, Knoblauch und, falls verwendet, Chilischoten in der Küchenmaschine grob hacken.

2 Die Mischung in den Einkochtopf geben. Die Selleriestangen mit Küchengarn zusammenbinden und mit dem Gewürzsäckchen in den Topf geben. Den Topfinhalt zum Kochen bringen, dann 25 Minuten köcheln lassen, bis die Schalotten oder Zwiebeln glasig sind.

3 Sellerie und Gewürzsäckchen herausnehmen. Die Mischung durch ein Sieb oder Passiergerät streichen und wieder in den abgewaschenen Topf geben. Zum Kochen bringen und 45–60 Minuten kochen lassen, bis das Püree um die Hälfte eingekocht ist.

4 Das Püree abmessen, dann Essig, Zucker, Salz und Paprikapulver hinzufügen. Das Püree noch einmal 1 Stunde unter häufigem Rühren kochen lassen, bis es dick geworden ist. In die heißen sterilisierten Flaschen füllen und verschließen. Einkochen, abkühlen lassen, die Verschlüsse prüfen und Korken in Wachs tauchen (s. S. 13–15). Der Ketchup ist sofort gebrauchsfertig, wird aber durch Lagerung noch besser.

VARIANTE

PFLAUMENKETCHUP
Die Tomaten duch 2 kg entsteinte Zwetschen ersetzen.

Dieses Rezept ergibt einen dicken, wunderbar intensiven, nicht allzu süßen Ketchup. Möchten Sie süßeren Ketchup, erhöhen Sie die Zuckermenge auf 100 g je Liter Tomatenpüree und lassen die Chilis weg.

TIPP
Der beste Sellerie für dieses Rezept ist Schnittsellerie, ist er nicht erhältlich, kann man aber auch Staudensellerie verwenden.

Tomatensauce

☆ **SCHWIERIGKEITSGRAD** EINFACH 🍲 **GARZEIT** 45–50 MINUTEN 🍴 **KÜCHENUTENSILIEN** STERILISIERTE FLASCHEN ODER GLÄSER MIT KORKEN ODER DECKELN (S. S. 12–13) 🍯 **ERGIBT** ETWA 1,25 L 🍯 **HALTBARKEIT** EINGEKOCHT 1 JAHR 🔪 **SERVIERVORSCHLAG** ALS BASIS FÜR EINTÖPFE, PASTASAUCEN UND PIZZA

ZUTATEN

4 EL Olivenöl

300 g Zwiebeln, gehackt

6 Knoblauchzehen, gehackt

6 Selleriestangen mit Blättern, gehackt

2 kg Fleisch- oder Eiertomaten, gehäutet und nach Entfernen der Samen grob gehackt

250 ml Wasser oder trockener Weißwein

2 TL Salz

2 TL Honig oder Zucker (nach Belieben)

FÜR DEN KRÄUTERSTRAUSS (S. S. 31)

3–4 Zweige Thymian

4 Salbeiblätter

2 Lorbeerblätter

2 Streifen Bio-Orangen- oder Bio-Zitronenschale (nach Belieben)

Tomatensauce gehört zu den beliebtesten Saucen der modernen Küche. Auch wenn die Auswahl an Fertigsaucen groß ist, kann keine von ihnen dem frischen vollen Geschmack einer selbst gemachten Sauce das Wasser reichen.

1 Das Olivenöl in einem großen schweren Topf erhitzen. Zwiebeln, Knoblauch und Sellerie hinzufügen und etwa 10 Minuten bei schwacher Hitze garen, bis die Zwiebeln glasig sind.

2 Die restlichen Zutaten hinzufügen, zum Kochen bringen und ohne Deckel 30–45 Minuten köcheln lassen, bis die meiste Flüssigkeit verdampft ist.

3 Den Kräuterstrauß herausnehmen. Die Sauce in die heißen sterilisierten Gefäße füllen und verschließen. Einkochen und abkühlen lassen. Die Verschlüsse prüfen, Korken in Wachs tauchen (s. S. 13–15). Die Sauce kann sofort verwendet werden.

Eingelegte grüne Tomaten

☆ **SCHWIERIGKEITSGRAD** EINFACH **GARZEIT** ETWA 5 MINUTEN  **KÜCHENUTENSILIEN** STERILISIERTES 1,5-L-GLAS MIT SÄUREFESTEM DECKEL (S. S. 12–13) **ERGIBT** ETWA 1 KG 🏺 **HALTBARKEIT** 1 JAHR

🍴 **SERVIERVORSCHLAG** ZU FLEISCH, KÄSE ODER DRINKS

ZUTATEN

1 kg grüne Tomaten

einige Stängel Dill

2–3 Lorbeerblätter

2–3 frische oder getrocknete rote Chilischoten

1 ½ EL Senfkörner

1 EL schwarze Pfefferkörner

4–5 Gewürznelken

1 l Apfelessig

4 EL Honig oder Zucker

1 EL Salz

1 Die Tomaten an mehreren Stellen mit einem Zahnstocher anstechen. Mit den Kräutern und Gewürzen in das sterilisierte Glas schichten.

2 Essig, Zucker oder Honig und Salz mit 125 ml Wasser in einem säurefesten Topf zum Kochen bringen und 5 Minuten sprudelnd kochen lassen. Von der Kochstelle nehmen und abkühlen lassen, bis die Mischung nur noch warm ist.

3 Den warmen Essig in das Glas gießen. Falls die Tomaten nicht bedeckt sind, kalten Essig dazugeben. Die Tomaten beschweren (s. S. 166), das Glas verschließen. Nach einem Monat sind die Tomaten verzehrfertig.

TIPP
Legen Sie nach dem Rezept auch Gurken, Zucchini oder Früchte wie Stachelbeeren oder Pflaumen ein. Grünes Gemüse muss vor dem Einlegen immer blanchiert werden (s. S. 21).

Dies ist die ideale Methode, um einer Schwemme unreifer Tomaten Herr zu werden. Dieses Rezept stammt aus Osteuropa.

TOMATEN

Es gibt zahllose Tomatensorten von unterschiedlicher Farbe, Größe und Süße. Zum Konservieren können Tomaten aller Reifestadien verwendet werden. Nehmen Sie feste sonnengereifte Tomaten und keine Gewächshaustomaten, denn sie enthalten sehr viel Wasser.

Gekochte Tomaten-Paprika-Salsa

☆ **SCHWIERIGKEITSGRAD** EINFACH • **GARZEIT** ETWA 5 MINUTEN • **KÜCHENUTENSILIEN** KÜCHENMASCHINE, SÄUREFESTER EINKOCHTOPF, STERILISIERTE GLÄSER MIT SÄUREFESTEM DECKEL (S. S. 12–13)

ERGIBT ETWA I KG • **HALTBARKEIT** EINGEKOCHT 6 MONATE

ZUTATEN

750 g verschiedenfarbige Paprikaschoten

2–3 frische rote oder grüne Chilischoten, Stielansatz, Samen und Scheidewände entfernt

1 große rote Zwiebel, geschält

2 Knoblauchzehen, geschält

3 EL Oliven-, Mais- oder Erdnussöl

3 EL Rotweinessig oder Zitronensaft

2 TL Salz

500 g feste rote Tomaten, gehäutet und nach Entfernen der Samen fein gehackt

3 EL gehacktes Koriandergrün oder gehackte Petersilie

1 Außer den Tomaten alle Gemüse grob zerkleinern. Dann in der Küchenmaschine mit Knoblauch, Öl, Essig oder Zitronensaft und Salz fein hacken.

2 Die Mischung mit Tomaten und Kräutern in den Einkochtopf geben. Zum Kochen bringen und 5 Minuten köcheln lassen. In die heißen sterilisierten Gläser füllen und verschließen. Einkochen, dann abkühlen lassen und die Verschlüsse überprüfen (s. S. 14–15). Die Salsa ist sofort gebrauchsfertig.

Salsa heißt Sauce und kommt ursprünglich aus Mexiko. Diese Salsa können Sie auch ungegart essen: Tomaten und Kräuter zu den gehackten Zutaten geben und die Sauce vor Gebrauch 2–3 Stunden durchziehen lassen. Im Kühlschrank aufbewahren und innerhalb von zwei Wochen verbrauchen.

Eingelegte Paprika-schoten mit Kiwis

☆☆ **SCHWIERIGKEITSGRAD** MITTEL **GARZEIT** ETWA 40 MINUTEN

KÜCHENUTENSILIEN SÄUREFESTER EINKOCHTOPF, STERILISIERTE GLÄSER MIT SÄUREFESTEM DECKEL

(S. S. 12–13) **ERGIBT** ETWA 1,5 KG **HALTBARKEIT** 1 JAHR **SERVIERVORSCHLAG** MIT OLIVENÖL
ANGEMACHT ALS SALAT ODER ALS GARNITUR FÜR EINE PLATTE MIT KALTEM FLEISCH, SCHINKEN ODER WURST

ZUTATEN

*1 kg harte unreife Kiwis, geschält und
in große Stücke geschnitten*

Saft von 1 Zitrone

*3 rote Paprikaschoten, in breite Streifen
geschnitten*

1 EL Salz

1 l Apfel- oder Weißweinessig

150 g Honig, am besten Blütenhonig

*250 g heller Rohrohrzucker oder
weißer Zucker*

1 EL schwarze Pfefferkörner

2 TL Wacholderbeeren

1 TL Pimentkörner

1 Die Kiwistücke in einer Glasschüssel mit dem Zitronensaft beträufeln und vorsichtig vermischen. 15 Minuten durchziehen lassen. Die Paprikastreifen mit Salz bestreuen und ebenfalls 15 Minuten durchziehen lassen.

2 Essig, Honig, Zucker und Gewürze in den Einkochtopf geben. Zum Kochen bringen und 10 Minuten sprudelnd kochen lassen, bis die Mischung etwas eingekocht ist.

3 Die Paprikastreifen unter fließendem kaltem Wasser abspülen und gut abtropfen lassen. In den kochenden Sirup geben. Den Topfinhalt wieder zum Kochen bringen. Die Hitze reduzieren und die Paprikaschoten 5 Minuten köcheln lassen. Die Kiwis hinzufügen und ebenfalls 5 Minuten köcheln lassen.

4 Paprikaschoten und Kiwis mit einem Schaumlöffel herausheben und vorsichtig in die heißen sterilisierten Gläser füllen. Den Sirup noch einmal 10 Minuten sprudelnd einkochen lassen. Den kochenden Sirup in die Gläser gießen und die Gläser verschließen. Die Pickles sind nach einer Woche verzehrfertig, werden bei längerer Lagerung aber noch besser.

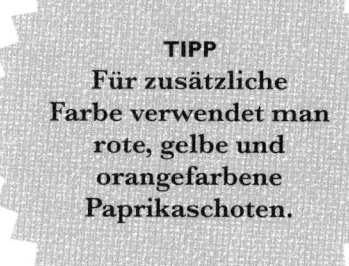

TIPP
**Für zusätzliche
Farbe verwendet man
rote, gelbe und
orangefarbene
Paprikaschoten.**

*Dies ist ein exotisches, farbenfrohes,
mildes Pickle. Die Kiwis darf man
nicht zu lange kochen, denn sie werden
sehr schnell weich.*

Roter Paprikaketchup

☆☆ **SCHWIERIGKEITSGRAD** MITTEL **GARZEIT** 1½–2 STUNDEN **KÜCHENUTENSILIEN** KÜCHENMASCHINE, SÄUREFESTER EINKOCHTOPF, STERILISIERTE FLASCHEN MIT SÄUREFESTEM VERSCHLUSS ODER KORKEN (S. S. 12–13)
 ERGIBT ETWA 1 L **HALTBARKEIT** EINGEKOCHT 2 JAHRE
SERVIERVORSCHLAG ZU GEGRILLTEM ODER GEBRATENEM FISCH ODER ALS PASTASAUCE

ZUTATEN

2 kg rote Paprikaschoten

500 g Schalotten oder Zwiebeln, geschält

250 g Kochäpfel, nach Entfernen des Kerngehäuses grob gehackt

2–3 frische rote Chilischoten, Stielansatz, Samen und Scheidewände entfernt, grob gehackt (nach Belieben)

750 ml Rotwein- oder Apfelessig

150 g weißer Zucker oder heller Rohrohrzucker

1 EL Salz

1 EL Pfeilwurzelmehl oder Maisstärke

FÜR DEN KRÄUTERSTRAUSS (S. S. 31)

1 Stängel Estragon

je 2 Stängel Minze und Petersilie

je 2 Zweige Thymian und Salbei

2 Streifen Bio-Zitronenschale

FÜR DAS GEWÜRZSÄCKCHEN (S. S. 31)

1 EL Koriandersamen

1 EL schwarze Pfefferkörner

1 TL Gewürznelken

1 Die Paprikaschoten über einer offenen Flamme rösten oder 5–7 Minuten grillen, bis die Haut rundum geschwärzt ist. Für 5 Minuten in einen Folienbeutel legen.

2 Die Paprikaschoten aus dem Beutel nehmen. Mit den Fingern unter fließendem kaltem Wasser die Haut abreiben. Die Samen entfernen und die Schoten gut waschen.

3 Das Fruchtfleisch zusammen mit Schalotten oder Zwiebeln, Äpfeln und, sofern verwendet, Chilischoten fein hacken. Dann Kräuterstrauß und das Gewürzsäckchen binden (s. S. 31).

4 Kräuterstrauß, Gewürzsäckchen und Gemüse in den Einkochtopf geben und mit Wasser bedecken. Zum Kochen bringen und 25 Minuten köcheln lassen, bis die Zutaten weich sind.

5 Abkühlen lassen, dann Kräuter und Gewürzsäckchen entfernen. Die Mischung durch ein Sieb oder Passiergerät streichen.

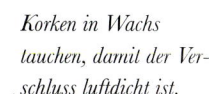

6 Das Püree mit Essig, Zucker und Salz im abgewaschenen Topf zum Kochen bringen und rühren, bis sich der Zucker aufgelöst hat. Dann 1–1 ½ Stunden köcheln lassen, bis es auf die Hälfte eingekocht ist.

Am einfachsten lassen sich die Flaschen mit einem Trichter füllen.

7 Das Pfeilwurzelmehl mit etwas Essig vermischen. In die Sauce rühren und diese noch 1–2 Minuten etwas einkochen lassen.

8 Den Ketchup in die sterilisierten Flaschen füllen und verschließen. Einkochen (s. S. 14–15) und abkühlen lassen. Die Verschlüsse prüfen, Korken in Wachs tauchen (s. S. 13).

Zwiebel-Paprika-Pickles

 SCHWIERIGKEITSGRAD EINFACH **GARZEIT** ETWA 8 MINUTEN  **KÜCHENUTENSILIEN** 2-L-GLAS
MIT SÄUREFESTEM DECKEL (S. S. 12–13) **ERGIBT** ETWA 2 KG **HALTBARKEIT** 6 MONATE
SERVIERVORSCHLAG ABGETROPFT UND MIT ETWAS ÖL BETRÄUFELT ALS ERFRISCHENDER SALAT

ZUTATEN

1,25 kg Zwiebeln, geschält und in schmale Ringe geschnitten

je 2 rote und gelbe Paprikaschoten, Samen und Scheidewände entfernt, in schmale Ringe geschnitten

4 EL Salz

1 l Weißwein- oder Apfelessig

100 g Zucker

2 EL getrocknete Minze

2 EL Paprikapulver

1 EL Dillsamen

2 TL Salz

1 Zwiebel- und Paprikaringe in eine große Glasschüssel geben und mit den 4 EL Salz bestreuen. Sorgfältig durchheben, mit einem sauberen Tuch abdecken und 2 Stunden stehen lassen.

2 Die Flüssigkeit. die sich am Boden gesammelt hat, abgießen. Das Gemüse unter fließendem kaltem Wasser abspülen und abtropfen lassen.

3 Essig, Zucker, Minze, Paprikapulver, Dillsamen und die 2 TL Salz in einen säurefesten Topf geben und zum Kochen bringen. Die Hitze reduzieren und die Mischung 5 Minuten köcheln lassen.

4 Das Gemüse in das heiße sterilisierte Glas füllen. Die kochende Essigmischung darübergießen, dabei darauf achten, dass das Gemüse vollständig bedeckt ist. Mehrmals mit einem Holzspießchen anstupsen, um sicherzustellen, dass Luftblasen entweichen. Das Glas verschließen. Die Pickles sind nach einem Monat verzehrfertig, werden bei längerer Lagerung aber noch besser.

Ein farbenfroher Salat. Verwenden Sie Paprika in möglichst vielen Farben, grüne Schoten verlieren allerdings rasch die Farbe. Ich mische mitunter auch anderes Gemüse wie Möhren oder Sellerie darunter.

Paprikaschoten in Öl

☆☆ **SCHWIERIGKEITSGRAD** MITTEL **GARZEIT** ETWA 12 MINUTEN **KÜCHENUTENSILIEN** I-L-GLAS MIT WEITER ÖFFNUNG UND DECKEL (S. S. 12–13), THERMOMETER **ERGIBT** ETWA I KG **HALTBARKEIT** I JAHR **SERVIERVORSCHLAG** ALS TEIL EINER VORSPEISENAUSWAHL

ZUTATEN

1,5 kg rote oder gelbe Paprikaschoten

4 Bio-Zitronen

1 EL Salz

3 oder 4 Knoblauchzehen, geschält und zerdrückt

3 EL Kapern

2–3 Zweige Rosmarin

2–3 Zweige Thymian

1–2 Lorbeerblätter

525 ml Olivenöl

1 Die Paprikaschoten rösten und häuten (s. S. 116). Von 1 Zitrone die Schale abreiben, dann alle Zitronen auspressen. Abgeriebene Schale und Saft mit dem Salz in eine große Glasschüssel geben und rühren, bis sich das Salz aufgelöst hat.

2 Die warmen Paprikaschoten mit dem Knoblauch in die Schüssel geben und sorgfältig untermischen. Die Schüssel mit einem sauberen Tuch abdecken und für 24 Stunden in den Kühlschrank stellen.

3 Die Marinade wieder auf Zimmertemperatur bringen. Die Paprikaschoten abtropfen lassen, die Marinade aber aufbewahren. Die Paprikaschoten mit Kapern und Kräutern in das heiße sterilisierte Glas füllen.

4 Das Olivenöl mit der zurückgestellten Marinade verschlagen. Die Mischung in einem Topf auf 80 °C erhitzen.

5 Die heiße Flüssigkeit vorsichtig in das Glas füllen. Dabei darauf achten, dass die Paprikaschoten vollständig bedeckt sind. Das Glas verschließen. Nach vier bis sechs Wochen sind die Paprikaschoten verzehrfertig.

TIPP
Auch viele andere Gemüse wie Auberginen, Zucchini und Schalotten können, nachdem sie gegrillt wurden, auf diese Weise eingelegt werden.

Ungarische Paprika-Pickles

☆ **SCHWIERIGKEITSGRAD** EINFACH 🍲 **GARZEIT** ETWA 15 MINUTEN 🍴 **KÜCHENUTENSILIEN** STERILISIERTES 2-L-GLAS MIT WEITER ÖFFNUNG UND SÄUREFESTEM DECKEL (S. S. 12–13) 🫙 **ERGIBT** ETWA 1 KG 🫙 **HALTBARKEIT** 1 JAHR

🔪 **SERVIERVORSCHLAG** ALS BEILAGE ZU KALTEM BRATEN, SCHINKEN, WURST ODER KÄSE

ZUTATEN

1 kg rote Paprikaschoten

2 kleine getrocknete rote Chilischoten

2 Lorbeerblätter

Weißweinessig

Zucker

Salz

FÜR DAS GEWÜRZSÄCKCHEN (S. S. 31)

2 TL schwarze Pfefferkörner

1 TL Pimentkörner

2 Lorbeerblätter

1 Die Paprikaschoten gründlich waschen, die Stiele nicht entfernen. Mit Chilischoten und Lorbeerblättern in das heiße sterilisierte Glas schichten. Das Glas mit Wasser auffüllen.

2 Das Wasser in einen Messbecher gießen. Die Hälfte wegschütten und durch Essig ersetzen. Je Liter Essigwasser 2 EL Zucker und 2 EL Salz hinzufügen.

3 Die Essigmischung mit dem Gewürzsäckchen in einen säurefesten Topf geben und zum Kochen bringen. Die Hitze reduzieren und die Mischung 10 Minuten köcheln lassen. Von der Kochstelle nehmen und etwas abkühlen lassen.

4 Den warmen Essig in das Glas gießen, dabei darauf achten, dass die Paprikaschoten vollkommen bedeckt sind. Das Glas verschließen. Nach einigen Tagen prüfen, ob die Schoten noch mit Flüssigkeit bedeckt sind – sie nehmen den Essig nach und nach auf. Nach zwei Wochen können die Paprikaschoten gegessen werden.

Tomatenpaprika, die ihren Namen ihrer Form verdanken, sind rot oder hellgelb. Zudem haben sie sehr festes Fruchtfleisch, wodurch sie sich ideal zum Einlegen eignen. Sollten sie nicht erhältlich sein, verwenden Sie kleine süße Paprikaschoten, nur keine grünen, denn sie verlieren ihre Farbe.

Chilischoten verleihen den Paprikaschoten ein wenig Schärfe.

Das Aroma der Lorbeerblätter bildet ein Gegengewicht zu den scharfen Chilis.

Harrief (Chilisauce)

☆☆ **SCHWIERIGKEITSGRAD** MITTEL **GARZEIT** 1–1½ STUNDEN **KÜCHENUTENSILIEN** KÜCHENMASCHINE, SÄUREFESTER EINKOCHTOPF, STERILISIERTE GLÄSER MIT SÄUREFESTEM DECKEL (S. S. 12–13) **ERGIBT** ETWA 1 KG **HALTBARKEIT** 1 JAHR **SERVIERVORSCHLAG** ALS TISCHWÜRZE

ZUTATEN

2 kg rote Paprikaschoten

250 g frische rote Chilischoten, Stielansatz, Samen und Scheidewände entfernt

250 g Knoblauchzehen, geschält

150 ml fruchtiges Olivenöl

250 ml Apfelessig

3 EL Salz

1–2 EL Cayennepfeffer (nach Belieben)

2 EL Kreuzkümmelsamen, frisch gemahlen

2 TL Pfeilwurzelmehl

1 Die Paprikaschoten grillen und häuten (siehe Schritt 1 und 2, S. 116). Gut abspülen, dann Stielansätze, Samen und Scheidewände entfernen. Mit Chilischoten, Knoblauch und Öl in die Küchenmaschine geben.

2 Das Gemüse fein zerkleinern. In den Einkochtopf geben und Essig, Salz und Gewürze hinzufügen. Den Topfinhalt zum Kochen bringen. Die Sauce 1–1½ Stunden köcheln lassen, bis sie um ein Drittel eingekocht ist.

3 Das Pfeilwurzelmehl mit etwas Essig zu einer Paste vermischen und unter die Sauce rühren. Die Temperatur heraufschalten und die Sauce unter ständigem Rühren 1 Minute sprudelnd kochen lassen. (Soll sie glatter sein, die Sauce nun durch ein Sieb oder Passiergerät streichen.)

4 In die sterilisierten Gläser füllen und verschließen. Sie ist sofort gebrauchsfertig, wird aber durch Lagern noch besser.

TIPP
Es ist schwierig, bei Chilis exakte Mengenangaben zu machen, weil verschiedene Sorten eine sehr unterschiedliche Schärfe haben. Bestimmt finden Sie Ihre Lieblingssorte.

Keine andere scharfe Sauce verwende ich so gern wie diese marokkanische Spezialität. Mit ihr verleihe ich Saucen, Suppen, Salaten und Pasta Schärfe.

Luftgetrocknete Chilis

 SCHWIERIGKEITSGRAD EINFACH **HALTBARKEIT** VOLLSTÄNDIG GETROCKNET 2 JAHRE, HALB GETROCKNET 2 MONATE **SERVIERVORSCHLAG** GEHACKT ODER ZERKRÜMELT IN SAUCEN

ZUTATEN

rote Chilischoten in beliebiger Menge

1 Um den Stielansatz einer Chilischote Baumwollzwirn wickeln und verknoten. Mit jeweils etwa 3 cm Abstand die übrigen Chilischoten festbinden.

2 Die Chilischoten für zwei Wochen in die Sonne oder an einen luftigen Platz hängen, bis sie schrumpelig und trocken sind.

3 In einem Stoffsäckchen oder einer Papiertüte aufbewahren, um die Gefahr zu verringern, dass wieder Feuchtigkeit in sie eindringt.

TIPP
Falls Sie eine der schärferen Chilisorten verwenden, sollten Sie bei der Verarbeitung Handschuhe tragen.

Dies ist eine unglaublich einfache Methode, Chilis zu konservieren. Am besten verwendet man feste, glänzende Schoten, die gerade rot werden.

Ingwerchutney

 SCHWIERIGKEITSGRAD EINFACH  **GARZEIT** 1–1¼ STUNDEN 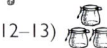 **KÜCHENUTENSILIEN** SÄUREFESTER EINKOCHTOPF, STERILISIERTE GLÄSER MIT SÄUREFESTEM DECKEL (S. S. 12–13) **ERGIBT** ETWA 1,5 KG **HALTBARKEIT** 2 JAHRE **SERVIERVORSCHLAG** ZU WILD, KÄSE ODER GEGRILLTEM FISCH

ZUTATEN

300 g Ingwerwurzel, in feine Streifen geschnitten

300 g rote Paprikaschoten, Stielansatz, Samen und Scheidewände entfernt, gewürfelt

250 g Salatgurke, längs geviertelt und in dicke Scheiben geschnitten

250 g Rosinen

250 g Zwiebeln, geschält und grob gehackt

4 Bio-Zitronen, längs halbiert und in dünne Scheiben geschnitten, Kerne ggf. entfernt

1 l Apfel- oder Weißweinessig

500 g Einmachzucker

2 TL Salz

1 Alle Zutaten bis auf den Einmachzucker und das Salz in den Einkochtopf geben und zum Kochen bringen. Die Hitze reduzieren und den Topfinhalt etwa 30 Minuten köcheln lassen, bis die Zutaten weich sind.

2 Zucker und Salz hinzufügen und rühren, bis sie sich aufgelöst haben. Alles noch einmal 30–45 Minuten köcheln lassen, bis die meiste Flüssigkeit verdampft und das Chutney dick geworden ist.

3 Das Chutney in die heißen sterilisierten Gläser schöpfen und verschließen. Nach einem Monat ist es verzehrfertig, bei längerer Lagerung wird es aber noch besser.

TIPP
Werfen Sie Ingwerschalen nicht weg. Gründlich waschen, mit Essig bedecken und drei Monate ziehen lassen. Den Essig filtern und für Salate und Reisgerichte verwenden.

Dies ist meine Version eines indischen Chutneyrezepts, das aus einem vermutlich über 100 Jahre alten Einmachbuch stammt.

Tobys Gurkenpickles

☆ **SCHWIERIGKEITSGRAD** EINFACH 🥘 **GARZEIT** ETWA 5 MINUTEN 🍴 **KÜCHENUTENSILIEN** STERILISIERTES 1,5-L-GLAS MIT SÄUREFESTEM DECKEL (S. S. 12–13) 🫙 **ERGIBT** ETWA 1 KG 🫙 **HALTBARKEIT** GEKÜHLT 3 MONATE 🍽 **SERVIERVORSCHLAG** ALS SALAT ODER PIKANTER SNACK ZU DRINKS

ZUTATEN

500 g Salatgurken, in 1 cm dicke Scheiben geschnitten

2 EL Salz

375 g Zwiebeln, geschält und in schmale Ringe geschnitten

275 g Möhren, geraspelt oder in feine Juliennestreifen geschnitten

4 Knoblauchzehen, geschält und in Scheiben geschnitten

1 TL schwarze Pfefferkörner

3–4 Lorbeerblätter

350 ml Weißweinessig

4 EL Zucker

1–2 getrocknete rote Chilischoten

1 Die Gurkenscheiben in einem Durchschlag mit 1 EL Salz gut vermischen und etwa 20 Minuten stehen lassen. Unter fließendem kaltem Wasser abspülen und gut abtropfen lassen.

2 Zwiebelringe und Möhrenjulienne in einer Schüssel vermischen und mit kochendem Wasser bedecken, anschließend sorgfältig abtropfen lassen.

3 Eine Schicht Gurkenscheiben auf dem Boden des heißen sterilisierten Glases verteilen. Einige Knoblauchscheibchen, ein paar Pfefferkörner und 1 Lorbeerblatt daraufgeben. Mit einer Schicht Zwiebel-Möhren-Mischung bedecken.

4 Auf diese Weise das gesamte Gemüse einschichten. Das Glas sollte fast voll, das Gemüse aber locker geschichtet sein.

5 Essig, Zucker, getrocknete Chilischoten und restliches Salz mit 750 ml Wasser in einen säurebeständigen Topf geben. Zum Kochen bringen und einige Minuten kochen lassen. Gut abschäumen und die Chilischoten entfernen.

6 Das Glas bis zum Rand mit der heißen Essigmischung füllen. Dabei darauf achten, dass die Gemüse vollständig bedeckt sind. Mit einem Holzspießchen mehrmals anstupsen, damit alle Luftblasen entweichen. Verschließen und zwei Tage kalt stellen.

Dies ist meine Variante eines Rezepts, das ich von Toby Kay aus Johannesburg erhielt. Abgetropft und mit etwas Öl und Kräutern angemacht ergibt es einen farbenfrohen Salat.

Pickles in Olivenöl

☆ **SCHWIERIGKEITSGRAD** EINFACH **GARZEIT** ETWA 8 MINUTEN **KÜCHENUTENSILIEN** STERILISIERTE

GLÄSER MIT SÄUREFESTEM DECKEL (S. S. 12–13) **ERGIBT** ETWA 1,5 KG **HALTBARKEIT** 1 JAHR

SERVIERVORSCHLAG KÖSTLICH ZU REIFEM HARTKÄSE

ZUTATEN

750 g Einlegegurken, in 5 mm dicke Scheiben geschnitten

625 g Zwiebeln, geschält und in dünne Scheiben geschnitten

75 g Salz

500 ml Apfelessig

1 EL Dillsamen

1 EL Selleriesamen

1 EL gelbe Senfkörner

75 ml bestes fruchtiges Olivenöl

1 Gurken und Zwiebeln in eine große Glasschüssel geben und mit kaltem Wasser bedecken. Das Salz hinzufügen und unter Rühren auflösen. Das Gemüse beschweren (s. S. 166), mit einem sauberen Tuch abdecken und über Nacht stehen lassen.

2 Am nächsten Tag das Gemüse abtropfen lassen. Unter fließendem kaltem Wasser gut abspülen. Wieder abtropfen lassen und möglichst viel Flüssigkeit herausdrücken. In die heißen sterilisierten Gläser füllen.

3 Essig und Gewürze mit 75 ml Wasser in einen säurefesten Topf geben, zum Kochen bringen und 5 Minuten kochen lassen. Von der Kochstelle nehmen und etwas abkühlen lassen, dann das Öl unterschlagen.

4 Den Essig in die Gläser füllen. Das Gemüse mit einem Holzspießchen mehrmals anstupsen, damit Luftbläschen entweichen. Kontrollieren, ob Öl und Gewürze gut verteilt und die Gemüse bedeckt sind. Die Gläser verschließen. Nach zwei Wochen sind die Pickles verzehrfertig.

TIPPS
• **Die Gurken können durch schmale Paprikaringe oder Möhrenscheiben ersetzt werden.**
• **Am einfachsten lassen sich die Gemüse mit einem Gemüsehobel schneiden.**

Die Zubereitung dieses Klassikers aus den Kolonialküchen Amerikas ist ausgesprochen einfach. Er schmeckt säuerlich und erfrischend und hält sich extrem gut.

Butterbrot-Pickles

 SCHWIERIGKEITSGRAD EINFACH **GARZEIT** ETWA 15 MINUTEN **KÜCHENUTENSILIEN** SÄUREFESTER EINKOCHTOPF, STERILISIERTE GLÄSER MIT SÄUREFESTEM DECKEL (S. S. 12–13) **ERGIBT** ETWA 2 KG **HALTBARKEIT** 1 JAHR  **SERVIERVORSCHLAG** ZU KALTEM BRATEN, SCHINKEN ODER KÄSEBROT

ZUTATEN

750 g Einlegegurken

625 g Zwiebeln, geschält und in dünne Scheiben geschnitten

375 g rote oder gelbe Paprikaschoten, Stielansatz, Samen und Scheidewände entfernt, in 5 mm dicke Scheiben geschnitten

3 EL Salz

1 l Apfel- oder Weißweinessig

500 g heller Rohrohrzucker oder weißer Zucker

2 TL gemahlene Kurkuma

1 EL Senfkörner

2 TL Dillsamen

1 Die Gurken in eine Schüssel geben und mit kochendem Wasser übergießen. Abtropfen lassen, unter fließendem kaltem Wasser abschrecken und wieder abtropfen lassen. In 1 cm dicke Scheiben schneiden.

2 Gurken, Zwiebeln und Paprikaschoten in eine große Glasschüssel geben und sorgfältig mit dem Salz vermischen. Mit einem sauberen Tuch abdecken und über Nacht stehen lassen.

3 Am nächsten Tag die gesamte Flüssigkeit in der Schüssel abgießen. Das Gemüse unter fließendem kaltem Wasser abspülen und gut abtropfen lassen. Eine Gurkenscheibe probieren. Ist sie zu salzig, das Gemüse nochmals mit kaltem Wasser bedecken, etwa 10 Minuten stehen lassen, abgießen, abspülen und wieder abtropfen lassen.

4 Essig, Zucker, Kurkuma, Senfkörner und Dillsamen in den Einkochtopf geben, zum Kochen bringen und 10 Minuten sprudelnd kochen lassen. Das Gemüse hinzufügen und den Topfinhalt wieder zum Kochen bringen. Von der Kochstelle nehmen.

5 Die Pickles in die heißen sterilisierten Gläser füllen und verschließen. Sie können sofort gegessen werden.

Diese altmodischen Pickles wurden früher auf Butterbrot gegessen, was vielleicht ihren Namen erklärt. Andere glauben, dass sie zu dem Namen kamen, weil sie einst so verbreitet wie Brot und Butter waren.

Salzgurken

☆ **SCHWIERIGKEITSGRAD** EINFACH　🍲 **GARZEIT** I MINUTE　🍴 **KÜCHENUTENSILIEN** STERILISIERTES

1,5-L-GLAS MIT WEITER ÖFFNUNG UND SÄUREFESTEM DECKEL (S. S. 12–13)　🫙 **ERGIBT** ETWA I KG

🫙 **HALTBARKEIT** 6 MONATE, ROTE RÜBEN 3 MONATE　🥄 **SERVIERVORSCHLAG** DIE GURKEN FEIN

GEWÜRFELT IN SAUCEN ODER KARTOFFELSALAT GEBEN, ALS GARNITUR FÜR CANAPÉS

ZUTATEN

1 kg feste kleine Einlegegurken

5–6 dicke Knoblauchzehen, ungeschält gequetscht

2–3 Stängel Dill mit Blüten

3–4 frische oder getrocknete rote Chilischoten

2–3 Lorbeerblätter

Salz

einige Weinblätter (nach Belieben)

TIPP
Gießen Sie die Salzlake nach dem Verzehr der Gurken nicht weg. Sie kann als Basis für Suppen, zum Aromatisieren pikanter Gerichte oder für Salatdressing verwendet werden.

1 Die Gurken in einen Topf mit kochendem Wasser geben und 1 Minute blanchieren (s. S. 21).

2 Gurken, Knoblauch, Dill, Chilischoten und Lorbeerblätter in das sterilisierte Glas schichten und Wasser auffüllen. Das Wasser in einen Messbecher gießen. Pro 500 ml Wasser 1½ EL Salz dazugeben und rühren, bis es sich aufgelöst hat.

3 Die Salzlake in das Glas gießen. Die Weinblätter, sofern verwendet, hineinlegen. Die Zutaten beschweren (s. S. 166). Das Glas mit einem sauberen Tuch abdecken und für ein bis zwei Wochen an einen warmen luftigen Platz stellen. Mit Beginn der Gärung trübt sich die Lake.

4 Sobald die Lake wieder klar wird, ist die Gärung abgeschlossen. Das Glas luftdicht verschließen. Die Gurken können sofort gegessen werden.

VARIANTEN

EINGELEGTE TOMATEN

1 kg feste, kleine rote Tomaten mit einem Zahnstocher mehrmals einstechen. Mit 3–4 aufgeschlitzten frischen Chilischoten, 8 Knoblauchzehen, 6–8 Sellerieblättern und 1 EL schwarzen Pfefferkörnern in ein sterilisiertes 2-l-Glas mit weiter Öffnung schichten. Mit Wasser bedecken und wie links verfahren, aber pro 500 ml Wasser 2 EL Salz sowie 2 EL Apfelessig hinzufügen.

EINGELEGTE ROTE RÜBEN

1,5 kg kleine rote Rüben schälen. Ganz lassen oder in große Stücke schneiden. In das Glas schichten und wie links mit Lake bedecken. Beschweren, abdecken und gären lassen. Nach einigen Tagen beginnt sich Schaum zu bilden. Den Schaum im Abstand von einigen Tagen abschöpfen und den Glasrand säubern. Nach etwa einem Monat ist die Gärung abgeschlossen. Dann das Glas verschließen. Die Lake kann zur Zubereitung von Borschtsch verwendet werden. Die Rüben können ebenfalls Borschtsch hinzugefügt oder aber als Pickles gegessen werden.

Laut meiner Mutter, die eine Meisterin des Konservierens war, bleiben Salzgurken leuchtend grün und knackig, wenn man sie kurz blanchiert.

*Weinblätter verbes-
sern die Gärung und
verleihen Gurken ihr
typisches Aroma.*

*Dill verleiht der Salz-
lake einen anisartigen
Geschmack.*

Piccalilli (Senfpickles)

 SCHWIERIGKEITSGRAD MITTEL **GARZEIT** ETWA 12 MINUTEN  **KÜCHENUTENSILIEN** GEWÜRZ-ODER KAFFEEMÜHLE, STERILISIERTE GLÄSER MIT SÄUREFESTEM DECKEL (S. S. 12–13) **ERGIBT** ETWA 3 KG **HALTBARKEIT** 1 JAHR **SERVIERVORSCHLAG** KÖSTLICH ZU KÄSE

ZUTATEN

250 g Stangenbohnen, in mundgerechte Stücke geschnitten

250 g Blumenkohl, in kleine Röschen zerteilt

300 g Möhren, in Scheiben mittlerer Dicke geschnitten

250 g Stachelbeeren, geputzt

250 g Honigmelone, gewürfelt

200 g kernlose Trauben

125 g Salz

400 g gelbe Senfkörner

1 l Gewürzessig (s. S. 243)

1 EL gemahlene Kurkuma

1 Gemüse und Obst in eine große Glasschüssel geben und mit kaltem Wasser bedecken. 100 g Salz hinzufügen und sorgfältig untermischen, bis es sich aufgelöst hat. Die Mischung beschweren (s. S. 166) und 24 Stunden stehen lassen.

2 Am nächsten Tag die Senfkörner in der Gewürz- oder Kaffeemühle grob mahlen – falls nötig portionsweise.

3 Gemüse und Obst abgießen, unter fließendem kaltem Wasser abspülen und gut abtropfen lassen. Dann probieren – falls sie zu salzig sind, nochmals mit kaltem Wasser bedecken und 10 Minuten stehen lassen, abgießen, abspülen und wieder abtropfen lassen. Die gemahlenen Senfkörner sorgfältig untermischen.

4 Gewürzessig, Kurkuma und restliches Salz in einen säurefesten Topf geben. Zum Kochen bringen, gut abschäumen und 10 Minuten sprudelnd kochen lassen.

5 Den Essig über das Obst und Gemüse gießen und gut untermischen. Das Piccalilli in die heißen sterilisierten Gläser füllen und verschließen. Es kann sofort gegessen werden, wird bei längerer Lagerung aber noch besser.

> **TIPPS**
> • **Auf die gleiche Weise lässt sich jedes knackige Obst und Gemüse einlegen.**
> • **Das Piccalilli wird milder, wenn man die Senfkörner in den Essig gibt und 3–4 Minuten kocht.**

Dieses Pickle kommt aus Indien. Meine leckere Variante ist der Urvater des knallgelben Produkts, das man manchmal in Supermärkten bekommt.

Chow-Chow (Senfgemüse)

☆☆ **SCHWIERIGKEITSGRAD** MITTEL **GARZEIT** ETWA 2 MINUTEN **KÜCHENUTENSILIEN** SÄUREFESTER EINKOCHTOPF, STERILISIERTE GLÄSER MIT SÄUREFESTEM DECKEL (S. S. 12–13) **ERGIBT** ETWA 3 KG  **HALTBARKEIT** 1 JAHR ✎ **SERVIERVORSCHLAG** ALS WÜRZIGE BEILAGE ZU KALTEM FLEISCH ODER KÄSE

ZUTATEN

250 g kleine Gurken

1 kleiner Blumenkohl, in Röschen zerteilt

250 g grüne Tomaten, gewürfelt

300 g Möhren, geschält und in dicke Stifte geschnitten

250 g grüne Bohnen, geputzt

300 g Perlzwiebeln, geschält

4 rote Paprikaschoten, Samen und Scheidewände entfernt, in Streifen geschnitten

1 kleiner Staudensellerie, in Scheiben geschnitten

100 g Salz

FÜR DIE SENFSAUCE

100 g Weiß- oder Vollkornmehl

75 g Senfpulver

1 ½ EL Selleriesamen

1 ½ EL gemahlene Kurkuma

1 EL Salz

1,25 l Apfel- oder Weißweinessig

300 g heller Rohrohrzucker oder weißer Zucker

1 Sehr kleine Gurken ganz verwenden, etwas größere Gurken in dicke Scheiben schneiden.

2 Alle Gemüse in eine große Glasschüssel geben und mit kaltem Wasser bedecken. Das Salz hinzufügen und sorgfältig untermischen, bis es sich aufgelöst hat. Das Gemüse beschweren (s. S. 166) und über Nacht stehen lassen.

3 Am nächsten Tag das Gemüse gut abtropfen lassen und 2 Minuten blanchieren (s. S. 21).

4 Für die Senfsauce das Mehl in einer kleinen Schüssel mit Senfpulver, Selleriesamen, Kurkuma und Salz vermischen. Nach und nach 250 ml Essig sorgfältig unterrühren, um eine glatte, dünne Paste herzustellen.

5 Restlichen Essig und Zucker in den Einkochtopf geben und zum Kochen bringen. Nach und nach die Senfpaste unterrühren. Die abgetropften Gemüse dazugeben. Alles noch einmal aufkochen, dann von der Kochstelle nehmen.

6 Das Chow-Chow in die heißen Gläser füllen und verschließen. Nach zwei Wochen ist es verzehrfertig, durch längeres Lagern wird es aber noch besser.

Dieses aromatische Senfgemüse wird im Sommer zubereitet, wenn es reichlich Gemüse gibt. Geeignet sind alle frischen farbenfrohen Gemüse.

Zweifarbige Gemüsepickles

☆ **SCHWIERIGKEITSGRAD** EINFACH 🍴 **KÜCHENUTENSILIEN** STERILISIERTES 3-L-GLAS MIT WEITER ÖFFNUNG UND SÄUREFESTEM DECKEL (S. S. 12–13)  **ERGIBT** ETWA 1,5 KG  **HALTBARKEIT** 1 JAHR

🔪 **SERVIERVORSCHLAG** ALS WINTERSALAT ODER MITTELPUNKT EINES KALTEN BÜFETTS

ZUTATEN

300 g kleine Zwiebeln, geschält

300 g Schalotten, geschält

300 g Möhren, geschält und in Scheiben geschnitten

100 g Salz

1,5 l Gewürzessig der Wahl (s. S. 243)

1 Zwiebeln, Schalotten und Möhren in eine große Glasschüssel geben. Das Salz darüberstreuen und sorgfältig untermischen. Die Schüssel mit einem sauberen Tuch abdecken. Das Gemüse 24–48 Stunden stehen lassen, zwischendurch ab und zu umrühren.

2 Die Flüssigkeit in der Schüssel abgießen. Das Gemüse unter fließendem kaltem Wasser abspülen und gut abtropfen lassen. Wieder mit kaltem Wasser bedecken und für 1 Stunde beiseitestellen, dann noch einmal abtropfen lassen.

3 Das Gemüse in Schichten in das sterilisierte Glas füllen und beschweren (s. S. 166).

4 Den Essig in das Glas gießen, dabei darauf achten, dass die Gemüse vollkommen bedeckt sind. Das Glas verschließen. Nach vier bis sechs Wochen können die Pickles gegessen werden.

Sofern erhältlich, können Sie für dieses Rezept auch Mini-Gemüse verwenden, wie etwa Maiskölbchen, Mini-Zucchini und Mini-Möhren.

Mit einem Bunt-
messer geschnittene
Möhrenscheiben sehen
reizvoller aus.

Schalotten haben
meist einen milderen
Geschmack als nor-
male Zwiebeln.

Gefüllte und eingelegte Auberginen

☆☆ **SCHWIERIGKEITSGRAD** MITTEL **GARZEIT** 5–8 MINUTEN **KÜCHENUTENSILIEN** STERILISIERTES 1,5-L-GLAS MIT WEITER ÖFFNUNG UND SÄUREFESTEM DECKEL (S. S. 12–13) **ERGIBT** ETWA 1 KG **HALTBARKEIT** GEKÜHLT 6 MONATE **SERVIERVORSCHLAG** ALS BEILAGE ZU KALTEM BRATEN UND BLATTSALAT UND ALS TEIL EINER VORSPEISENAUSWAHL

ZUTATEN

1 kg violette Mini-Auberginen

FÜR DIE FÜLLUNG

6 Knoblauchzehen, geschält und grob gehackt

3–4 Stangen Staudensellerie mit Blättern, grob gehackt

2–3 große Möhren, geschält und grob gehackt

1–2 frische rote Chilischoten, in schmale Ringe geschnitten

1 TL Salz

FÜR DAS GLAS

4–5 Knoblauchzehen, geschält

2–3 frische rote oder grüne Chilischoten

einige Weinblätter (nach Belieben)

Salz

2–3 EL Apfelessig

1 Längs eine Tasche in jede Aubergine schneiden. Die Früchte 5–8 Minuten dämpfen, bis sie gerade weich sind. Vom Herd nehmen und beschweren (s. S. 166), um Saft herauszupressen. Über Nacht stehen lassen.

2 Am nächsten Tag die Zutaten für die Füllung in einer Schüssel vermischen. Je 1 TL in jede Aubergine füllen. Diese fest zusammendrücken, damit die Füllung nicht herausfällt.

3 Die Auberginen mit Knoblauch, Chilischoten und, sofern verwendet, Weinblättern in das sterilisierte Glas geben. Das Glas mit kaltem Wasser füllen. Das Wasser in einen Messbecher gießen. Pro 500 ml 1½ TL Salz hinzufügen und rühren, bis sich das Salz aufgelöst hat. Den Essig dazugeben. Die Mischung in das Glas gießen. Die Auberginen beschweren (s. S. 166).

4 Das Glas mit einem sauberen Tuch abdecken und für ein bis drei Wochen an einen warmen luftigen Platz stellen, bis die Gärung beendet ist (siehe Salzgurken, S. 128). Das Glas verschließen und kalt stellen. Die Auberginen können sofort gegessen werden.

VARIANTE

EINGELEGTE AUBERGINEN MIT ROTEN RÜBEN

Die Auberginen ungefüllt mit 1 in Scheiben geschnittenen rohen Roten Rübe, 6 grob gehackten Knoblauchzehen und 2–3 gehackten frischen roten Chilischoten in das Glas geben.

TIPPS
• **Verwenden Sie feste Auberginen mit einer glänzenden, unbeschädigten Schale.**
• **Apfelessig und Weinblätter beschleunigen den Gärungsprozess.**

Dieses wunderbar duftende Pickle stammt vermutlich aus Syrien. Es wird noch heute im gesamten Nahen Osten zubereitet.

Auberginen-Knoblauch-Chutney

☆ **SCHWIERIGKEITSGRAD** EINFACH **GARZEIT** 1–1¼ STUNDEN 🍴 **KÜCHENUTENSILIEN** SÄUREFESTER EINKOCHTOPF, STERILISIERTE GLÄSER MIT SÄUREFESTEM DECKEL (S. S. 12–13) **ERGIBT** ETWA 1,5 KG

 HALTBARKEIT 1 JAHR 🔪 **SERVIERVORSCHLAG** LECKER ZU HÜHNERCURRY UND KÄSE ODER IN SANDWICHES

ZUTATEN

1 kg Auberginen, in 2,5 cm große Würfel geschnitten

2 EL Salz

3 EL Erdnuss-, Oliven- oder Sesamöl

1 EL Schwarzkümmel

3 EL Sesamsamen

4 Knoblauchknollen, geschält

250 g Schalotten, geschält und geviertelt

2–3 rote oder grüne Chilischoten, grob gehackt

750 ml Apfel- oder Weißweinessig

150 g heller Rohrohrzucker

3 TL edelsüßes Paprikapulver

1 kleines Bund Minze, gehackt (nach Belieben)

1 Die Auberginenwürfel in einen Durchschlag geben, mit 1 EL Salz bestreuen, gut durchheben und 1 Stunde abtropfen lassen. Gut abspülen und mit Küchenpapier trockentupfen.

2 Das Öl im Einkochtopf erhitzen. Schwarzkümmel und Sesam hinzufügen und 1–2 Minuten braten, bis der Sesam zu platzen beginnt.

3 Auberginen, Knoblauch, Schalotten und Chilischoten dazugeben und unter häufigem Rühren etwa 5 Minuten garen.

4 Den Essig hinzufügen und zum Kochen bringen. Die Hitze reduzieren und den Topfinhalt 15 Minuten köcheln lassen, bis die Auberginen weich sind. Zucker, Paprikapulver und restliches Salz dazugeben. Rühren, bis sie sich aufgelöst haben.

5 Die Hitze etwas erhöhen. Das Chutney unter häufigem Rühren 45–60 Minuten garen, bis die meiste Flüssigkeit verdampft und das Chutney dick geworden ist. Sofern verwendet, die Minze unterrühren. Den Topf von der Kochstelle nehmen.

6 Das Chutney in die heißen sterilisierten Gläser füllen und verschließen. Nach einem Monat ist das Chutney verzehrfertig.

Dieses weiche Chutney, das im Munde zergeht, vereinigt den milden Geschmack von Auberginen mit dem wunderbaren Aroma von Knoblauch.

Konservierte Auberginen

☆☆ **SCHWIERIGKEITSGRAD** MITTEL **GARZEIT** 1¾–2¼ STUNDEN **KÜCHENUTENSILIEN** EINKOCHTOPF, STERILISIERTE GLÄSER MT DECKEL (S. S. 12–13) **ERGIBT** ETWA 1,5 KG

HALTBARKEIT 2 JAHRE (SOLLTE DIE KONFITÜRE IN DIESER ZEIT KRISTALLISIEREN, BLEIBT SIE DENNOCH GENIESSBAR)

SERVIERVORSCHLAG ALS SÜSSIGKEIT NACH MAROKKANISCHER ART

ZUTATEN

1 kg junge kleine Auberginen

4 EL Salz

1 kg Einmachzucker

Saft von 3 großen Zitronen

Schale von 1 Bio-Zitrone, in feine Streifen geschnitten

75 g Ingwerwurzel, in feine Streifen geschnitten

12 Gewürznelken

2 Zimtstangen

1 Bei jeder Aubergine das Grün vom Stiel entfernen, nicht aber den Stiel selbst. Jede Aubergine mehrmals mit einem Zahnstocher einstechen.

2 Die Auberginen in eine große Glasschüssel legen und mit dem Salz bestreuen. Gut durchheben, abdecken und einige Stunden stehen lassen. Dann sorgfältig unter fließendem kaltem Wasser abspülen.

3 In einem großen Topf Wasser zum Kochen bringen. Die Auberginen hineingeben. Den Topfinhalt wieder zum Kochen bringen. Die Hitze reduzieren und die Auberginen 5 Minuten köcheln lassen. Herausheben und sorgfältig abtropfen lassen.

4 Zucker und Zitronensaft in den Topf geben. Die Mischung zum Kochen bringen und rühren, bis sich der Zucker aufgelöst hat. Gut abschäumen. Zitronenschale, Ingwer, Nelken und Zimtstangen dazugeben und 5 Minuten mitkochen.

5 Die Auberginen vorsichtig in den kochenden Sirup gleiten lassen. Nach Reduzieren der Hitze unter gelegentlichem Rühren 1 ½–2 Stunden köcheln lassen, bis sie etwa die Hälfte des Sirups aufgenommen haben und glasig sind.

6 Die Auberginen mit einem Schaumlöffel herausheben und in die heißen sterilisierten Gläser füllen. Den Sirup wieder zum Kochen bringen und in die Gläser gießen. Die Gläser verschließen. Die Konfitüre kann sofort gegessen werden, wird durch Lagern aber noch besser.

TIPPS
• Wählen Sie kleine makellose Auberginen.
• Wer keine ganzen Gewürze in der Konfitüre mag, bindet sie in ein Säckchen (siehe Gewürzsäckchen, S. 31), das am Ende der Garzeit entfernt werden kann.

Dieses ungewöhnliche Rezept stammt aus Marokko. Das Ergebnis ist süß und duftet wunderbar. Traditionell isst man es löffelweise und trinkt dazu dampfenden Tee oder Kaffee und ein Glas Wasser.

In Öl eingelegte Auberginen

☆☆ **SCHWIERIGKEITSGRAD** MITTEL **GARZEIT** ETWA 10 MINUTEN

KÜCHENUTENSILIEN DÄMPFTOPF, STERILISIERTES 1,5-L-GLAS MIT WEITER ÖFFNUNG UND DECKEL

(S. S. 12–13); THERMOMETER **ERGIBT** ETWA 1 KG **HALTBARKEIT** 6 MONATE

SERVIERVORSCHLAG ALS TEIL EINES VORSPEISENBÜFETTS ODER ZU DRINKS

ZUTATEN

1 kg kleine junge Auberginen, Stiele entfernt

Salz

75 g Pekannusskerne

2 Bio-Zitronen, in dünne Halbmonde geschnitten

6 Knoblauchzehen, geschält und in dünne Scheibchen geschnitten

500 ml Olivenöl

1 Die Auberginen 5–7 Minuten dämpfen, bis sie gerade weich sind. Abkühlen lassen.

2 Jede Aubergine längs tief einschneiden, sodass eine Tasche entsteht. In jede Tasche eine winzige Prise Salz streuen, dann eine Pekannusshälfte, eine Zitronenscheibe und ein Knoblauchscheibchen hineingeben. Jede Aubergine mit einem Zahnstocher zusammenstecken.

3 Die Auberginen in das warme sterilisierte Glas füllen. Sollten Zitronen- oder Knoblauchscheiben übrig sein, diese dazwischenstecken.

4 Das Olivenöl in einem Topf auf 80 °C erhitzen. Vorsichtig in das Glas gießen, dabei darauf achten, dass die Auberginen vollständig bedeckt werden. Nach drei bis vier Wochen sind die Auberginen verzehrfertig.

Hier handelt es sich um eine Variante eines libanesischen Rezepts. Auf diese Weise eingelegte Auberginen werden verblüffend weich und zergehen auf der Zunge. Das im Glas zurückbleibende Öl eignet sich wunderbar für Dressings.

Basilikumöl

☆ **SCHWIERIGKEITSGRAD** EINFACH **GARZEIT** 3–4 MINUTEN **KÜCHENUTENSILIEN** THERMOMETER, STERILISIERTES 1-L-GLAS ODER EINE FLASCHE MIT VERSCHLUSS (S. S. 12–13) **ERGIBT** ETWA 1 L **HALTBARKEIT** GEFILTERT 1 JAHR **SERVIERVORSCHLAG** ALS WÜRZE VON SALATEN, SAUCEN UND SUPPEN

ZUTATEN

1 l leichtes Olivenöl

150 g Basilikum

1 Das Öl in einem Topf vorsichtig auf 40 °C erhitzen.

2 Das Basilikum leicht quetschen und in das warme sterilisierte Gefäß schieben. Das Öl dazugießen und das Gefäß verschließen. Nach drei bis vier Wochen kann das Öl verwendet werden.

Durch das Quetschen geben die Basilikumblätter ihr Aroma an das Öl ab.

TIPP
Nach drei bis vier Monaten können die Basilikumblätter schleimig werden. Möchten Sie das Öl länger aufbewahren, filtern Sie es am besten (s. S. 21). Dann füllen Sie es wieder in die Flasche und verschließen diese.

Sie können Kräuteröle zum Anmachen von Salaten verwenden oder sie kurz vor dem Servieren in Suppen und Eintöpfe geben. Basilikumöl ist besonders aromatisch.

Stachelbeeressig

 SCHWIERIGKEITSGRAD EINFACH **GARZEIT** 3–4 MINUTEN **KÜCHENUTENSILIEN** KÜCHENMASCHINE, STERILI-SIERTER SAFTBEUTEL, STERILISIERTE FLASCHEN MIT SÄUREFESTEM VERSCHLUSS (S. S. 12–13) **ERGIBT** ETWA 2 L

 HALTBARKEIT 2 JAHRE **SERVIERVORSCHLAG** IN FISCHGERICHTE UND SAUCEN GEBEN

ZUTATEN

1,25 l Apfelessig

1 kg säuerliche Stachelbeeren

150 g Sauerampfer oder Spinat

einige Streifen Bio-Zitronenschale

1 Den Essig in einem säurefesten Topf zum Kochen bringen und 1–2 Minuten sprudelnd kochen lassen. Von der Kochstelle nehmen und abkühlen lassen.

2 Stachelbeeren und Sauerampfer oder Spinat waschen und gut abtropfen lassen. In der Küchenmaschine grob hacken.

3 Mit der Zitronenschale in ein großes Glas geben. Den Essig dazugießen. Das Glas mit einem sauberen Tuch abgedeckt für drei bis vier Wochen an einen warmen Platz stellen, zwischendurch ab und zu schütteln.

4 Den Essig durch den Saftbeutel gießen, dann filtern (s. S. 21). In die Flaschen füllen und verschließen.

Salatessig

 **SCHWIERIGKEITSGRAD** EINFACH **GARZEIT** 3–4 MINUTEN  **KÜCHENUTENSILIEN** THERMOMETER, 2 STERILISIERTE 500-ML-FLASCHEN MIT SÄUREFESTEM VERSCHLUSS (S. S. 12–13) **ERGIBT** ETWA 1 L **HALTBARKEIT** 2 JAHRE **SERVIERVORSCHLAG** IN SALATDRESSINGS

ZUTATEN

1 l Weißwein- oder Apfelessig

2 Stängel Estragon

2 Zweige Thymian

2 frische oder getrocknete rote Chilischoten (nach Belieben)

2 Knoblauchzehen, geschält und gequetscht

2 TL schwarze Pfefferkörner

1 Den Essig in einem säurefesten Topf zum Kochen bringen und 1–2 Minuten sprudelnd kochen lassen. Von der Kochstelle nehmen und auf 40 °C abkühlen lassen.

2 Die Kräuter nur waschen, falls nötig. Gut trockentupfen und mit einer breiten Messerklinge leicht quetschen. Die Chilischoten, falls verwendet, längs aufschlitzen.

3 Estragon, Thymian, Chilischoten, Knoblauch und Pfefferkörner gleichmäßig auf die sterilisierten Flaschen verteilen. Den warmen Essig darübergießen und die Flaschen verschließen. Den Essig etwa drei Wochen ziehen lassen, zwischendurch die Flaschen schütteln, um die Zutaten zu vermischen.

VARIANTE

PROVENZALISCHER KRÄUTERESSIG Je 3–4 Zweige Rosmarin, Lavendel und Thymian (am besten mit Blüten) wie oben verwenden. Dieser Essig eignet sich zum Aromatisieren von Erdbeeren und anderen Früchten.

TIPP
Lässt man diesen Essig lange reifen (zwei bis drei Jahre), wird sein Geschmack immer besser. Anschließend sollte er gefiltert werden (s. S. 21). Immer nur kleine Mengen verwenden.

Thymian verleiht diesem Essig einen erdigen, pfeffrigen Duft und einen würzigen Geschmack.

*Eine Flasche
mit weitem Hals
verwenden, damit
die Kräuter hinein-
geschoben werden
können.*

*Durch Quetschen
geben die Kräuter mehr
Aroma ab.*

*Ganze Chilischoten
aromatisieren den
Essig, aber er wird
nicht zu scharf.*

Herbst

Zutaten der Saison

Bei vielen von uns weckt der Herbst Erinnerungen an Erntedankfeste und üppige Ernten. Kürbisse und wärmende Nahrungsmittel wie Zwiebeln und Chilischoten kommen auf den Markt, während wir uns von den letzten Köstlichkeiten des Sommers verabschieden. Auch Früchte, die seit jeher konserviert werden, wie Himbeeren und Äpfel, sind nun im Angebot. Hier einige meiner Lieblingszutaten.

GRÜNE TOMATEN
Sie sind fester und nicht so süß wie rote Tomaten. Man kann sie ähnlich verwenden, aber das Endprodukt sieht anders aus.

HIMBEEREN
Durch ihre erstaunlich lange Wachstumsperiode sind sie bis weit in den Herbst hinein im Angebot.

WEINTRAUBEN
Gelee aus Weintrauben ist besonders beliebt, aber Trauben können auch für Pickles, Chutneys und Sirupe verwendet werden.

ÄPFEL
Ihr hoher Pektingehalt macht sie ideal für Gelee und Konfitüre. Zudem sind sie eine Grundzutat für Chutneys und Relishes.

FEIGEN
Sie haben stets einen Hauch von Exotik und sind durch ihre Vielseitigkeit eine willkommene Zutat für alle Arten von Konserven.

CHILISCHOTEN
Die Schärfe von Chilischoten macht an trüben Herbsttagen munter und peppt Konfitüren und Chutneys auf.

ZWIEBELN
Wärmen Sie sich im Herbst durch Verwendung einiger Zwiebeln, sei es in Pickles, Chutneys oder Konfitüren.

MARROW-ZUCCHINI
Wird meist als Grundzutat für Chutneys und Pickles verwendet, eignet sich aber auch für Konfitüre und Gelee.

ARTISCHOCKEN
Sie sind im Mittelmeerraum sehr beliebt und schmecken am besten in Öl konserviert, können aber auch sauer eingelegt werden.

ZUCKERMAIS
Relishes würde ohne Mais einfach etwas fehlen, aber er kann auch einem Pickle etwas Biss geben.

PUMPKIN-KÜRBIS
Dieser Kürbis eignet sich nicht nur als Halloweendekoration, sondern kann auch zu Pickles, Chutney, Konfitüre und Gelee verarbeitet werden.

Apfelgelee mit Minze

☆ **SCHWIERIGKEITSGRAD** EINFACH **GARZEIT** ETWA 1¼ STUNDEN **KÜCHENUTENSILIEN** EINKOCHTOPF, STERILISIERTER SAFTBEUTEL, ZUCKERTHERMOMETER, STERILISIERTE GLÄSER MIT DECKEL (S. S. 12–13) **ERGIBT** ETWA 1,25 KG **HALTBARKEIT** 2 JAHRE **SERVIERVORSCHLAG** LECKER ZU LAMMFLEISCH

ZUTATEN

1 kleines Bund Minze

einige Streifen Bio-Zitronenschale

1 kg Äpfel, grob gehackt

1,75 l trockener Cidre oder Wasser

Einmachzucker

Saft von 1 Zitrone

3–4 EL fein gehackte Minze

etwas Weinbrand

1 Minze und Zitronenschale mit Garn zusammenbinden. Mit den Äpfeln und 1,25 l Cidre oder Wasser in den Einkochtopf geben.

2 Den Topfinhalt zum Kochen bringen und unter gelegentlichem Rühren etwa 25 Minuten köcheln lassen, bis die Äpfel musig sind. In den sterilisierten Saftbeutel füllen (s. S. 17) und 2–3 Stunden stehen lassen, bis kein Saft mehr aus dem Beutel tropft.

3 Das Fruchtmus wieder in den abgewaschenen Topf geben. Restlichen Cidre oder Wasser hinzufügen. Den Topfinhalt zum Kochen bringen und 20 Minuten köcheln lassen. Dann nochmals im Saftbeutel abtropfen lassen.

4 Die beiden Saftmengen vermischen. Für jeweils 500 ml Saft 500 g Zucker abwiegen. Apfelsaft und Zitronensaft in den abgewaschenen Einkochtopf geben.

5 Die Mischung zum Kochen bringen und etwa 10 Minuten kochen lassen. Den Zucker hinzufügen und rühren, bis er sich aufgelöst hat. Den Topfinhalt 8–10 Minuten kochen lassen, bis der Gelierpunkt erreicht ist (s. S. 16).

6 Den Topf von der Kochstelle nehmen und das Gelee etwa 10 Minuten abkühlen lassen. Die gehackte Minze unterrühren. Das Gelee in die heißen sterilisierten Gläser füllen und vollständig erkalten lassen. Mit in den Weinbrand getauchten Wachspapierkreisen abdecken und verschließen.

TIPP

Werden die Äpfel in der Küchenmaschine zerkleinert, die Kerngehäuse entfernen, da zerhackte Kerne das Gelee bitter machen. Die Kerngehäuse aber mit den Äpfeln kochen, da sie viel Pektin enthalten.

Äpfel sind ein Geschenk der Natur an Geleekocher, da sie genau die richtigen Mengen Säure und Pektin zum Gelieren enthalten. Da reines Apfelgelee aber recht wenig Geschmack hat, sollte man Aromazutaten hinzufügen.

Apfelchutney

☆ **SCHWIERIGKEITSGRAD** EINFACH **GARZEIT** 45–60 MINUTEN **KÜCHENUTENSILIEN** SÄUREFESTER EINKOCH-TOPF, STERILISIERTE GLÄSER MIT SÄUREFESTEM DECKEL (S. S. 12–13) **ERGIBT** ETWA 2 KG **HALTBARKEIT** 1 JAHR **SERVIERVORSCHLAG** ZU KÄSE ODER ALS AUFSTRICH FÜR BUTTERBROT

ZUTATEN

1,25 kg unreife Kochäpfel (auch Fallobst), geschält, Kerngehäuse entfernt, grob gehackt

625 g Zwiebeln, geschält und grob gehackt

2 Bio-Zitronen, in dünne Halbmonde geschnitten

300 g Rosinen

2 Knoblauchzehen, geschält und fein gehackt (nach Belieben)

500 ml Apfelessig

400 g Muscovadozucker

1 EL Salz

1 TL gemahlener Ingwer

1 TL gemahlener Zimt

1 TL gemahlene Kurkuma

1 Äpfel, Zwiebeln, Zitronen, Rosinen, sofern verwendet Knoblauch und Essig in den Einkochtopf geben. Zum Kochen bringen und 15–20 Minuten köcheln lassen, bis die Äpfel weich, aber noch nicht ganz zerfallen sind.

2 Den Zucker hinzufügen und rühren, bis er sich aufgelöst hat. Den Topfinhalt 30–45 Minuten köcheln lassen, bis die meiste Flüssigkeit verdampft und die Mischung dick geworden ist. Von der Kochstelle nehmen, dann Salz und Gewürze hinzufügen.

3 Das Chutney in die heißen sterilisierten Gläser füllen und verschließen. Nach einem Monat ist es verzehrfertig.

Dieses ist ein klassisches, mildes, fruchtiges Chutney, für das auch eine Mischung aus Äpfeln und Birnen verwendet werden kann.

Apfel-Ananas-Gelee

☆☆ **SCHWIERIGKEITSGRAD** MITTEL **GARZEIT** ETWA 1½ STUNDEN ⫙ **KÜCHENUTENSILIEN** EINKOCHTOPF, STERILISIERTER SAFTBEUTEL, ZUCKERTHERMOMETER, STERILISIERTE GLÄSER MIT DECKEL (S. S. 12–13)  **ERGIBT** ETWA 1,25 KG **HALTBARKEIT** 2 JAHRE ✎ **SERVIERVORSCHLAG** ALS GLASUR FÜR KOCHSCHINKEN ODER OBSTKUCHEN

ZUTATEN

1 kleine Ananas (etwa 500 g), in Scheiben geschnitten

500 g Äpfel, in Scheiben geschnitten

2 Bio-Orangen, in Scheiben geschnitten

Einmachzucker

1 Ananas, Äpfel und Orangen mit 1,5 l Wasser im Einkochtopf langsam zum Kochen bringen. Nach Reduzieren der Hitze 30 Minuten köcheln lassen, bis die Früchte musig sind.

2 Den Topfinhalt in den sterilisierten Saftbeutel geben (s. S. 17) und 2–3 Stunden abtropfen lassen.

3 Das Fruchtmus wieder in den Topf geben und mit kaltem Wasser bedecken. Zum Kochen bringen, dann 30 Minuten köcheln lassen.

4 Wie oben im Saftbeutel abtropfen lassen. Beide Saftmengen vermischen und abmessen. Für jeweils 500 ml Saft 500 g Zucker abwiegen.

5 Saft und Zucker in den sauberen Topf geben. Langsam zum Kochen bringen und rühren, bis sich der Zucker aufgelöst hat. Einige Minuten kochen lassen, dann die Hitze reduzieren und gut abschäumen. Den Topfinhalt 10–12 Minuten sprudelnd kochen lassen, bis der Gelierpunkt erreicht ist (s. S. 16).

6 Von der Kochstelle nehmen, einige Minuten stehen lassen und gut abschäumen. Das flüssige Gelee in die sterilisierten Gläser füllen und verschließen.

VARIANTE

QUITTENGELEE

1 kg Quitten mit 1,25 l Wasser im Einkochtopf zum Kochen bringen, dann 1–1½ Stunden köcheln lassen. Ggf. kochendes Wasser hinzufügen, damit die Früchte bedeckt bleiben. Wie oben abtropfen lassen und wieder in den Topf geben. In Schritt 5 den Saft von 2 Zitronen dazugeben. Zum Kochen bringen und 1–2 Minuten kochen lassen, abschäumen und weitere 10–15 Minuten sprudelnd kochen lassen, bis der Gelierpunkt erreicht ist. Wie oben in Gläser füllen. Zu Wild und anderem dunklem Fleisch servieren.

Es ist nicht nötig, die Früchte zu schälen oder Kerne zu entfernen. Falls gewünscht können in Schritt 1 dem Gelee 1 ½ EL Koriander hinzugefügt werden.

Weintraubenkonfitüre

☆ **SCHWIERIGKEITSGRAD** EINFACH **GARZEIT** 1¼–1¾ STUNDEN **KÜCHENUTENSILIEN** EINKOCHTOPF, STERILISIERTE GLÄSER MIT DECKEL (S. S. 12–13) **ERGIBT** ETWA 1,25 KG **HALTBARKEIT** 2 JAHRE **SERVIERVORSCHLAG** ALS HAUBE FÜR GEDÄMPFTEN SPONGE PUDDING

ZUTATEN

1 kg kernlose weiße oder blaue Weintrauben

2 Bio-Zitronen, in dünne Scheiben geschnitten

750 g Einmachzucker

100 g Pekannusskerne, leicht geröstet

75 ml Weinbrand

1 Weintrauben, Zitronenscheiben und Zucker in den Einkochtopf geben und sorgfältig vermischen. Abgedeckt einige Stunden stehen lassen, bis die Früchte Saft ziehen.

2 Zum Kochen bringen und bei mittlerer Hitze 1–1½ Stunden garen. Dabei häufig umrühren, damit sie nicht am Topfboden ansetzen.

3 In diesem Fall ist kein Geliertest erforderlich. Die Konfitüre ist fertig, wenn ein durch die Masse gezogener Holzlöffel eine Rinne hinterlässt.

4 Die Konfitüre von der Kochstelle nehmen und einige Minuten abkühlen lassen. Dies verhindert, dass die Früchte später im Glas nach unten sinken. Pekannusskerne und Weinbrand unterrühren. Die Konfitüre in die heißen sterilisierten Gläser füllen und verschließen.

VARIANTEN

• Auf die gleiche Weise lassen sich auch andere Früchte wie Feigen, frische Datteln, Pflaumen, Pfirsiche und Aprikosen zubereiten.

• Die Pekannüsse können durch geröstete Walnusskerne oder ganze Mandelkerne ersetzt werden.

• Statt der Zitronen 3 Orangen und anstelle des Weinbrands Rum oder Orangenlikör verwenden.

• Nach Belieben die Konfitüre mit 2–3 EL Orangenblütenwasser aromatisieren.

Geröstete Pekannusskerne verleihen der Konfitüre Biss.

Zitronenscheiben geben ihr eine herbe Note.

Eine köstliche Konfitüre mit gerösteten Pekannüssen. Konfitüren wie diese gehören im Nahen Osten zur traditionellen Begrüßungszeremonie, bei der man sie mit einem Löffel isst. Dazu trinkt man kaltes Wasser.

Himbeergelee

☆☆ **SCHWIERIGKEITSGRAD** MITTEL **GARZEIT** 45–55 MINUTEN

KÜCHENUTENSILIEN KÜCHENMASCHINE, EINKOCHTOPF, STERILISIERTER SAFTBEUTEL, ZUCKERTHERMOMETER, STERILISIERTE GLÄSER MIT DECKEL (S. S. 12–13) **ERGIBT** ETWA 2 KG **HALTBARKEIT** 2 JAHRE

SERVIERVORSCHLAG LECKER ZU KALTEM LAMMFLEISCH UND HÄHNCHEN

ZUTATEN

1 kg Himbeeren

500 g Kochäpfel

Einmachzucker

Saft von 1 Zitrone

Duftgeranienblätter (nach Belieben)

etwas Weinbrand

1 Die Himbeeren verlesen, nötigenfalls waschen. Die Kerngehäuse der Äpfel entfernen und beiseitestellen. Die Äpfel grob hacken.

2 Himbeeren und Äpfel in der Küchenmaschine fein zerkleinern. (Vermutlich muss dies portionsweise geschehen.)

3 Früchte und Kerngehäuse im Einkochtopf mit Wasser bedecken. Zum Kochen bringen, dann 20–30 Minuten köcheln lassen, bis die Früchte musig sind.

TIPP
Werden die Früchte in der Küchenmaschine zerkleinert, müssen sie nicht so lange gegart werden, und das Gelee schmeckt frischer und fruchtiger.

4 Das Fruchtmus samt Flüssigkeit in den über eine große Schüssel gehängten sterilisierten Saftbeutel geben und 2–3 Stunden abtropfen lassen. Den Beutel nicht ausdrücken, weil das Gelee sonst trüb wird.

5 Den Saft abmessen und für jeweils 500 ml Saft 500 g Zucker abwiegen. Den Saft wieder in den abgewaschenen Topf geben, dann Zucker und Zitronensaft hinzufügen.

6 Den Topfinhalt behutsam erhitzen, dabei gelegentlich mit einem Holzlöffel umrühren, bis sich der Zucker aufgelöst hat. Die Mischung sprudelnd zum Kochen bringen.

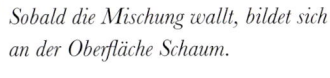

Sobald die Mischung wallt, bildet sich an der Oberfläche Schaum.

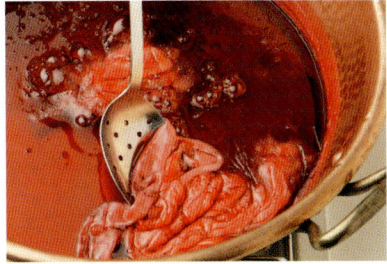

7 Gut mit einem Schaumlöffel abschäumen. Die Mischung weiter sprudelnd kochen lassen, bis der Gelierpunkt erreicht ist (s. S. 16). Nach etwa 10 Minuten mit Geliertests beginnen.

8 Das Gelee durch einen Einfülltrichter in die heißen Gläser füllen. Abkühlen lassen, bis es halbfest ist. In jedes Glas ein Geranienblatt stecken. Gelee mit in Weinbrand getauchtem Wachspapier bedecken und verschließen.

HIMBEEREN

Wie alle Weichfrüchte des Sommers haben Himbeeren ein intensives Aroma und eignen sich großartig zum Konservieren. Für Gelee und Konfitüre erntet man sie leicht unreif, damit sie noch reichlich Pektin enthalten, für Himbeeressig verwendet man vollreife Früchte.

Kürbiskonfitüre

 SCHWIERIGKEITSGRAD EINFACH **GARZEIT** ETWA 1¼ STUNDEN **KÜCHENUTENSILIEN** EINKOCHTOPF, STERILISIERTE GLÄSER MIT DECKEL (S. S. 12–13) **ERGIBT** ETWA 1,75 KG **HALTBARKEIT** 2 JAHRE
SERVIERVORSCHLAG ZUM FRÜHSTÜCK ODER ALS FÜLLUNG FÜR KUCHEN

ZUTATEN

1,5 kg Kürbis

2 Bio-Orangen, in schmale Spalten geschnitten

3 Bio-Zitronen, in schmale Spalten geschnitten

100 g Ingwerwurzel, in feine Streifen geschnitten

1 kg Einmachzucker

1 Den Kürbis schälen, dann Kerne und Fasern im Innern entfernen. Das Fruchtfleisch in Stücke schneiden und längs grob raspeln, sodass möglichst lange Streifen entstehen.

2 Geraspelten Kürbis, Orangen, Zitronen und Ingwer mit 1 l Wasser in den Einkochtopf geben. Zum Kochen bringen, dann 25–30 Minuten köcheln lassen, bis die Zitrusschalen gerade weich sind.

3 Den Zucker hinzufügen und rühren, bis er sich aufgelöst hat. Den Topfinhalt wieder zum Kochen bringen, dann bei mittlerer Hitze 25–30 Minuten garen, bis die Konfitüre so dick geworden ist, das ein durch die Mitte gezogener Holzlöffel eine Rinne hinterlässt.

4 Von der Kochstelle nehmen und einige Minuten abkühlen lassen. Die Konfitüre in die heißen sterilisierten Gläser füllen und verschließen.

Im Herbst kommen Kürbisse in allen Größen, Formen und Farben auf den Markt. Für Konfitüren eignet sich Kürbis besonders gut, da er Zucker wunderbar aufnimmt.

Orangen- und Zitro-
nenscheiben verleihen
dieser Konfitüre eine
klassischere Note.

Frischer Ingwer sorgt
für etwas Schärfe,
die wohltuend und
wärmend wirkt –
perfekt für den Start in
einen kalten Tag.

Zucchini in Ingwersirup

☆ **SCHWIERIGKEITSGRAD** EINFACH **GARZEIT** 2½–2¾ STUNDEN **KÜCHENUTENSILIEN** EINKOCHTOPF, STERILISIERTE GLÄSER MIT DECKEL (S. S. 12–13) **ERGIBT** ETWA 1,5 KG **HALTBARKEIT** 2 JAHRE **SERVIERVORSCHLAG** FEIN GEHACKT IN FRÜCHTEKUCHEN ODER AUF EISCREME

ZUTATEN

1,5 kg Zucchini, geschält, Kerne entfernt, in 4 cm große Würfel geschnitten

1 kg Einmachzucker

Saft von 1 Zitrone

5 cm Ingwerwurzel, in feine Streifen geschnitten

3–4 Streifen Bio-Zitronenschale

1 EL Orangenblütenwasser (nach Belieben)

1 Die Zucchini in einen großen Topf geben, mit kaltem Wasser bedecken und zum Kochen bringen. Die Hitze reduzieren und die Zucchini 10–15 Minuten köcheln lassen, bis er gerade weich wird. Sorgfältig abtropfen lassen.

2 Die restlichen Zutaten mit 500 ml Wasser in den Einkochtopf geben und zum Kochen bringen. Rühren, bis sich der Zucker aufgelöst hat. Den Topfinhalt einige Minuten kochen lassen, dann die Zucchiniwürfel hinzufügen. Die Zutaten wieder zum Kochen bringen. Die Hitze so weit wie möglich reduzieren und die Zucchini 2–2½ Stunden köcheln lassen, bis er glasig ist.

3 Mit einem Schaumlöffel aus dem Topf heben und in die heißen sterilisierten Gläser füllen. Den Sirup zum Kochen bringen und etwa 5 Minuten sprudelnd kochen lassen.

4 Den Sirup in die heißen sterilisierten Gläser füllen, die Gläser verschließen. Die Zucchini kann sofort gegessen werden, schmeckt nach längerer Lagerung aber noch besser.

VARIANTE

WEISSE RÜBEN IN SIRUP
Die Zucchini durch 1,5 kg geschälte und gewürfelte weiße Rüben ersetzen. Zubereitung wie oben.

Dieses Rezept ist ein perfektes Beispiel für die Magie des Konservierens, denn dabei werden einfache Zutaten in vielseitig verwendbare Köstlichkeiten verwandelt.

Zucchinichutney

 SCHWIERIGKEITSGRAD EINFACH **GARZEIT** 1½–2 STUNDEN **KÜCHENUTENSILIEN** SÄUREFESTER EINKOCHTOPF, STERILISIERTE GLÄSER MIT SÄUREFESTEM DECKEL (S. S. 12–13) **ERGIBT** ETWA 1,5 KG **HALTBARKEIT** 2 JAHRE **SERVIERVORSCHLAG** LECKER ZU KÄSE

ZUTATEN

1 kg Zucchini (vorzugsweise Marrow-Zucchini) geschält, Kerne entfernt, in 2,5 cm große Stücke geschnitten

2 EL Salz

2 große Zwiebeln, geschält und grob gehackt

300 g Möhren, geschält und geraspelt

100 g kandierter Ingwer, grob gehackt

1–2 frische rote Chilischoten, geputzt und fein gehackt

2 EL schwarze Senfkörner

1 EL gemahlene Kurkuma

750 ml Apfelessig

250 g Zucker

1 Die Zucchini in einen Durchschlag geben und mit 1 EL Salz bestreuen. 1 Stunde stehen lassen, dann abspülen und trockentupfen. Mit den restlichen Zutaten, ausgenommen Zucker und übriges Salz, in den Einkochtopf geben. Zum Kochen bringen, dann 25 Minuten köcheln lassen, bis er gerade weich ist.

2 Zucker und restliches Salz dazugeben und rühren, bis sie sich aufgelöst haben. Den Topfinhalt 1–1¼ Stunden köcheln lassen, bis die meiste Flüssigkeit verdampft und das Chutney dick geworden ist. In die heißen sterilisierten Gläser füllen und verschließen. Das Chutney ist nach einem Monat verzehrfertig.

TIPP
Bei Verwendung von großen Marrow-Zucchini daran denken, die weiche Mitte mit den Kernen vollständig zu entfernen.

Grünes Tomatenchutney

 SCHWIERIGKEITSGRAD EINFACH  **GARZEIT** ETWA 1 STUNDE **KÜCHENUTENSILIEN** SÄUREFESTER EINKOCHTOPF, STERILISIERTE GLÄSER MIT DECKEL (S. S. 12–13) **ERGIBT** ETWA 1,5 KG **HALTBARKEIT** 1 JAHR 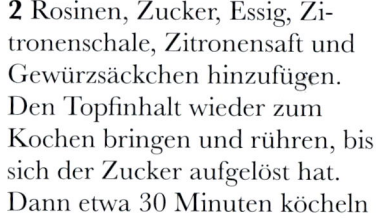 **SERVIERVORSCHLAG** ALS BEILAGE ZU REIFEM KÄSE ODER SANDWICHES

ZUTATEN

750 g grüne Tomaten

500 g Kochäpfel

250 g Zwiebeln, geschält und gehackt

1 EL Salz

125 g Rosinen

500 g heller Rohrohrzucker oder weißer Zucker

250 ml Apfelessig

abgeriebene Schale und Saft von 2 großen Bio-Zitronen

2 EL schwarze oder gelbe Senfkörner

2–3 frische rote Chilischoten, geputzt und gehackt (nach Belieben)

FÜR DAS GEWÜRZSÄCKCHEN (S. S. 31)

1 EL Koriandersamen

2 TL schwarze Pfefferkörner

2 TL Pimentkörner

1 TL Gewürznelken

2 Zimtstangen, zerstoßen

TIPP
Grüne Tomaten lassen sich nur schwer schälen. Sollten Sie Schalen im Chutney nicht stören, verzichten Sie auf das Schälen.

1 Die Tomaten häuten und, falls gewünscht, grob hacken. Die Äpfel schälen und nach Entfernen des Kerngehäuses zerkleinern. Schalen und Kerngehäuse dem Gewürzsäckchen hinzufügen. Tomaten, Äpfel, Zwiebeln und Salz in den Einkochtopf geben. Langsam zum Kochen bringen, dann 20 Minuten köcheln lassen.

2 Rosinen, Zucker, Essig, Zitronenschale, Zitronensaft und Gewürzsäckchen hinzufügen. Den Topfinhalt wieder zum Kochen bringen und rühren, bis sich der Zucker aufgelöst hat. Dann etwa 30 Minuten köcheln lassen, bis die meiste Flüssigkeit verdampft und das Chutney dick geworden ist.

3 Senfkörner und, sofern verwendet, Chilischoten hinzufügen. Das Chutney in die heißen sterilisierten Gläser füllen und verschließen. Nach einem Monat kann es gegessen werden.

Feigenchutney

☆ **SCHWIERIGKEITSGRAD** EINFACH **GARZEIT** ETWA 1¼ STUNDEN  **KÜCHENUTENSILIEN** EINKOCHTOPF, STERI-
LISIERTE GLÄSER MIT SÄUREFESTEM DECKEL (S. S. 12–13) **ERGIBT** ETWA 2 KG **HALTBARKEIT** 1 JAHR
SERVIERVORSCHLAG ZU KÄSE ODER KALTEM BRATEN, SCHINKEN UND WURST ODER IN SCHARFEN CURRYS

ZUTATEN

1,25 l Rotweinessig

500 g heller Rohrrohrzucker

2 EL Salz

1 kg feste, nicht ganz reife blaue Feigen, in 1 cm dicke Scheiben geschnitten

500 g Zwiebeln, geschält und in schmale Ringe geschnitten

250 g entsteinte Datteln, grob gehackt

150 g Ingwerwurzel, in feine Streifen geschnitten

2 EL edelsüßes Paprikapulver

1 EL weiße Senfkörner

3 EL gehackter frischer Estragon oder

1 EL getrockneter Estragon

1 Essig, Zucker und Salz in den Einkochtopf geben und rühren, bis sich Zucker und Salz aufgelöst haben. Zum Kochen bringen, dann etwa 5 Minuten köcheln lassen.

2 Feigen, Zwiebeln, Datteln und Gewürze hinzufügen. Aufkochen und 1 Stunde köcheln lassen, bis die meiste Flüssigkeit verdampft und das Chutney dick geworden ist.

3 Von der Kochstelle nehmen. Den Estragon hinzufügen und sorgfältig unterrühren. Das Chutney in die heißen sterilisierten Gläser füllen und verschließen. Nach einem Monat kann es gegessen werden.

Dieses ungewöhnliche Rezept entdeckte ich in einem alten viktorianischen Kochbuch. Es eignet sich ideal zum Verwerten unreifer Feigen und ergibt ein dunkles, köstliches Chutney.

Feigen in Sirup

SCHWIERIGKEITSGRAD ANSPRUCHSVOLL **GARZEIT** 2. TAG: 40–45 MINUTEN, 3 TAG: 2¼–2¾ STUNDEN

KÜCHENUTENSILIEN EINKOCHTOPF, STERILISIERTE GLÄSER MIT DECKEL (S. S. 12–13)

ERGIBT ETWA 1 KG **HALTBARKEIT** 2 JAHRE **SERVIERVORSCHLAG** ALS SÜSSIGKEIT ODER

MIT SAHNE ALS DESSERT, ANSTELLE VON KANDIERTEN FRÜCHTEN ALS KUCHENDEKORATION

ZUTATEN

1 kg unreife grüne Feigen

4 EL Salz

1 EL Natron (nach Belieben)

1 kg Einmachzucker

1 Die Stielansätze der Feigen entfernen. Die Früchte am anderen Ende mit einem kleinen scharfen Messer kreuzförmig tief einschneiden.

2 In eine große Glasschüssel legen, mit kaltem Wasser bedecken und das Salz hinzufügen. Gut durchheben, bis sich das Salz aufgelöst hat. Mit einem Teller beschweren (s. S. 166) und über Nacht stehen lassen.

3 Am nächsten Tag in einem großen Topf Wasser zum Kochen bringen. Falls verwendet, das Natron hinzufügen (dadurch bewahren die Feigen ihre Farbe). Die Feigen abtropfen lassen und in den Topf geben.

4 Zum Kochen bringen, dann die Hitze reduzieren. Die Früchte 25–30 Minuten köcheln lassen, bis sie gerade weich sind. Zum Abkühlen in eine Schüssel mit sehr kaltem Wasser heben.

Gut abtropfen lassen und in den Einkochtopf geben.

5 Den Zucker mit 125 ml Wasser in einen zweiten Topf geben. Zum Kochen bringen und rühren, bis sich der Zucker aufgelöst hat. Gut abschäumen. 5 Minuten kochen lassen und über die Feigen gießen. Die Feigen beschweren und über Nacht stehen lassen.

6 Am dritten Tag langsam aufkochen, dann 2–2½ Stunden köcheln lassen, bis die Feigen glasig sind. Mit einem Schaumlöffel herausheben und in die heißen sterilisierten Gläser schichten.

7 Den Sirup wieder zum Kochen bringen und 10 Minuten kochen lassen, bis er dick wie Honig ist. In die Gläser gießen und diese verschließen.

VARIANTE

5 cm in feine Streifen geschnittene Ingwerwurzel in Schritt 5 zu dem Zuckersirup geben.

Dies ist ein Rezept aus Südafrika, wo Konservieren eine wahre Kunst ist. Die Feigen sollten voll entwickelt, aber nicht reif sein, damit sie beim Kochen ganz bleiben.

Mincemeat

 SCHWIERIGKEITSGRAD EINFACH **KÜCHENUTENSILIEN** STERILISIERTE GLÄSER MIT DECKEL (S. S. 12–13)

 ERGIBT ETWA 2,5 KG **HALTBARKEIT** 2 JAHRE **SERVIERVORSCHLAG** ALS FÜLLUNG FÜR

TÖRTCHEN ODER BRATÄPFEL ODER EINFACH MIT SCHLAGSAHNE

ZUTATEN

300 g Kochäpfel, geraspelt

200 g Möhren, gerieben

125 g Trockenaprikosen, grob gehackt

125 g Backpflaumen, grob gehackt

125 g Cocktailkirschen, grob gehackt

125 g Ingwerwurzel, geschält und gerieben

250 g Rosinen

250 g Sultaninen

250 g Korinthen

175 g gemischte kandierte Zitrusschale

abgeriebene Schale und Saft von 2 Bio-Zitronen

abgeriebene Schale und Saft von 2 Bio-Orangen

125 g Honig oder Muscovadozucker

2–3 EL süßer Marsala

250 ml Weinbrand sowie Weinbrand für jedes Glas

1 Alle Zutaten in einer großen Schüssel sorgfältig vermischen. Mit einem sauberen Tuch abdecken und zwei bis drei Tage in der warmen Küche stehen lassen.

2 Die Mischung in die sterilisierten Gläser drücken und mit Wachspapierkreisen bedecken. 1–2 EL Weinbrand in jedes Glas gießen und die Gläser verschließen.

3 Etwa alle sechs Monate die Gläser öffnen und etwas Weinbrand hineingießen. Die Gläser wieder verschließen.

VARIANTE

Für milderes Mincemeat vor Verwendung ein Viertel seines Gewichts an geriebenen Äpfeln oder Quitten oder gemahlenen Mandeln oder eine Mischung aus diesen Zutaten hinzufügen.

TIPP
Nach Möglichkeit ganze kandierte Zitrusschalen verwenden und diese selbst zerkleinern. Natürlich können Sie auch selbst Zitrusschalen kandieren (s. S. 39).

Kneten Sie vor der Verwendung pro Kilogramm dieser britischen Spezialität 125 g geraspelte gekühlte Butter oder Pflanzenfett unter.

Kürbischutney

☆ **SCHWIERIGKEITSGRAD** EINFACH  **GARZEIT** 1¼–1½ STUNDEN **KÜCHENUTENSILIEN** SÄUREFESTER EINKOCHTOPF, STERILISIERTE GLÄSER MIT SÄUREFESTEM DECKEL (S. S. 12–13)  **ERGIBT** ETWA 2 KG

 HALTBARKEIT 2 JAHRE 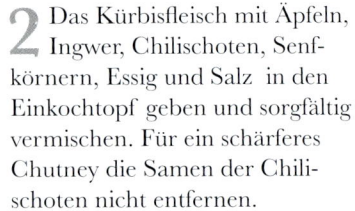 **SERVIERVORSCHLAG** EINIGE ESSLÖFFEL UNTER GEKOCHTEN

REIS MISCHEN ODER ALS BEILAGE ZU KALTEM BRATEN, SCHINKEN, WURST UND KÄSE

ZUTATEN

1,25 kg Kürbis

750 g Äpfel, geschält, Kerngehäuse entfernt, grob gehackt

75 g Ingwerwurzel, in feine Streifen geschnitten

3–4 frische rote Chilischoten, Stielansatz, Samen und Scheidewände entfernt, in Scheiben geschnitten

2 EL weiße Senfkörner

2 EL schwarze Senfkörner

1 l Apfel- oder Weißweinessig

1 EL Salz

500 g weißer Zucker oder heller Rohrohrzucker

1 Den Kürbis vierteln und schälen, dann die Kerne und Fasern im Innern entfernen. Das Fruchtfleisch in 2,5 cm große Würfel schneiden. (Die Kerne nicht wegwerfen, sie sind ein köstlicher, gesunder Snack. Sorgfältig waschen, dann in der Sonne oder im lauwarmen Backofen trocknen lassen.)

2 Das Kürbisfleisch mit Äpfeln, Ingwer, Chilischoten, Senfkörnern, Essig und Salz in den Einkochtopf geben und sorgfältig vermischen. Für ein schärferes Chutney die Samen der Chilischoten nicht entfernen.

3 Den Topfinhalt zum Kochen bringen und nach Reduzieren der Hitze 20–25 Minuten köcheln lassen, bis der Kürbis gerade weich, aber noch nicht musig ist. Gelegentlich umrühren, damit er nicht ansetzt. Wird die Mischung zu trocken, noch etwas Essig oder Wasser hinzufügen. Den Zucker dazugeben und rühren, bis er sich aufgelöst hat.

4 Die Mischung wieder zum Kochen bringen und 50–60 Minuten garen, bis sie dick geworden und die meiste Flüssigkeit verdampft ist. Häufig umrühren, damit sie nicht ansetzt.

Rote Chilischoten geben dem Chutney wunderbare Würze.

5 Das Chutney mit einem Trichter in die heißen Gläser füllen und sofort verschließen. Nach etwa drei Wochen ist das Chutney verzehrfertig, doch durch längeres Lagern wird es noch besser. An einem kühlen dunklen Platz lagern.

Tomaten-Birnen-Relish

☆ **SCHWIERIGKEITSGRAD** EINFACH **GARZEIT** 1½–2 STUNDEN **KÜCHENUTENSILIEN** SÄUREFESTER EINKOCHTOPF, STERILISIERTE GLÄSER MIT SÄUREFESTEM DECKEL (S. S. 12–13) **ERGIBT** ETWA 1,5 KG **HALTBARKEIT** 6 MONATE, EINGEKOCHT 2 JAHRE 🥄 **SERVIERVORSCHLAG** ZU HAMBURGERN, IN SANDWICHES ODER ALS BEILAGE ZU GEGRILLTEM FLEISCH ODER FISCH

ZUTATEN

1 kg Fleisch- oder Eiertomaten, gehäutet und nach Entfernen der Samen grob gehackt

625 g Birnen, geschält und nach Entfernen des Kerngehäuses grob gehackt

300 g Schalotten oder Zwiebeln, geschält und fein gehackt

6 Stangen Staudensellerie mit Blättern, fein gehackt

2–3 frische rote Chilischoten, nach Entfernen von Stielansatz, Samen und Scheidewänden fein gehackt (nach Belieben)

1 EL gelbe Senfkörner

1 EL edelsüßes Paprikapulver

1 EL Dillsamen

1 l Apfel- oder Rotweinessig

200 g heller Rohrohrzucker oder weißer Zucker

1 EL Salz

1 Tomaten, Birnen, Schalotten oder Zwiebeln, Sellerie, sofern verwendet Chilischoten, Senfkörner, Paprikapulver und Dillsamen mit 250 ml Wasser in den Einkochtopf geben.

2 Zum Kochen bringen und gut abschäumen. Nach Reduzieren der Hitze unter häufigem Rühren etwa 20 Minuten köcheln lassen, bis die Birnen musig sind.

3 Essig, Zucker und Salz hinzufügen. Die Zutaten noch einmal unter gelegentlichem Rühren 1–1½ Stunden köcheln lassen, bis die meiste Flüssigkeit verdampft und das Relish dick geworden ist.

4 Von der Kochstelle nehmen. Das Relish in die heißen sterilisierten Gläser füllen und verschließen. Falls gewünscht einkochen, abkühlen lassen und die Deckel prüfen (s. S. 14–15).

VARIANTEN

TOMATEN-QUITTEN- RELISH
Die Birnen durch die gleiche Menge Quitten ersetzen. Die Garzeit in Schritt 2 auf 30–35 Minuten erhöhen. Die Quitten garen, bis sie weich sind, aber noch nicht zerfallen.

TOMATEN-APFEL-RELISH
Die Birnen durch die gleiche Menge Äpfel ersetzen. Statt mit Dillsamen mit zerstoßenen Koriandersamen würzen.

Die Heimat der Relishes sind eigentlich die USA, dieses Rezept stammt aber von der Westküste Kanadas, wo man die sonst üblichen Äpfel durch Birnen ersetzt.

Mais-Paprika-Relish

 SCHWIERIGKEITSGRAD EINFACH  **GARZEIT** 45–60 MINUTEN **KÜCHENUTENSILIEN** KÜCHENMASCHINE, SÄUREFESTER EINKOCHTOPF, STERILISIERTE GLÄSER MIT SÄUREFESTEM DECKEL (S. S. 12–13) **ERGIBT** ETWA 2,5 KG **HALTBARKEIT** 1 JAHR **SERVIERVORSCHLAG** ZU FRIKADELLEN ODER GEGRILLTEM

ZUTATEN

300 g Weißkohl, nach Entfernen des Strunks grob gehackt

300 g Zwiebeln, geschält und in dicke Scheiben geschnitten

6 Stangen Staudensellerie, grob gehackt

je 2 grüne und rote Paprikaschoten, geputzt und grob gehackt

10 Maiskolben, Körner ausgelöst

1,25 l Apfelessig

500 g heller Rohrohrzucker

2 TL gelbe Senfkörner,

1 TL Salz

TIPP
Wenn Sie Ihr Relish schärfer mögen, fügen Sie den gehackten Gemüsen einige in Scheiben geschnittene Chilischoten hinzu.

1 Das Gemüse bis auf den Mais in der Küchenmaschine fein hacken. Alle Zutaten in den Einkochtopf geben. Zum Kochen bringen, dann 45–60 Minuten köcheln lassen, bis der Mais weich und die Sauce dick ist.

2 Das Relish in die heißen sterilisierten Gläser füllen. Mit einem Löffel nach unten drücken, damit die Gemüse mit Sauce bedeckt sind. Darauf achten, dass keine Lufteinschlüsse vorhanden sind. Die Gläser verschließen. Das Relish kann sofort gegessen werden, wird durch Lagerung aber noch besser.

Dieses süß-säuerliche Relish ist ein amerikanischer Klassiker und wird oft zu Hamburgern serviert.

Eingelegte Zwiebeln

☆ **SCHWIERIGKEITSGRAD** EINFACH **GARZEIT** 3–4 MINUTEN **KÜCHENUTENSILIEN** STERILI-

SIERTES 1,5-L-GLAS MIT SÄUREFESTEM DECKEL (S. S. 12–13) **ERGIBT** ETWA 1 KG

 **HALTBARKEIT** 2 JAHRE 🥄 **SERVIERVORSCHLAG** ZU KALTEM BRATEN, SCHINKEN, WURST,

FISCH UND KÄSE ODER ALS GARNITUR FÜR QUICHES UND PIKANTE FLANS

ZUTATEN

1,25 kg Silberzwiebeln oder andere
kleine Zwiebeln
Salz
2 Lorbeerblätter

4 TL Senfkörner
2–4 getrocknete rote Chilischoten (nach
Belieben)
aromatisierter Essig (s. S. 243)

BESCHWEREN
Durch Beschweren bleiben Zutaten in der Flüssigkeit eingetaucht, wodurch sie vor Oxidation geschützt sind. Verwenden Sie zum Beschweren Gegenstände, die nicht porös sind und daher leicht sterilisiert werden können: ein Glas mit Wasser oder einen glasierten Teller. In einem Glas mit weiter Öffnung kann ein Gitter aus Holzspießen den Inhalt in der Flüssigkeit halten. Nach dem Beschweren muss die Flüssigkeit die Zutaten mindestens 1 cm hoch bedecken. Nötigenfalls fügen Sie noch Flüssigkeit hinzu.

1 Um das Schälen zu erleichtern, die Zwiebeln mit kochendem Wasser übergießen. Die Zwiebeln etwas abkühlen lassen, dann schälen und in eine Glasschüssel legen.

2 Eine Lake herstellen, dabei jeweils 75 g Salz auf 1 l Wasser geben. Die Zwiebeln vollständig mit Lake bedecken, beschweren (siehe Kasten oben) und für 24 Stunden an einen kühlen Platz stellen.

3 Am nächsten Tag sorgfältig das Salz abspülen. Die Zwiebeln mit Senfkörnern, Lorbeerblättern und, sofern verwendet, Chilis in das sterilisierte Glas füllen.

Das Gewürzsäckchen am Topf festbinden, damit es sich leicht wieder entfernen lässt.

4 Für den aromatisierten Essig ein Gewürzsäckchen vorbereiten (s. S. 31). Mit dem Essig in einen säurefesten Topf geben. Zum Kochen bringen und etwa 5 Minuten kochen lassen. Den Essig abkühlen lassen, das Säckchen entfernen und den Essig noch einmal aufkochen.

5 Die Zwiebeln vollständig mit dem kochenden Essig bedecken, beschweren (siehe links) und verschließen (s. S. 13). An einem kühlen dunklen Platz aufbewahren. Nach drei bis vier Wochen können sie gegessen werden.

Frisches Zwiebel-chutney

 SCHWIERIGKEITSGRAD EINFACH   **ERGIBT** ETWA 250 G   **HALTBARKEIT** GEKÜHLT 1 WOCHE

SERVIERVORSCHLAG ZU CURRYGERICHTEN, ALS APPETITHÄPPCHEN ODER ALS ERFRISCHENDER SALAT

ZUTATEN

500 g große, milde rote oder weiße Zwiebeln, geschält und in schmale Ringe geschnitten

1 EL Salz

1–2 frische grüne oder rote Chilischoten, Stielansatz, Samen und Scheidewände entfernt, fein gehackt

3 EL Weißwein- oder Apfelessig

2 EL gehackte Minze oder Koriandergrün

1 EL Schwarzkümmel (nach Belieben)

1 Die Zwiebelringe in einen Durchschlag geben und mit dem Salz bestreuen. Gut durchheben und etwa 1 Stunde abtropfen lassen.

2 Möglichst viel Saft aus den Zwiebeln herausdrücken. Die Zwiebeln mit den restlichen Zutaten vermischen und 1 Stunde stehen lassen, damit sich die Aromen entfalten können. Dieses Chutney ist sofort verzehrfertig.

TIPP
Anstelle von Zwiebeln können geriebene Äpfel, Quitten und weiße Rüben verwendet werden.

Dieses Rezept gehört zu einer Familie salatähnlicher Chutneys, die den Gaumen erfrischen und den Appetit wieder anregen.

Zwiebelkonfitüre

 SCHWIERIGKEITSGRAD EINFACH **GARZEIT** 2¼–2¾ STUNDEN **KÜCHENUTENSILIEN** SÄUREFESTER EINKOCHTOPF, STERILISIERTE GLÄSER MIT SÄUREFESTEM DECKEL (S. S. 12–13) **ERGIBT** ETWA 1,5 KG **HALTBARKEIT** 2 JAHRE **SERVIERVORSCHLAG** ZU LAMM- UND HAMMELFLEISCH ODER WILD

ZUTATEN

1,25 kg Zwiebeln, geschält und in schmale Ringe geschnitten

3 EL Salz

1 kg Einmachzucker

500 ml Essig

1 ½ TL Gewürznelken, in ein Stück Baumwollstoff gebunden

2 TL Kümmel

1 Die Zwiebeln mit dem Salz vermischen und 1 Stunde stehen lassen. Abspülen und trockentupfen.

2 Zucker, Essig und Nelkensäckchen im Einkochtopf zum Kochen bringen, dann 5 Minuten köcheln lassen. Zwiebeln und Kümmel hinzufügen. Den Topfinhalt aufkochen und abschäumen. Auf niedrigster Stufe 2–2½ Stunden garen, bis der Sirup dick ist und die Zwiebeln glasig und goldbraun sind.

3 Den Topf von der Kochstelle nehmen. Die Zwiebeln einige Minuten abkühlen lassen. Die Mischung in die heißen sterilisierten Gläser füllen und verschließen. Die Konfitüre kann sofort gegessen werden, wird aber durch Lagern noch besser.

Diese ungewöhnliche Konfitüre schmeckt einfach himmlisch – bemerkenswerterweise aber nicht nach Zwiebeln, sondern säuerlich-frisch. Mitunter füge ich ihr getrocknete Minze hinzu.

ARTISCHOCKEN

*Die im gesamten Mittelmeerraum beliebten Artischocken sind eine
Delikatesse und schmecken am besten, wenn man sie in Öl einlegt
(Rezept s. S. 172). Sie können als Antipasto oder mit Avocados und
Mozzarella als Salat serviert werden.*

Artischocken in Öl

☆☆ **SCHWIERIGKEITSGRAD** MITTEL  **KÜCHENUTENSILIEN** STERILISIERTES 1-L-GLAS MIT WEITER

ÖFFNUNG UND DECKEL (S. S. 12–13) **ERGIBT** ETWA 750 G **HALTBARKEIT** 2 JAHRE

SERVIERVORSCHLAG ALS TEIL EINES VORSPEISENBÜFETTS ODER IN SCHEIBEN GESCHNITTEN ZU PASTA

ZUTATEN

2 große Bio-Zitronen

1 ½ EL Salz

1 EL fein gehackter Thymian

1,5 kg junge Artischocken

500 ml mildes Olivenöl, Erdnussöl oder raffiniertes Sesamöl

TIPP
Sollten Sie Mini-Artischocken finden, müssen Sie nur alle harten Außenblätter abbrechen und die Artischocken halbieren. Es gibt kein Heu zu entfernen.

1 Von 1 Zitrone die Schale abreiben, beide Zitronen auspressen. Die ausgepressten Hälften aufbewahren.

2 Zitronensaft, Schale, Salz und Thymian in einer großen Glasschüssel sorgfältig vermischen.

3 Die Stiele der Artischocken abschneiden und die Blätter abbrechen, um das Herz freizulegen (siehe unten). Die Herzen mit den Zitronenhälften abreiben. Mit einem Löffel das Heu herauskratzen (Schritt 3).

4 Große Artischockenherzen halbieren. Die vorbereiteten Artischocken sofort in die Saftmischung geben und darin wenden. 30 Minuten stehen lassen.

5 Die Artischocken in das sterilisierte Glas schichten. Das Öl mit der Zitronenmarinade verschlagen und in das Glas gießen. Darauf achten, dass die Artischocken bedeckt sind. Verschließen und sechs bis acht Wochen ziehen lassen. Während dieser Zeit das Glas ab und zu schütteln, um die Zutaten zu vermischen.

Artischocken sind im ganzen Mittelmeerraum beliebt, wo sie roh in Salate gegeben, in Eintöpfen mitgegart oder eingelegt werden.

EINE ARTISCHOCKE VORBEREITEN

1 Den Stiel möglichst dicht am Boden abschneiden. Die Blätter abbrechen und das Fleisch mit einer Zitronenhälfte einreiben, damit es sich nicht verfärbt.

2 Mit einem Gemüsemesser alle harten Stellen von den Herzen abschneiden. Schnittflächen wiederum mit der Zitronenhälfte einreiben.

3 Das weiche Heu in der Mitte mit einem Grapefruitlöffel entfernen und wegwerfen. Die Herzen in die Zitronensaftmischung legen.

Birnen-Tomaten-Paste

☆ **SCHWIERIGKEITSGRAD** EINFACH 🍲 **GARZEIT** 2–2½ STUNDEN 🍴 **KÜCHENUTENSILIEN** EINKOCHTOPF, STERILISIERTE GLÄSER MIT DECKEL (S. S. 12–13) ODER EINGEÖLTE PORTIONSFÖRMCHEN 🫙 **ERGIBT** ETWA 1,25 KG 🫙 **HALTBARKEIT** IM UNANGEBROCHENEN GLAS 2 JAHRE 🥄 **SERVIERVORSCHLAG** LECKER ZU KALTEM BRATEN, VOR ALLEM PUTE, ODER ALS BROTAUFSTRICH

ZUTATEN

1 kg Eiertomaten, grob gehackt

750 g reife Birnen, nach Entfernen der Kerngehäuse grob gehackt

250 g Äpfel, nach Entfernen der Kerngehäuse grob gehackt

1 Bio-Zitrone, grob gehackt

Einmachzucker

1 TL frisch gemahlener schwarzer Pfeffer

1 TL gemahlener Koriander

½ TL gemahlener Zimt

¼ TL gemahlene Nelken

1 Tomaten, Birnen, Äpfel und Zitrone mit 500 ml Wasser in den Einkochtopf geben und zum Kochen bringen. Die Hitze reduzieren und die Früchte etwa 30 Minuten köcheln lassen, bis sich weich und musig sind.

2 Die Mischung durch ein Sieb oder Passiergerät streichen. Das Püree abmessen und für 500 ml Püree jeweils 400 g Zucker abwiegen.

3 Das Püree wieder in den abgewaschenen Topf geben. Zucker und Gewürze hinzufügen. Den Topfinhalt zum Kochen bringen und unter häufigem Rühren 1–1 ½ Stunden köcheln lassen, bis die Mischung sehr dick ist.

4 Die Paste in die warmen sterilisierten Gläser füllen und verschließen. Oder in die eingeölten Portionsförmchen geben, abkühlen lassen und mit Frischhaltefolie abdecken.

In dieser ungewöhnlichen Paste, die traditionell zum Weihnachtsessen serviert wird, vereinen sich süße und pikante Aromen. Anstelle von Birnen können auch Äpfel oder Quitten verwendet werden.

Mexikanische Chilisauce

 ☆☆ **SCHWIERIGKEITSGRAD** MITTEL **GARZEIT** ETWA 1 STUNDE **KÜCHENUTENSILIEN** KÜCHENMASCHINE, SÄUREFESTER EINKOCHTOPF, STERILISIERTE FLASCHEN MIT SÄUREFESTEM VERSCHLUSS ODER KORKEN (S. S. 12–13)

 ERGIBT ETWA 1 L **HALTBARKEIT** EINGEKOCHT 1 JAHR **SERVIERVORSCHLAG** ALS WÜRZE FÜR EINTÖPFE, SUPPEN UND DIPS, BESONDERS LECKER ZU HÄHNCHENGERICHTEN

ZUTATEN

75–100 g Chipotle-Chilischoten (Dose)

1 kg Eiertomaten oder andere Tomaten, gehäutet, die Samen entfernt

300 g Zwiebeln, geschält und in dünne Scheiben geschnitten

4 Knoblauchzehen, geschält und in Scheiben geschnitten

750 ml Apfel- oder Weißweinessig

2 EL Muscovadozucker

1 EL Salz

1 EL gemahlener Koriander

1 EL Pfeilwurzelmehl oder Maisstärke

1 großes Bund Koriandergrün, gehackt

1 Die Chilischoten in eine Schüssel legen und mit kochendem Wasser bedecken. Stehen lassen, bis das Wasser abgekühlt ist. Abtropfen lassen, das Wasser aufbewahren. Die Chilischoten längs aufschlitzen und die Samen mit einem Messer entfernen.

2 Chilischoten, Tomaten, Zwiebeln und Knoblauch in der Küchenmaschine pürieren. Das Püree in den Einkochtopf geben und das Einweichwasser von den Chilis hinzufügen. Den Topfinhalt zum Kochen bringen und 30 Minuten köcheln lassen, bis er etwas eingedickt ist.

3 Essig, Zucker, Salz und gemahlenen Koriander unterrühren. Die Sauce wieder zum Kochen bringen. Unter Rühren 25–30 Minuten köcheln lassen, bis sie um die Hälfte reduziert ist.

4 Das Pfeilwurzelmehl mit etwas Wasser zu einer Paste vermischen und in den Topf rühren. Das Koriandergrün hinzufügen und 1–2 Minuten unter Rühren garen. Die Sauce in die heißen sterilisierten Flaschen gießen und verschließen. Einkochen, abkühlen lassen und die Verschlüsse überprüfen, Korken in Wachs tauchen (s. S. 13–15). Die Sauce ist sofort gebrauchsfertig, schmeckt nach drei bis vier Wochen aber noch besser.

TIPP
Um eine besonders glatte Sauce zu erhalten, streicht man sie nach Schritt 3 durch ein feines Sieb.

Chipotle-Chilischoten verleihen dieser feurigen Sauce ihren charakteristischen rauchigen Geschmack. Sind sie nicht erhältlich, ersetzt man sie durch die doppelte Menge gegrillter frischer Chilischoten.

Malaysisches Chili-Schalotten-Öl

☆ **SCHWIERIGKEITSGRAD** EINFACH **GARZEIT** ETWA 23 MINUTEN

KÜCHENUTENSILIEN KÜCHENMASCHINE, STERILISIERTE FLASCHE MIT VERSCHLUSS (S. S. 12–13)

ERGIBT ETWA 1 L **HALTBARKEIT** 6 MONATE

ZUTATEN

100 g getrocknete Chilischoten, Stiele entfernt

325 g Schalotten, geschält

8–10 Knoblauchzehen, geschält

1 l Erdnussöl oder raffiniertes Sesamöl

1 Getrocknete Chilischoten, Schalotten und Knoblauch in der Küchenmaschine fein hacken.

2 Die Mischung in einen Topf geben und Öl hinzufügen. Den Topfinhalt vorsichtig erhitzen und etwa 20 Minuten köcheln lassen, bis die Schalotten gut gebräunt sind.

3 Den Topf von der Kochstelle nehmen. Das Öl abkühlen lassen, dann filtern (s. S. 21). In die sterilisierte Flasche füllen und verschließen. Es kann sofort verwendet werden.

In Malaysia findet man diese Würze auf jedem Tisch. Sie hat einen herrlich nussigen, scharfen Geschmack und kann allen Speisen hinzugefügt werden, denen noch das gewisse Etwas fehlt. Verwenden Sie das Öl in kleinen Mengen, um Suppen, Eintöpfe und Reisgerichte abzurunden.

Chiliöl

 SCHWIERIGKEITSGRAD EINFACH **GARZEIT** ETWA 18 MINUTEN

 KÜCHENUTENSILIEN KÜCHENMASCHINE, THERMOMETER, STERILISIERTE FLASCHE MIT VERSCHLUSS (S. S. 12–13)

 ERGIBT ETWA 1 L **HALTBARKEIT** 1 JAHR

ZUTATEN

100 g rote Chilischoten

1 l Erdnuss- oder Maiskeimöl oder raffiniertes Sesamöl

2 EL edelsüßes oder scharfes Paprikapulver

1 Die Stiele der Chilischoten entfernen. Die Chilischoten in der Küchenmaschine fein hacken. In einen Topf geben und das Öl hinzufügen.

2 Das Öl behutsam erhitzen, bis es beinahe 120 °C erreicht hat. Das Öl 15 Minuten köcheln lassen, dabei aber nicht stärker erhitzen.

3 Von der Kochstelle nehmen, etwas abkühlen lassen und das Paprikapulver hineinrühren. Vollständig erkalten lassen, dann filtern (s. S. 21) und in die sterilisierte Flasche füllen. Das Öl kann sofort verwendet werden.

Rote Chilischoten sind wunderbar vielseitig. Einige Tropfen dieses Öls verleihen jedem Gericht feurige Schärfe.

TIPP
Ziehen Sie zum Putzen oder Hacken von Chilischoten Einweghandschuhe an. Oder waschen Sie sich anschließend sorgfältig die Hände und berühren Sie nicht die Augen.

Schug

☆ **SCHWIERIGKEITSGRAD** EINFACH **KÜCHENUTENSILIEN** KÜCHENMASCHINE ODER FLEISCHWOLF, GEWÜRZ- ODER KAFFEEMÜHLE, STERILISIERTE GLÄSER MIT VERSCHLUSS (S. S. 12–13) **ERGIBT** ETWA 1 KG **HALTBARKEIT** GEKÜHLT 3 MONATE **SERVIERVORSCHLAG** ALS WÜRZE

ZUTATEN

1 große Knoblauchknolle, geschält

750 g frische grüne Chilischoten

150 g Koriandergrün

(etwa 2 Bund)

1 EL Koriandersamen

2 TL Kreuzkümmelsamen

2 TL schwarze Pfefferkörner

1 TL Kardamomkapseln

1 TL Gewürznelken

1 ½ EL Salz

etwas Olivenöl

1 Knoblauchzehen, Chilischoten und Koriandergrün in der Küchenmaschine fein hacken oder durch den Fleischwolf drehen.

2 Alle Gewürze in der Gewürz- oder Kaffeemühle fein mahlen. Das Pulver in die Chili-Knoblauch-Mischung sieben. Das Salz hinzufügen und sorgfältig untermischen.

3 Die Paste in die sterilisierten Gläser drücken. Mit einer dünnen Schicht Öl bedecken und verschließen. In den Kühlschrank stellen. Die Paste kann sofort verwendet werden.

TIPP
Für eine mildere Variante ersetzen Sie die Hälfte der Chilischoten oder mehr durch grüne Paprikaschoten.

Diese feurige Chilipaste stammt aus dem Jemen, wo sie für zahlreiche Gerichte verwendet wird. Vor dem Servieren weiteres Koriandergrün untermischen.

Pâté de Campagne

☆☆ **SCHWIERIGKEITSGRAD** MITTEL **GARZEIT** 1½–2 STUNDEN **KÜCHENUTENSILIEN** FLEISCHWOLF,
2 TERRINEN MIT 1 L FASSUNGSVERMÖGEN **ERGIBT** ETWA 2 KG **HALTBARKEIT** GEKÜHLT 1 MONAT
SERVIERVORSCHLAG MIT KNUSPRIGEM WEISSBROT, PICKLES UND EINEM GLAS WEIN

ZUTATEN

*500 g Schweinebauch ohne Knochen
und Schwarte, grob gewürfelt*

*500 g mageres Schweinefleisch (Filet
oder Keule), grob gewürfelt*

*500 g Schweine- oder Kalbsleber, in
Scheiben geschnitten*

150 g Bauchspeckscheiben

1–2 Knoblauchzehen, fein gehackt

1 TL Wacholderbeeren, zerstoßen

½ TL schwarzer Pfeffer

1 EL fein gehackter Thymian

2 TL Salz

100 g entsteinte Backpflaumen,

*2 Stunden in 5 EL warmem Wein-
brand eingeweicht*

150 ml trockener Weißwein

2 EL Weinbrand

FÜR DIE TERRINEN

*2 Stücke Schweinenetz oder 500 g
Bauchspeckscheiben*

*6 dünne Scheiben von 1 Bio-Zitrone
oder Bio-Orange*

4–6 Lorbeerblätter

*500–750 g Schweineschmalz,
zerlassen*

1 Schweinebauch, Schweinefleisch, Leber und Speck im Fleischwolf fein hacken. Die restlichen Zutaten gut untermischen. Abgedeckt 3–4 Stunden kalt stellen, damit sich die Aromen entfalten können.

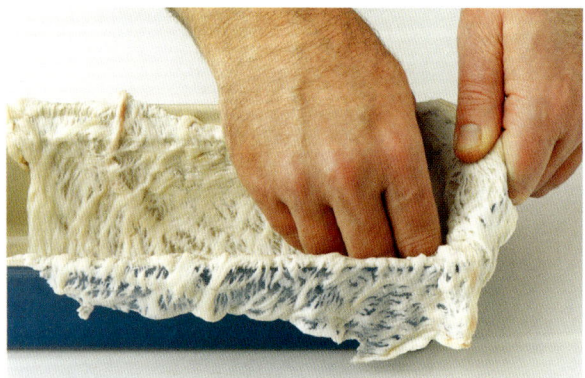

2 Die Terrinenformen mit dem Schweinenetz auslegen, rundum mindestens 2,5 cm überhängen lassen, um es über die Pastete schlagen zu können. Oder die Schwarten des Specks entfernen, die Scheiben mit dem Rücken eines Messers dehnen und sie sich überlappend in die Formen legen. Überhängen lassen.

3 Die Fleischmasse einfüllen und in die Ecken drücken. Die Formen aufklopfen, um Lufteinschlüsse zu entfernen. Schweinenetz oder Speckscheiben darüberschlagen. Zitronen- oder Orangenscheiben und Lorbeerblätter darauflegen. Mit dem Deckel oder Frischhaltefolie abdecken.

4 Die Terrinen in einen Bräter setzen. Diesen bis zur halben Höhe der Terrinen mit warmem Wasser füllen. Im auf 160 °C vorgeheizten Backofen 1½–2 Stunden garen, bis sich die Pasteten von den Wänden der Formen gelöst haben und von flüssigem Fett umgeben sind.

5 Abkühlen lassen, mit einem in Alufolie gewickelten Stück Pappe abdecken und beschweren (s. S. 166), um das Aufschneiden zu erleichtern. Kalt stellen.

6 Am nächsten Tag Zitronen- oder Orangenscheiben und Lorbeerblätter entfernen. Mit einem heißen Messer um den Rand der Pasteten fahren und diese vorsichtig stürzen. Mit Küchenpapier sorgfältig vorhandenes Gelee von den Pasteten entfernen.

7 Etwa 1 cm hoch zerlassenes Schweineschmalz in die Formen gießen und erstarren lassen. Die Pasteten daraufsetzen und mit so viel Fett übergießen, dass sie etwa 1 cm hoch bedeckt sind. Mit Deckel oder Alufolie zugedeckt 2-3 Tage im Kühlschrank durchziehen lassen.

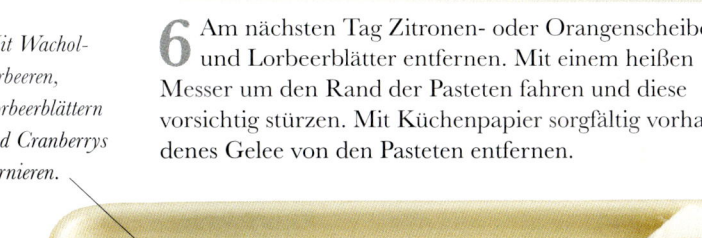

Mit Wacholderbeeren, Lorbeerblättern und Cranberrys garnieren.

Feine Leberpastete

 SCHWIERIGKEITSGRAD EINFACH **GARZEIT** ETWA 25 MINUTEN **KÜCHENUTENSILIEN** KÜCHENMASCHINE, STERILISIERTE 500-ML-STEINGUTFORM ODER 5 PORTIONSFÖRMCHEN MIT 175 ML FASSUNGSVERMÖGEN (S. S. 12–13)

ERGIBT ETWA 500 G **HALTBARKEIT** GEKÜHLT 2 WOCHEN

SERVIERVORSCHLAG AUF TOAST ODER IN BLÄTTERTEIG GEBACKEN

ZUTATEN

250 g Hühner- oder Gänsefett oder geklärte Butter (s. S. 47)

250 g Zwiebeln oder Schalotten, geschält und gehackt

500 g Hähnchen-, Enten- oder Kalbsleber, pariert und gewaschen

1 TL Salz

½ TL frisch gemahlener schwarzer Pfeffer

2 EL Weinbrand (nach Belieben)

2 EL fein gehackte Petersilie (nach Belieben)

½ TL abgeriebene Schale von 1 Bio-Orange oder -Zitrone (nach Belieben)

1 Knoblauchzehe, zerdrückt (nach Belieben)

1 Von dem Hühner- oder Gänsefett 150 g in einer schweren Pfanne erhitzen. Zwiebeln oder Schalotten darin 15–20 Minuten sanft braten, bis sie gebräunt sind. Die Leber hinzufügen und auf jeder Seite 2 Minuten braten, bis sie gar, aber innen noch rosa ist. Kurz abkühlen lassen.

2 Den Pfanneninhalt in die Küchenmaschine geben und glatt pürieren. Die restlichen Zutaten hinzufügen und sorgfältig untermischen.

3 Die Masse in die große Form oder die Portionsförmchen drücken. Vollständig abkühlen lassen und zugedeckt für einige Stunden kalt stellen. Das restliche Fett zerlassen und über die Pastete gießen. Die Pastete vor dem Servieren für mindestens 12 Stunden in den Kühlschrank stellen.

TIPP
Zwiebeln und Leber können statt in Fett in gutem Olivenöl gebraten werden. Dadurch erhält die Pastete eine sehr viel weichere Konsistenz.

Kaninchenpastete

☆☆☆ **SCHWIERIGKEITSGRAD** ANSPRUCHSVOLL   **GARZEIT** 1½–2 STUNDEN

KÜCHENUTENSILIEN FLEISCHWOLF, TERRINENFORM MIT 1,5 L FASSUNGSVERMÖGEN

ERGIBT ETWA 1,25 KG   **HALTBARKEIT** GEKÜHLT 3 WOCHEN   **SERVIERVORSCHLAG** MIT

MÖHREN-MANDEL-CHUTNEY (S. S. 206) ODER GEWÜRZBIRNEN (S. S. 202)

ZUTATEN

1 großes Kaninchen, entbeint, die Rückenfilets ausgelöst

400 g mageres Schweinefleisch, grob gewürfelt

150 g Schalotten, grob gehackt

1 EL Öl

200 g Möhren, fein gewürfelt

3 Eier (Größe L)

1 EL eingelegte grüne Pfefferkörner, abgetropft

2 EL Salz

½ TL schwarzer Pfeffer

2 EL fein gehackte Petersilie

1 EL fein gehackter Thymian

1 EL fein gehackter Salbei

1 Stück Schweinenetz oder 250 g Bauchspeckscheiben, die Schwarte entfernt

500 g Schweineschmalz, zerlassen

FÜR DIE MARINADE

75 ml Slibowitz oder Weinbrand

3–4 Zweige Thymian

3–4 Salbeiblätter

1 TL grob gemahlener schwarzer Pfeffer

2 Lorbeerblätter, leicht geröstet und zerkrümelt

1 TL abgeriebene Bio-Zitronenschale

1 Das gesamte Fleisch in eine Schüssel geben und mit den Zutaten für die Marinade vermischen. Abgedeckt für 12 Stunden kalt stellen.

2 Die Schalotten einige Minuten in dem Öl anschwitzen. Die Möhren 1 Minute blanchieren, abschrecken und abtropfen lassen (s. S. 21).

3 Die Filets aus der Marinade heben und trockentupfen. Übriges Fleisch und Schalotten durch die feine Scheibe des Fleischwolfs drehen. Die Marinade durch ein Sieb zu dem Hackfleisch geben. Möhren, Eier, Pfefferkörner, Salz und schwarzen Pfeffer gut untermischen. Abgedeckt 2–3 Stunden kalt stellen.

4 Die gehackten Kräuter vermischen und auf einem Backblech verteilen. Die Kaninchenfilets darin wälzen und gleichmäßig überziehen.

5 Die Terrinenform mit Schweinenetz oder Speck auskleiden (siehe Schritt 2, S. 180). Die Hälfte der Fleischmasse hineinfüllen und glatt streichen.

6 Die Kaninchenfilets in die Mitte des Hackfleischs legen. Die

restliche Fleischmasse daraufgeben, ohne das Lufteinschlüsse entstehen. Glatt streichen und Schweinenetz oder Speckscheiben darüberlegen. Die Form mit dem Deckel oder einer doppelten Lage Alufolie zudecken.

7 Die Form in einen Bräter stellen und bis zur halben Terrinenhöhe mit warmem Wasser füllen. In den auf 160 °C vorgeheizten Backofen schieben. Die Pastete 1½–2 Stunden garen, bis sie sich von den Wänden gelöst hat und von Flüssigkeit umgeben ist.

8 Aus dem Bräter heben. Die Pastete beschweren (s. S. 166), abkühlen lassen und 12 Stunden kalt stellen.

9 Die Pastete aus der Form stürzen. Gelee oder Flüssigkeit mit Küchenpapier abwischen.

10 Das zerlassene Schmalz 1 cm hoch auf den Boden der abgewaschenen Form gießen und im Kühlschrank erstarren lassen. Die Pastete daraufsetzen. Mit dem restlichen Schmalz übergießen. Die Lücken an den Seiten müssen ausgefüllt und die Pastete muss 1 cm hoch mit Schmalz bedeckt sein. Die Pastete zwei Tage zugedeckt kalt stellen.

Gepökelter Schinken

 SCHWIERIGKEITSGRAD ANSPRUCHSVOLL **GARZEIT** JE 500 G 25–30 MINUTEN  **KÜCHENUTENSILIEN**

GROSSES PÖKELGEFÄSS, STERILISIERTES BAUMWOLL- ODER PASSIERTUCH (S. S. 12) **ERGIBT** 3,75–4,5 KG

 HALTBARKEIT ROH GETROCKNET 2 JAHRE, GEGART 3 WOCHEN **SERVIERVORSCHLAG** HEISSEN SCHINKEN

MIT KIRSCH- ODER CUMBERLANDSAUCE, KALTEN SCHINKEN ALS MITTELPUNKT EINES BÜFETTS

ACHTUNG DIESES REZEPT ENTHÄLT SALPETER (S. S. 12)

ZUTATEN

1 Schweinekeule (5–6 kg)

500 g grobes Salz

FÜR DIE LAKE

3 Lorbeerblätter

2 EL Wacholderbeeren, zerstoßen

2 TL Gewürznelken

1 kleines Bund Thymian

3 Zweige Rosmarin

750 g Salz

250 g Muscovadozucker oder heller Rohrohrzucker

1 EL Salpeter

1 l helles Starkbier (nach Belieben)

FÜR DIE PASTE

150 g Mehl

150 g Salz

WICHTIGE INFORMATIONEN

- Fleisch nicht im Sommer oder nur unter geeigneten Bedingungen pökeln. Die Temperatur muss stets unter 8 °C liegen.
- Das Rezept stets genau befolgen und immer auf die Einhaltung der Hygieneregeln (s. S. 12) achten.
- Das Fleisch sollte in jedem Stadium der Zubereitung gut riechen. Beginnt es unangenehm zu riechen, ist es nicht mehr genießbar.
- Sollte die Lake zu riechen beginnen oder ihre Konsistenz verändern, den Schinken gründlich waschen und in frische kalte Lake legen.

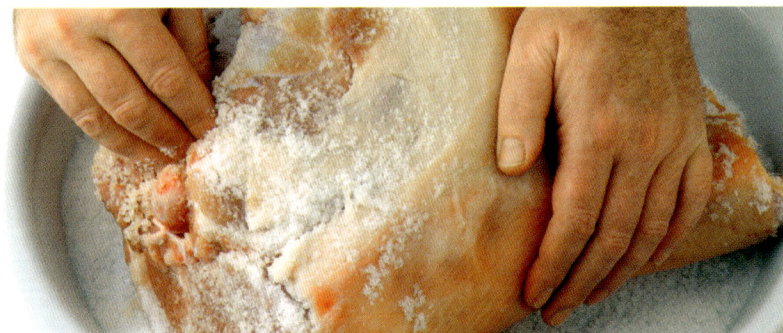

1 Das Fleisch sorgfältig mit Salz einreiben. Auf einer dünnen Schicht Salz in eine Schüssel legen, mit dem restlichen Salz bedecken und für 24 Stunden kalt stellen.

2 Für die Lake die drei Gewürze in ein Säckchen binden. Dann alle Zutaten mit 3 l Wasser oder aber 2 l Wasser und dem Bier in einen großen Topf geben. Langsam zum Kochen bringen und rühren, bis sich das Salz aufgelöst hat. Die Lake gut abschäumen und nach Reduzieren der Hitze 5 Minuten köcheln lassen. Erkalten lassen, dann Gewürze und Kräuter entfernen. Die Lake durch ein mit dem Baumwolltuch ausgelegtes Sieb gießen.

3 Am nächsten Tag das Salz vollständig abbürsten. Das Fleisch in den Steinguttopf oder ein anderes säurefestes Gefäß legen und die kalte Lake darübergießen. Das Fleisch muss vollständig bedeckt sein. Nötigenfalls beschweren (s. S. 166). Den Topf mit dem Deckel oder Frischhaltefolie zudecken. Das Fleisch bei 6–8 °C für zwei bis zweieinhalb Wochen an einen kühlen Platz stellen. Täglich kontrollieren, ob die Lake noch in Ordnung ist (siehe Informationen, links).

Die Lake muss das Fleisch vollständig bedecken.

Nach zwei bis drei Tagen trocknet die Außenseite aus.

Beim Trocknen bekommt die Haut eine dunklere Farbe.

4 Das Fleisch aus der Lake heben, gut abspülen und trockentupfen. Einen Fleischerhaken durch das Knöchelende schieben. Den Schinken für zwei bis drei Tage bei 6–8 °C an einen trockenen, dunklen, luftigen Platz hängen. Danach kann er gekocht werden. Aromatischer wird der Schinken, wenn er länger hängt, siehe Schritt 5.

5 Mehl und Salz mit 8–10 TL Wasser vermischen und auf offene Fleischflächen streichen. Den Schinken für zwei bis zweieinhalb Wochen aufhängen. Man kann ihn auch vor dem Kochen räuchern.

Entenpastete mit Pistazien und Kumquats

☆☆☆ **SCHWIERIGKEITSGRAD** ANSPRUCHSVOLL **GARZEIT** ETWA 2 STUNDEN

KÜCHENUTENSILIEN FLEISCHWOLF, 2 TERRINENFORMEN MIT 1 L FASSUNGSVERMÖGEN **ERGIBT** ETWA 2 KG

HALTBARKEIT GEKÜHLT 3 WOCHEN **SERVIERVORSCHLAG** ALS VORSPEISE MIT EINEM SALAT UND

SCHALOTTENKONFITÜRE (S. S. 45) ODER ZWIEBELKONFITÜRE (S. S. 169)

ZUTATEN

1 Ente (etwa 3 kg) mit Leber, gehäutet und entbeint

300 g Schweinefilet oder mageres rosa Kalbfleisch, grob gewürfelt

500 g Schweinebauch ohne Knochen und Schwarte, grob gewürfelt

2 Eier (Größe L)

100 g Pistazienkerne ohne Haut (ggf. blanchieren und die Häute abreiben)

1 EL Salz

1 TL frisch gemahlener schwarzer Pfeffer

1 EL fein gehackter Estragon

2 Stücke Schweinenetz oder 300 g Bauchspeckscheiben, die Schwarte entfernt

etwa16 Kumquats

500–750 g Schweineschmalz, zerlassen

FÜR DIE MARINADE

100 ml Weinbrand

2 Knoblauchzehen, geschält und zerdrückt

abgeriebene Schale und Saft von 1 großen Bio-Orange

einige Zweige Thymian, gequetscht

1 Entenfleisch, Entenleber und Schweinefilet oder Kalbfleisch in eine Schüssel geben. Die Zutaten für die Marinade hinzufügen und alles sorgfältig vermischen. Zugedeckt für 12 Stunden kalt stellen.

2 Entenbrüste und Leber aus der Marinade heben und in 1 cm große Würfel schneiden. Restliches Fleisch und Schweinebauch durch die feine Scheibe des Fleischwolfs drehen.

3 Entenbrust und Leber mit Marinade, Eiern, Pistazien, Salz, Pfeffer und Estragon zu dem Hackfleisch geben. Die Zutaten sorgfältig vermischen.

4 Die Terrinenformen mit Schweinenetz oder Speckscheiben auskleiden (siehe Schritt 2, S. 180). In jede Terrine ein Viertel der Fleischmasse geben und glatt streichen.

5 Eine Reihe Kumquats in die Mitte jeder Form legen. Die restliche Fleischmischung auf die Formen verteilen, dabei darauf achten, dass keine

Lufteinschlüsse entstehen. Glatt streichen. Die Oberfläche sollte sich etwa 2,5 cm unterhalb der Formenränder befinden. Schweinenetz oder Speckstreifen darüberlegen. Die Formen mit dem Deckel oder einer doppelten Lage Alufolie abdecken.

6 Die Formen in einen Bräter stellen und diesen bis zur halben Terrinenhöhe mit warmem Wasser füllen. In den auf 160 °C vorgeheizten Backofen schieben und 2 Stunden garen, bis sich die Pasteten von den Formwänden gelöst haben und von Flüssigkeit umgeben sind.

7 Die Formen aus dem Bräter heben und abkühlen lassen. Die Pasteten beschweren (s. S. 166) und für etwa 12 Stunden kalt stellen. Die Pasteten stürzen. Gelee oder Flüssigkeit mit Küchenpapier vollständig entfernen.

8 Die Pasteten in das zerlassene Schmalz setzen (siehe Schritt 7, S. 181). Zudecken und für mindestens 12 Stunden in den Kühlschrank stellen.

Entenconfit

☆ **SCHWIERIGKEITSGRAD** EINFACH **GARZEIT** ETWA 2 STUNDEN ▯❙ **KÜCHENUTENSILIEN** STERILISIERTES PASSIER-TUCH, STERILISIERTES STEINGUTGEFÄSS ODER GROSSES GLAS MIT LUFTDICHTEM DECKEL (S. S. 12–13) **ERGIBT** ETWA 1,5–2 KG **HALTBARKEIT** GEKÜHLT 6 MONATE ◔ **SERVIERVORSCHLAG** ERHITZT MIT BRATKARTOFFELN

ACHTUNG DIESES REZEPT ENTHÄLT SALPETER (S. S. 12)

ZUTATEN

2 EL grobes Salz

¼ TL Salpeter

6 Entenschenkel, lose Haut entfernt

750 g Schweine-, Gänse- oder Entenschmalz

4 Knoblauchzehen, geschält

1 TL schwarze Pfefferkörner

½ TL Gewürznelken

1 Salz und Salpeter vermischen. Die Entenschenkel sorgfältig mit der Mischung einreiben und für 24 Stunden kalt stellen.

2 Das Salz von den Schenkeln abbürsten. Die Schenkel sorgfältig trockentupfen, aber nicht waschen. Das Schmalz langsam in einem großen schweren Topf erhitzen. Fleisch, Knoblauch, Pfefferkörner und Gewürznelken hinzufügen. Darauf achten, dass die Entenschenkel vollständig mit Fett bedeckt sind. Andernfalls noch etwas Schmalz zerlassen und dazugeben.

3 Den Topfinhalt bei schwacher Hitze 2 Stunden garen, bis aus dem Fleisch kein Saft mehr austritt, wenn mit einem Holz-spießchen hineingestochen wird. Herausheben und vollständig abkühlen lassen. Das Fett durch das Passiertuch gießen (s. S. 21).

4 Den Boden des sterilisierten Gefäßes mit etwas Fett bedecken. Die Entenschenkel hineinschichten und mit dem restlichen Fett bedecken. Das Schmalz erstarren lassen. Falls nötig, weiteres Fett dazugießen, bis das Fleisch mindestens 1 cm hoch bedeckt ist. Das Gefäß mit Wachspapier oder einer doppelten Lage Alufolie verschließen. Das Confit kann sofort gegessen werden.

Dieser Klassiker der südwestfranzösischen Küche ist wirklich einfach zuzubereiten. Traditionell verwendet man dafür Gans, aber auch Ente eignet sich aufgrund ihres intensiven Aromas perfekt. Auf die gleiche Weise können Pute, Hähnchen und Kaninchen zubereitet werden.

Luftgetrocknete Entenwürste

☆☆ **SCHWIERIGKEITSGRAD** MITTEL  **KÜCHENUTENSILIEN** FLEISCHWOLF, WURSTEINFÜLLER, FLEISCHERHAKEN

ERGIBT ETWA 1 KG **HALTBARKEIT** 6 MONATE **SERVIERVORSCHLAG** ALS TEIL EINER

WURSTPLATTE ODER IN CHINESISCHEN PFANNEN- ODER SCHMORGERICHTEN

ACHTUNG DIESES REZEPT ENTHÄLT SALPETER (S. S. 12)

ZUTATEN

1 Ente (etwa 3 kg) mit Haut, entbeint

300 g Kalbs- oder Schweinefilet, gewürfelt

3 EL Sake oder anderer Reiswein

3–4 frische Thai-Chilischoten, Stielansatz, Samen und Scheidewände entfernt, gehackt

1 EL Salz

4–5 Sternanissamen, fein gemahlen

1 TL Sichuanpfefferkörner, fein gemahlen

1 TL Fenchelsamen, fein gemahlen

etwa 4 m Wurstdarm vom Schaf

etwas Erdnussöl

FÜR DIE LAKE

250 ml Sojasauce

4 EL Honig oder Melasse

3 Knoblauchzehen, geschält und zerdrückt

5 cm Ingwerwurzel, geschält und geraspelt

½ TL Salpeter

WICHTIG

Ehe Sie beginnen, lesen Sie bitte die Informationen auf den Seiten 12 und 184.

1 Das Fleisch in eine Glasschüssel geben. Alle Zutaten für die Lake vermischen, über das Fleisch gießen und sorgfältig hineinreiben. Die Schüssel mit Frischhaltefolie abdecken. Das Fleisch für 24 Stunden kalt stellen, zwischendurch ab und zu drehen.

2 Die Entenbrust durch die grobe Scheibe des Fleischwolfs, das restliche Fleisch durch die feine Scheibe drehen. Die übrigen Zutaten bis auf den Darm und das Öl untermischen. Die Masse in eine Schüssel drücken. Dabei darauf achten, dass keine Lufteinschlüsse entstehen. Abdecken und für 12 Stunden kalt stellen.

3 Den Darm vorbereiten (siehe Schritt 3 und 4, Seite 190). Mit der Fleischmasse füllen und in 10 cm lange Würste teilen (siehe Schritt 5, S. 191).

4 Die Würste für vier bis fünf Wochen bei 6–8 °C an einen trockenen, dunklen, luftigen Platz hängen, bis sie etwa die Hälfte ihres ursprünglichen Gewichts verloren haben. Wenn sie nach etwa zehn Tagen zu schrumpfen beginnen, mit dem Öl einreiben.

In China werden Würste wie diese im kühlen Wind der Berge aufgehängt. Auf die gleiche Weise kann man Würste aus Schweinefleisch oder einer Mischung aus Speck und Rind- oder Wildfleisch herstellen.

Konservierte Toulouser Würste

☆☆ **SCHWIERIGKEITSGRAD** MITTEL **GARZEIT** ETWA 20 MINUTEN **KÜCHENUTENSILIEN** FLEISCHWOLF, WURSTEINFÜLLER, STERILISIERTE GLÄSER MIT DECKEL (S. S. 12–13), THERMOMETER **ERGIBT** ETWA 3 KG **HALTBARKEIT** 1 JAHR **SERVIERVORSCHLAG** IN EINTÖPFEN UND KASSEROLLEN

ACHTUNG DIESES REZEPT ENTHÄLT SALPETER (S. S. 12)

ZUTATEN

2 kg magere Schweineschulter, gewürfelt

900 g Rückenspeck, gewürfelt

60 g Salz

1 TL frisch gemahlener weißer oder schwarzer Pfeffer

½ TL Salpeter

3–4 m Wurstdarm vom Schwein

FÜR JEDES GLAS

2 Knoblauchzehen, geschält und

2 Minuten blanchiert (s. S. 21)

2 Zweige Thymian

1 Zweig Rosmarin

Olivenöl oder Schweineschmalz

TIPP
Soll die Wurst frisch gegessen werden, lässt man den Salpeter weg und dreht sie zu einer Schnecke auf oder teilt sie in 10 cm lange Einzelwürste. Kalt stellen und innerhalb von zwei Tagen verbrauchen.

WICHTIG

Ehe Sie beginnen, lesen Sie bitte die Informationen auf den Seiten 12 und 184.

1 Das Fleisch durch die grobe Scheibe des Fleischwolfs, den Speck durch die feine Scheibe drehen.

2 Mit Salz, Pfeffer und Salpeter in eine Glasschüssel geben und sorgfältig kneten, um alles gut zu vermischen. Die Masse abgedeckt für mindestens 4 Stunden kalt stellen.

3 Den Darm vorbereiten (s. S. 190). Mit dem Fleisch füllen und in 5 cm lange Würste teilen (s. S. 191).

4 Die Würste auf jeder Seite 8–10 Minuten braten oder grillen, bis sie gar, aber innen noch leicht rosa und feucht sind. Sofort mit Knoblauch und Kräutern in die heißen sterilisierten Gläser schichten.

5 Falls Olivenöl verwendet wird, dieses auf 90 °C erhitzen und in die Gläser gießen. Dabei darauf achten, dass die Würste bedeckt sind. Die Gläser verschließen.

6 Schmalz ggf. zerlassen, dann etwas abkühlen lassen und über die Würste gießen. Würste kalt stellen, bis es erstarrt ist. Nötigenfalls weiteres Schmalz dazugießen, sodass die Würste mindestens 1 cm hoch bedeckt sind. Die Gläser verschließen.

7 Bei 6–8 °C an einem kühlen dunklen Platz oder im Kühlschrank aufbewahren. Einen Monat durchziehen lassen. Das Fett zum Kochen verwenden.

VARIANTEN

KRÄUTERWÜRSTE
Im zweiten Arbeitsschritt 2 EL gehackte Petersilie oder eine Mischung aus Petersilie und Thymian dazugeben.

KNOBLAUCHWÜRSTE
Im zweiten Schritt 3 zerdrückte Knoblauchzehen und 2 EL gehackte Kräuter hinzufügen.

CUMBERLANDWÜRSTE
Im zweiten Schritt 2¼ TL geriebene Muskatnuss hinzufügen.

Knoblauchsalami

☆☆ **SCHWIERIGKEITSGRAD** MITTEL **KÜCHENUTENSILIEN** FLEISCHWOLF, WURSTEINFÜLLER, FLEISCHERHAKEN **ERGIBT** ETWA 750 G **HALTBARKEIT** GEKÜHLT 4–5 MONATE **SERVIERVORSCHLAG** NACH ENTFERNEN DER HAUT DIE WURST IN BRIOCHETEIG BACKEN **ACHTUNG** DIESES REZEPT ENTHÄLT SALTPETER (S. S. 12)

ZUTATEN

1 kg mageres Schweinefleisch (Nacken oder Schulter), pariert und grob gewürfelt

1 ½ EL Salz

½ TL Salpeter

75 ml Wodka

350 g Rückenspeck, grob gewürfelt

5 Knoblauchzehen, geschält und fein gehackt

3 EL fein gehackter Thymian

2 TL schwarze Pfefferkörner

½ TL frisch gemahlener schwarzer Pfeffer

2 TL Koriandersamen, grob gemahlen

¼ TL Pimentkörner, gemahlen

etwa 2 m mitteldicker Wurstdarm vom Schwein

475 ml Essig

1 Das Fleisch in einer großen Schüssel mit Salz, Salpeter und Wodka sorgfältig vermischen. Abgedeckt für 12 Stunden kalt stellen. Das Fleisch durch die feine Scheibe des Fleischwolfs drehen, den Speck durch die grobe Scheibe.

2 Beides mit der Flüssigkeit in der Schüssel vermischen. Knoblauch, Thymian und die Gewürze gründlich, aber behutsam untermischen. Die Masse mindestens 2 Stunden kalt stellen.

3 Inzwischen den Darm vorbereiten. Überschüssiges Salz abspülen, dann den Darm für 30 Minuten in kaltes Wasser legen. Anschließend über den Wasserhahn ziehen und einige Sekunden langsam kaltes Wasser hindurchlaufen lassen.

4 Den Darm in eine Schüssel mit Wasser legen und den Essig hinzufügen.

5 Das Ende des Darms über den Wursteinfüller ziehen. Die Fleischmasse möglichst komprimiert in den Darm füllen. Lufteinschlüsse ggf. mit einem Spieß anstechen. Einzelne Würste oder 20 cm lange Stücke abbinden.

6 Die Würste für fünf bis sechs Wochen bei 6–8 °C an einen trockenen, luftigen, dunklen Platz hängen. Im Abstand von einigen Tagen kontrollieren. Sie sollten während der ganzen Zeit würzig und appetitlich riechen und sich trocken anfühlen.

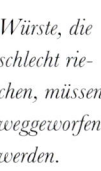

Würste, die schlecht riechen, müssen weggeworfen werden.

7 Nach fünf bis sechs Wochen sollten die Würste 50–60 Prozent ihres Ursprungsgewichts verloren haben und können roh gegessen werden. Sehr würzige Würste zum Kochen können bis zu drei Monate hängen bleiben.

AUFBEWAHRUNG

- Die Würste einzeln in Pergament- oder Wachspapier einwickeln und bei 6–8 °C an einen trockenen, dunklen, luftigen Platz hängen. Oder die Würste in einem mit Styroporkugeln gefüllten Behälter lagern.
- Zudem können die Würste eingefroren werden. Einzeln in Pergamentpapier einwickeln, dann in Gefrierbeutel packen. Die Würste innerhalb von drei Monaten verbrauchen.

Schmalzfleisch

☆☆ **SCHWIERIGKEITSGRAD** MITTEL · **GARZEIT** ETWA 4½ STUNDEN

KÜCHENUTENSILIEN STERILISIERTES STEINGUTGEFÄSS ODER TERRINE MIT 1 L FASSUNGSVERMÖGEN (S. S. 12–13)

ERGIBT ETWA 1 KG · **HALTBARKEIT** GEKÜHLT 6 WOCHEN

SERVIERVORSCHLAG MIT KNUSPRIGEM BROT HERRLICH FÜR PICKNICKS

ZUTATEN

1 kg Schweinebauch ohne Knochen, in 1 x 5 cm große Stücke geschnitten

500 g Rückenspeck, in kleine Stücke geschnitten

125 ml trockener Weißwein oder Wasser

2–3 Zweige Thymian

2 Knoblauchzehen, geschält

1½ TL Salz

1 TL frisch gemahlener schwarzer oder weißer Pfeffer

1 Stück Muskatblüte

etwa 250 g Schweineschmalz, zerlassen

1 Alle Zutaten bis auf das Schweineschmalz in einen schweren Topf oder eine tiefe Kasserolle geben und langsam zum Kochen bringen.

2 Zugedeckt auf der niedrigsten Hitzestufe etwa 3 Stunden garen. Dabei häufig umrühren, damit die Zutaten nicht ansetzen. Den Deckel abnehmen und die Zutaten noch einmal etwa 1 Stunde garen, bis das Fleisch so weich ist, dass es zerfällt.

3 Den Topfinhalt in einen auf eine tiefe Schüssel gesetzten Durchschlag geben. Thymian, Knoblauch und Muskatblüte entfernen. Das Fleisch etwas zusammendrücken, um das Fett zu entfernen. Das Fleisch mit zwei Gabeln in feine Fasern zerteilen.

4 Das Fleisch in einen sauberen Topf geben. Abgeseihtes Fett und Fleischsaft hinzufügen. Den Topfinhalt bei niedriger Temperatur etwa 10 Minuten erhitzen, dabei sorgfältig vermischen, sodass eine homogene Masse entsteht. Abschmecken und in das Gefäß oder die Form füllen. Abkühlen lassen, dann das zerlassene Schweineschmalz darübergießen. Das Fleisch abgedeckt kalt stellen. Es kann sofort gegessen werden.

TIPP
Auf die gleiche Weise kann Gänse-, Enten- und Kaninchenfleisch zubereitet werden.

Dies ist ein Rezept aus Frankreich, wo das Schmalzfleisch Rillettes heißt. Jede Region hat ihr eigenes Rezept, doch die meisten enthalten nur wenige Gewürze, damit der natürliche Geschmack des Schweinefleisches zur Geltung kommt.

Rindfleischpastete

 **SCHWIERIGKEITSGRAD** EINFACH 🍲 **GARZEIT** ETWA 2 STUNDEN

🍴 **KÜCHENUTENSILIEN** KÜCHENMASCHINE, 6 STERILISIERTE FÖRMCHEN MIT 175 ML FASSUNGSVERMÖGEN

ODER EIN STEINGUTGEFÄSS MIT 1 L FASSUNGSVERMÖGEN (S. S. 12–13) 🫙 **ERGIBT** ETWA 750G

🫙 **HALTBARKEIT** GEKÜHLT 5 WOCHEN 🍴 **SERVIERVORSCHLAG** MIT KRESSESALAT ALS VORSPEISE

ZUTATEN

*1 kg Rindfleisch (Keule oder Schulter),
pariert und in kleine Stücke geschnitten*

250 ml guter Rinderfond

3–4 Sardellenfilets, gehackt

150 g Butter

2–3 Zweige Thymian

2 Lorbeerblätter

2 Stücke Muskatblüte

1 TL Salz

½ TL abgeriebene Bio-Zitronenschale

100 g geklärte Butter (s. S. 47)

1 Bis auf Zitronenschale und geklärte Butter alle Zutaten in eine Kasserolle geben. Zum Kochen bringen und zugedeckt auf niedrigster Temperaturstufe köcheln lassen. Oder im auf 160 °C vorgeheizten Backofen 2 Stunden garen, bis das Fleisch weich ist.

2 Kräuter und Muskatblüte herausnehmen. Das Fleisch abtropfen lassen. Die Garflüssigkeit wieder in den Topf geben und auf 250 ml einkochen lassen.

3 Das Fleisch mit der Garflüssigkeit in der Küchenmaschine pürieren. Die Zitronenschale untermischen und abschmecken. Die Masse in die Förmchen oder das Gefäß füllen und für 2–3 Stunden kalt stellen. Dann die Butter darübergießen (siehe Schritt 4, S. 47). Zugedeckt kalt stellen. Nach zwei Tagen kann die Pastete gegessen werden.

Dieses Gericht diente im viktorianischen Britannien dazu, Fleischreste geschickt zu verlängern. Man köchelte gekochtes und rohes Fleisch mit Sauce und Gewürzen, und anschließend vermischte man es mit Butter und zerrieb es zu einer feinen Farce.

TIPP
Hier wird die Pastete aus rohem Fleisch zubereitet, man kann dafür aber auch Reste von gegartem Rindfleisch verwenden.

Frühwinter

Zutaten der Saison

Wenn der Herbst dem Winter weicht und die Tage kürzer und kälter werden, ist die Zeit der robusteren Wurzelgemüse und der spät reifenden Früchte gekommen. Sie sind wahre Seelentröster und bringen uns durch die bevorstehende dunkle Zeit, aber mit Hilfe von ein wenig Alchemie können wir sie auch zu anderen Zeiten des Jahres genießen. Hier einige meiner Lieblingszutaten für den Winter.

WILDÄPFEL
Ihr hoher Pektingehalt macht Wildäpfel perfekt für Konfitüren und Gelees. Aber sie eignen sich auch großartig zum Einlegen und als Zutat für Chutneys und Relishes.

ROTE BETEN
Konfitüren und Gelees mit Rote Bete haben eine wunderbare Farbe, am häufigsten wird dieses Gemüse jedoch eingelegt.

KNOLLENSELLERIE
Dieses Wurzelgemüse ist der ideale Kandidat für Pickles. Geschmacklich ähnelt es seinem Verwandten, dem Staudensellerie.

WEISSE RÜBEN
Mitunter findet man
weiße Rüben in Pickles
und Chutneys, aber Sie
können auch auch für
Konfitüren und Gelees
verwendet werden.

QUITTEN
Roh sind Quitten sauer
und ungenießbar, doch
aufgrund ihres hohen
Pektingehalts nimmt
man sie gern für
Konfitüre.

MÖHREN
Die süße Möhre kann
in vielen Rezepten ohne
Weiteres Früchte erset-
zen und ergibt sogar
großartige Konfitüre.

CRANBERRYS
Aufgrund ihres hohen Nähr-
stoffgehalts und antioxidativer
Eigenschaften gelten Cranberrys
heute als Powerfrucht.

BIRNEN
Sie schmecken in Sirup oder Alkohol eingelegt köstlich und eignen sich
zudem wunderbar zur Zubereitung
von Fruchtpasten.

Scharfes Wildapfelgelee

 **SCHWIERIGKEITSGRAD** MITTEL **GARZEIT** 50–55 MINUTEN **KÜCHENUTENSILIEN** EINKOCHTOPF, STERILISIERTER SAFTBEUTEL, ZUCKERTHERMOMETER, STERILISIERTE GLÄSER MIT DECKEL (S. S. 12–13)

 ERGIBT ETWA 1,25 KG **HALTBARKEIT** 2 JAHRE **SERVIERVORSCHLAG** ZU FLEISCH, IN SANDWICHES ODER UNMITTELBAR VOR DEM SERVIEREN 1 ESSLÖFFEL IN WILDKASSEROLLEN RÜHREN

ZUTATEN

1 kg Wildäpfel, halbiert

4–5 frische oder getrocknete rote Chilischoten, grob gehackt

Einmachzucker

etwas Weinbrand

1 frische rote Chilischote für jedes Glas

1 Wildäpfel und gehackte Chilischoten in den Einkochtopf geben und mit kaltem Wasser bedecken. Zum Kochen bringen und 25 Minuten köcheln lassen, bis die Früchte musig sind.

2 Den Topfinhalt in den sterilisierten Saftbeutel füllen (s. S. 17) und 2–3 Stunden abtropfen lassen oder so lange, bis kein Saft mehr aus dem Beutel tropft.

3 Den Saft abmessen. Für jeweils 500 ml Saft 500 g Zucker abwiegen. Saft und Zucker in den abgewaschenen Topf geben. Langsam zum Kochen bringen und rühren, bis sich der Zucker aufgelöst hat. Die Hitze reduzieren. Gut abschäumen und den Topfinhalt wieder zum Kochen bringen. 15 Minuten köcheln lassen, bis der Gelierpunkt erreicht ist (s. S. 16).

4 Das flüssige Gelee von der Kochstelle nehmen und einige Minuten abkühlen lassen. Gut abschäumen und in die heißen sterilisierten Gläser füllen.

5 Die frischen Chilischoten längs aufschlitzen und die Stiele abschneiden. Jeweils eine Schote pro Glas vorsichtig in das halb erstarrte Gelee schieben. Entstandene Luftblasen mit einem langen dünnen Holzspießchen anstechen. Das Gelee mit einem in Weinbrand getauchten Wachspapierkreis bedecken und verschließen.

Wildäpfel ergeben ein festes Gelee, das sich auf vielerlei Weise aromatisieren lässt.

Beschwipste Birnen

☆ **SCHWIERIGKEITSGRAD** EINFACH 🍴 **KÜCHENUTENSILIEN** STERILISIERTES 2-L-GLAS MIT WEITER ÖFFNUNG UND DECKEL (S. S. 12–13) **ERGIBT** ETWA I KG 🫙 **HALTBARKEIT** 2 JAHRE 🍴 **SERVIERVORSCHLAG** ALS DESSERT ZUM AUFWÄRMEN FÜR KALTE WINTERABENDE

ZUTATEN

3–4 reife Birnen

300–400 g Einmachzucker

1 Vanilleschote, aufgeschlitzt

etwa 1 l Eau de Vie

1 Die Birnen waschen, abtrocknen und mehrmals mit einer dicken Nadel oder einem Holzspießchen einstechen.

2 Die Früchte in das sterilisierte Glas schichten. Zucker und aufgeschlitzte Vanilleschote hinzufügen. Die Birnen mit dem Alkohol bedecken und verschließen.

3 Die Birnen für drei bis vier Monate an einen kühlen, dunklen Platz stellen. In den ersten Wochen das Glas öfter schütteln, damit sich der Zucker auflöst.

TIPPS
• **Das Eau de Vie kann durch Birnenbrand oder Wodka ersetzt werden.**
• **Für einen süßeren Likör 500 g Zucker hinzufügen.**

In Frankreich werden enghalsige Flaschen über Birnenknospen gestülpt, die sich dann quasi im eigenen Glashaus zu Birnen entwickeln. Anschließend werden die Flaschen mit Alkohol gefüllt und gelagert. Dies ist meine Hommage an die berauschende Spirituose.

*Vanilleschoten ver-
leihen dem Alkohol
ein süßlich-rahmi-
ges Aroma.*

Gestreifte Gewürzbirnen

☆☆ **SCHWIERIGKEITSGRAD** MITTEL **GARZEIT** ETWA 50 MINUTEN

KÜCHENUTENSILIEN ZISELIERMESSER, SÄUREFESTER EINKOCHTOPF, STERILISIERTES 1-L-GLAS MIT WEITER ÖFFNUNG UND SÄUREFESTEM DECKEL (S. S. 12–13) **ERGIBT** ETWA 1 KG **HALTBARKEIT** 2 JAHRE

SERVIERVORSCHLAG ZU WILD UND PUTE

ZUTATEN

Saft von 1 Zitrone

1 kg harte Birnen

1,25 l Rotweinessig

500 ml Rotwein

500 g Zucker

250 g Honig

FÜR DAS GEWÜRZSÄCKCHEN (S. S. 31)

1 EL schwarze Pfefferkörner

2 TL Gewürznelken

2 TL Pimentkörner

1 TL Lavendelblüten (nach Belieben)

2 Lorbeerblätter

1 große Zimtstange

einige Streifen Bio-Zitronenschale

1 Den Zitronensaft in eine große Schüssel mit kaltem Wasser rühren. Mit dem Ziseliermesser oder einem Gemüseschäler von jeder Birne längs Schalenstreifen entfernen, sodass ein streifenartiger Effekt entsteht. Die Birnen in das Zitronenwasser legen.

2 Essig, Wein, Zucker, Honig und das Gewürzsäckchen in den Einkochtopf geben. Den Topfinhalt zum Kochen bringen, gut abschäumen und 5 Minuten kochen lassen.

3 Die Birnen hinzufügen und nach Reduzieren der Hitze 35–40 Minuten köcheln lassen, bis sie etwas weicher geworden sind, beim Anstechen mit dem Messer aber noch etwas Widerstand zu spüren ist. Mit einem Schaumlöffel herausheben und in das heiße sterilisierte Glas schichten.

4 Den Sirup sprudelnd kochen lassen, bis er um die Hälfte reduziert und etwas eingedickt ist. Das Gewürzsäckchen entfernen. Den heißen Sirup in das Glas gießen, dabei darauf achten, dass die Birnen vollständig bedeckt werden. Das Glas verschließen. Nach einem Monat können die Birnen gegessen werden.

Diese duftende Konserve sieht durch die Streifen an den Birnen besonders hübsch aus. Am besten schmecken diese Birnen zu Wild.

Frisches Cranberry-Orangen-Relish

 **SCHWIERIGKEITSGRAD** EINFACH  **KÜCHENUTENSILIEN** KÜCHENMASCHINE, STERILISIERTE GLÄSER MIT DECKEL (S. S. 12–13) **ERGIBT** ETWA 750 G **HALTBARKEIT** GEKÜHLT 1 MONAT  **SERVIERVORSCHLAG** ZU PUTE ODER ANDEREM GEFLÜGEL, SCHINKEN ODER GEGRILLTEM FISCH

ZUTATEN

500 g frische Cranberrys

2 Bio-Orangen, grob gehackt, Kerne ggf. entfernt

3–4 EL Honig

2–3 EL Orangenlikör wie Grand Marnier oder Cointreau

1 TL Koriandersamen, gemahlen

1 TL Salz

1 Alle Zutaten in die Küchenmaschine geben. Die Pulsfunktion betätigen, bis Cranberrys und Orangen grob zerkleinert sind.

2 Das Relish in die sterilisierten Gläser füllen, verschließen und kalt stellen. Es kann sofort gegessen werden. Wird es innerhalb von zwei bis drei Tagen verbraucht, muss es nicht eingekocht werden.

Frische Cranberrys haben einen erfrischend säuerlichen Geschmack. Verwenden Sie die Beeren, um Füllungen, Salaten oder Fisch Farbe und eine säuerliche Note zu verleihen. Dieses Relish ist der perfekte Begleiter für Pute und Schinken.

Quittenkonfekt

☆☆ **SCHWIERIGKEITSGRAD** MITTEL **GARZEIT** 3–3¾ STUNDEN

KÜCHENUTENSILIEN EINKOCHTOPF, LUFTDICHTER BEHÄLTER **ERGIBT** ETWA 2,25 KG

HALTBARKEIT 2 JAHRE **SERVIERVORSCHLAG** ALS SÜSSIGKEIT

ZUTATEN

1,5 kg reife Quitten

etwa 2 l trockener Cidre oder Wasser

2–3 Streifen Bio-Zitronenschale

Saft von ½ Zitrone

Einmachzucker

mildes Öl wie Mandel- oder Erdnussöl

feiner Zucker zum Bestreuen

1 Die Quitten sorgfältig waschen, um den Flaum zu entfernen, und grob zerkleinern. Die Kerne müssen nicht entfernt werden, da das Fruchtmus später passiert wird.

2 Die Quitten in den Einkochtopf geben und mit Cidre oder Wasser bedecken. Zitronenschale und -saft hinzufügen. Aufkochen und nach Reduzieren der Hitze 30–45 Minuten köcheln lassen, bis die Früchte musig sind.

3 Den Topfinhalt durch ein Sieb oder Passiergerät streichen.

4 Das Püree in einem Messbecher abmessen. Für jeweils 500 ml Fruchtpüree 400 g Zucker abwiegen.

5 Püree und Zucker in den Topf geben. Langsam zum Kochen bringen und rühren, bis sich der Zucker aufgelöst hat. Das Püree 2½–3 Stunden unter häufigem Rühren köcheln lassen. Dabei nimmt es eine tiefrote Farbe an. Nach einer Weile wird die Masse sehr dick und beginnt zu blubbern. Sie ist fertig, wenn ein über den Topfboden gezogener Löffel eine Rinne hinterlässt. Von der Kochstelle nehmen und etwas abkühlen lassen.

6 Ein tiefes Backblech großzügig mit Öl einpinseln. Die Paste gleichmäßig in einer 2,5–4 cm dicken Schicht verstreichen und erkalten lassen. Mit einem Tuch abdecken und für 24 Stunden an eine, warmen, trockenen Platz stellen.

7 Mit einer Palette von dem Blech lösen und auf ein Stück Backpapier stürzen. In Quadrate oder Rauten schneiden und mit dem Zucker bestreuen. Die Stücke auf Backbleche setzen, abdecken und trocknen lassen.

Möhren-Mandel-Chutney

☆ **SCHWIERIGKEITSGRAD** EINFACH 🍲 **GARZEIT** 30–35 MINUTEN

🍴 **KÜCHENUTENSILIEN** SÄUREFESTER EINKOCHTOPF, GEWÜRZ- ODER KAFFEEMÜHLE, STERILISIERTE GLÄSER

MIT SÄUREFESTEM DECKEL (S. S. 12–13) 🫙 **ERGIBT** ETWA 1,5 KG 🫙 **HALTBARKEIT** 2 JAHRE

🔪 **SERVIERVORSCHLAG** ZU KALTEM BRATEN UND SCHINKEN ODER ALS BROTAUFSTRICH

ZUTATEN

1,25 kg Möhren, geschält und längs geraspelt

125 g Ingwerwurzel, geschält und in feine Streifen geschnitten

250 ml Weißweinessig

abgeriebene Schale und Saft von 2 großen Bio-Zitronen

400 g weißer Zucker oder heller Rohrohrzucker

4 EL Honig

2 EL Koriandersamen, gemahlen

1 EL Salz

3–4 getrocknete Bird's-Eye-Chilischoten (scharfe, kleine grüne Chilischoten)

3 EL Mandelblättchen

1 Alle Zutaten bis auf Chilischoten und Mandeln in eine Glasschüssel geben und sorgfältig vermischen. Abgedeckt über Nacht stehen lassen.

2 Am nächsten Tag die Mischung in den Einkochtopf geben. Zum Kochen bringen, dann 20 Minuten köcheln lassen. Die Temperatur heraufschalten und den Topfinhalt 10–15 Minuten sprudelnd kochen lassen, bis die meiste Flüssigkeit verdampft und die Mischung dick geworden ist.

3 Die Chilischoten in der Gewürz- oder Kaffeemühle mahlen. Mit den Mandeln in den Topf rühren. Das Chutney in die heißen sterilisierten Gläser füllen und verschließen. Nach einem Monat ist es verzehrfertig, aber bei längerer Lagerung wird es noch besser.

Dies ist meine Version der Engelshaarkonfitüre, ein Klassiker des Nahen Ostens, der aus schmalen Möhrenstreifen zubereitet wird. Dieses aromatische süß-saure Chutney passt gut zu reifem Käse.

Eingelegte weiße Rüben oder Radieschen

☆ **SCHWIERIGKEITSGRAD** EINFACH **KÜCHENUTENSILIEN** STERILISIERTES 1-L-GLAS MIT WEITER ÖFFNUNG UND SÄUREFESTEM DECKEL (S. S. 12–13) **ERGIBT** ETWA 1 KG **HALTBARKEIT** 3–6 MONATE ◷ **SERVIERVORSCHLAG** IN SALATEN ODER ALS SNACK ZU DRINKS

ZUTATEN

750 g weiße Rüben, geschält, oder große Radieschen, in 1 cm dicke Scheiben geschnitten

250 g rohe rote Rüben, geschält und in 1 cm dicke Scheiben geschnitten

4–5 Knoblauchzehen, geschält und in Scheiben geschnitten

Salz

3 EL Weißweinessig

TIPP
Auf die gleiche Weise kann man alle Mitglieder der Rübenfamilie einlegen, wie etwa weißen Rettich oder Kohlrabi.

Diese farbintensiven Pickles sind im ganzen Nahen Osten und im südlichen Teil Russlands sehr beliebt.

1 Weiße Rüben oder Radieschen mit roten Rüben und Knoblauch in das sterilisierte Glas schichten.

2 Mit kaltem Wasser bedecken. Das Wasser in einen Messbecher gießen. Auf jeweils 500 ml Wasser 1½ EL Salz hinzufügen. Rühren, bis sich das Salz aufgelöst hat. Den Essig dazugeben. Die Mischung in das Glas gießen.

3 Das Gemüse beschweren (s. S. 166), mit einem sauberen Tuch abdecken und für etwa zwei Wochen an einen warmen, gut gelüfteten Platz stellen, bis die Gärung abgeschlossen ist (siehe Salzgurken, S. 128). Das Glas verschließen. Nach etwa einem Monat sind die Pickles verzehrfertig.

ROTE BETE

Wurzelgemüse wie Rote Beten sind seit langem Basis für eine herz-
hafte Winterküche und werden oft eingelegt. Wandeln Sie dazu das
Rezept für eingelegte Zwiebeln auf S. 166 ab. Kleine ganze Knollen
oder gewürfelte große Knollen verwenden, das Salz weglassen.

Eingelegter Möhren-Sellerie-Salat

☆ **SCHWIERIGKEITSGRAD** EINFACH 🍲 **GARZEIT** 2–3 MINUTEN 🍴 **KÜCHENUTENSILIEN** 2 STERILISIERTE 1-L-GLÄSER MIT SÄUREFESTEM DECKEL (S. S. 12–13) 🫙 **ERGIBT** ETWA 2 KG 🫙 **HALTBARKEIT** 3–6 MONATE 🔪 **SERVIERVORSCHLAG** BESONDERS GUT ZU HEISSEM ODER KALTEM HÄHNCHEN

ZUTATEN

1 große Sellerieknolle (etwa 1 kg), geschält und in schmale Streifen geschnitten oder grob geraspelt

5 große Möhren, grob geraspelt

2 Zwiebeln, geschält und in schmale Ringe geschnitten

2½ EL Salz

2 EL Dillsamen

abgeriebene Schale und Saft von 1 Bio-Orange

500 ml Weißwein- oder Apfelessig

1 EL Zucker (nach Belieben)

1 Sellerie, Möhren und Zwiebeln in einer Glasschüssel vermischen. 2 EL Salz darüberstreuen und sorgfältig unterheben. Das Gemüse für etwa 2 Stunden beiseitestellen.

2 Das Gemüse unter fließendem kaltem Wasser abspülen, dann gut abtropfen lassen. Dillsamen und Orangenschale unterrühren. Die Mischung locker in die heißen sterilisierten Gläser füllen.

3 Orangensaft, Essig, Zucker (sofern verwendet) und das restliche Salz mit 150 ml Wasser in einen säurefesten Topf geben. Zum Kochen bringen und 2–3 Minuten sprudelnd kochen lassen, dann gut abschäumen. Mit der Mischung das Gemüse bedecken. Dieses mit einem Holzspießchen anstupsen, um Luftblasen zu entfernen. Die Gläser verschließen. Nach einer Woche ist der Salat verzehrfertig.

TIPP
Wenn Sie das intensive, etwas bittere Aroma von Orangenschale nicht mögen, blanchieren Sie die Streifen vor Verwendung 1–2 Minuten. Dann abtropfen lassen und mit kaltem Wasser abschrecken.

Achtung beim Kauf von Knollensellerie, denn zu reifer Sellerie kann innen hohl und faserig sein. Nehmen Sie Knollen, die für ihre Größe schwer sind und keine grünen Stellen haben.

Eingesalzene Sprotten

☆ **SCHWIERIGKEITSGRAD** EINFACH 🍴 **KÜCHENUTENSILIEN** STERILISIERTES GLAS- ODER STEINGUTGEFÄSS MIT SÄUREFESTEM DECKEL (S. S. 12–13) 🫙 **ERGIBT** ETWA 750 G 🫙 **HALTBARKEIT** GEKÜHLT 2 JAHRE

🥄 **SERVIERVORSCHLAG** MIT EINEM DRESSING AUS OBSTESSIG UND OLIVENÖL, DAZU IN DÜNNE SCHEIBEN GESCHNITTENE ZWIEBELN UND GEKÜHLTEN WODKA SERVIEREN

ZUTATEN

1 kg Sprotten

500 g feines Meersalz

1–1,5 kg grobes Salz

1 EL schwarze Pfefferkörner

3–4 Lorbeerblätter

1 Direkt unterhalb der Kiemen der Fische mit einer kleinen scharfen Schere einen kleinen Schnitt machen.

2 Von dort aus den Bauch vorsichtig zum Schwanz hin aufschneiden. Die Öffnung etwas auseinanderziehen.

3 Den Inhalt der Bauchhöhle herausziehen und wegwerfen. Die Fische unter fließendem kaltem Wasser abspülen.

4 Etwas Meersalz in die Bauchhöhle jedes Fisches streuen. Die Fische außen salzen und das Salz sorgfältig in die Haut reiben.

5 Die Fische in ein flaches Gefäß schichten, dabei jede Schicht dünn mit Meersalz bestreuen. Das Gefäß abdecken und die Fische für 2–3 Stunden in den Kühlschrank stellen, bis etwas Flüssigkeit ausgetreten ist.

6 Die Fische herausnehmen und auf Küchenpapier gut abtrocknen lassen.

7 Eine Schicht grobes Salz auf den Boden des sterilisierten Gefäßes streuen. Einige Fische mit einigen Pfefferkörnern hineingeben und 1 Lorbeerblatt darauflegen. 5 mm dick mit grobem Salz bestreuen. Auf diese Weise mit allen Fischen verfahren, dabei mit einer Schicht Salz abschließen.

Mit der Zeit entsteht im Glas Salzlake.

Die Lorbeerblätter geben ihr Aroma langsam ab.

Durch das Einschichten der verschiedenen Zutaten können die Aromen verschmelzen.

8 Einen Teller auf die Fische legen, der genau in die Öffnung des Glases passt, und beschweren (s. S. 166) – ideal ist eine mit Wasser gefüllte Flasche. Die Fische abgedeckt für eine Woche in den Kühlschank oder bei 6–8 °C an einen kühlen dunklen Platz stellen.

LÄNGERE AUFBEWAHRUNG

- Zuerst das Öl abschöpfen, das sich an der Oberfläche gesammelt hat. Hat sich nicht genügend Salzlake gebildet, die Fische mit weiterer Lake aus gleichen Teilen Salz und Wasser bedecken. Das Gefäß fest verschließen und an einen kühlen dunklen Platz stellen.
- Vor dem Verzehr die Sprotten aus der Lake nehmen und für einige Stunden in Wasser oder eine Mischung aus Wasser und Milch legen.

Rezepte für das ganze Jahr

Granatapfelsirup

 SCHWIERIGKEITSGRAD EINFACH **GARZEIT** ETWA 15 MINUTEN **KÜCHENUTENSILIEN** STERILISIERTES PASSIERTUCH, STERILISIERTE FLASCHE MIT DECKEL (S. S. 12–13) **ERGIBT** ETWA 500 ML **HALTBARKEIT** 2 JAHRE
SERVIERVORSCHLAG MIT WASSER VERDÜNNT ALS GETRÄNK, AUF PUDDING UND EISCREME, ÜBER ZERSTOSSENES EIS GEGOSSEN ALS SCHNELLES SORBET

ZUTATEN

2 kg sehr rote Granatäpfel

400 g Einmachzucker

1 TL Orangenblütenwasser (nach Belieben)

TIPP
Sollten Sie keine sauren Granatäpfel bekommen (in türkischen Geschäften erhältlich), verwenden Sie süße Früchte und fügen den Saft von 3 Zitronen oder 1 TL Zitronensäure hinzu.

1 Die Granatäpfel waagrecht halbieren. Die Hälften mit einer Zitronenpresse vollständig auspressen. Es sollten etwa 500 ml Saft vorhanden sein.

2 Den Saft durch das doppelt genommene Passiertuch in einen Topf seihen (s. S. 21). Den Zucker hinzufügen. Den Topfinhalt langsam zum Kochen bringen und rühren, bis sich der Zucker aufgelöst hat.

3 Den Sirup 10 Minuten kochen lassen. Von der Kochstelle nehmen, gut abschäumen und, sofern verwendet, das Orangenblütenwasser unterrühren. In die heiße sterilisierte Flasche füllen und verschließen.

Lemon Curd

☆☆ **SCHWIERIGKEITSGRAD** MITTEL · **GARZEIT** 30–45 MINUTEN

KÜCHENUTENSILIEN WASSERBADTOPF, STERILISIERTE GLÄSER MIT DECKEL (S. S. 12–13)

ERGIBT ETWA 750 G · **HALTBARKEIT** GEKÜHLT 3 MONATE

SERVIERVORSCHLAG AUF BROT ODER BRÖTCHEN, ALS FÜLLUNG FÜR KUCHEN UND GEBÄCK

ZUTATEN

abgeriebene Schale und Saft von

6 Bio-Zitronen

400 g Einmachzucker

150 g weiche Butter

5 Eier, verquirlt

1 Zitronenschale, Zitronensaft und Zucker in einen kleinen Topf geben. Behutsam erhitzen und rühren, bis sich der Zucker aufgelöst hat. Die Butter hinzufügen und rühren, bis sie geschmolzen ist.

2 Die Mischung in den Wasserbadtopf oder in eine auf einen Topf mit siedendem Wasser gesetzte Schüssel füllen. Die Eier durch ein Sieb in den Topf streichen. Den Topfinhalt unter häufigem Rühren 25–40 Minuten sanft garen, bis er so dick ist, dass er einen Löffelrücken überzieht. Die Mischung darf aber nicht kochen, weil sie sonst gerinnt.

3 Die Zitronencreme in die warmen sterilisierten Gläser gießen und verschließen. Abkühlen lassen, dann im Kühlschrank aufbewahren.

Lemon Curd, eine köstliche Zitronencreme, ist eine britische Spezialität. Dieses Rezept enthält weniger Zucker als üblich. Sollten Sie eine süßere Creme bevorzugen, können Sie bis zu 100 g Zucker zusätzlich verwenden.

Passionsfruchtcreme

 ☆☆ **SCHWIERIGKEITSGRAD** MITTEL **GARZEIT** 30–45 MINUTEN

KÜCHENUTENSILIEN WASSERBADTOPF, STERILISIERTE GLÄSER MIT DECKEL (S. S. 12–13) **ERGIBT** ETWA 1 KG

 HALTBARKEIT GEKÜHLT 3 MONATE **SERVIERVORSCHLAG** ALS FÜLLUNG FÜR TARTES

ZUTATEN

750 g Passionsfrüchte (Maracujas)

Saft von 1 Zitrone

300 g Einmachzucker

150 g weiche Butter

4 Eier, verquirlt

TIPP
Kaufen Sie schrumpelige Passionsfrüchte, denn sie sind reifer und enthalten mehr Saft.

1 Die Passionsfrüchte halbieren. Kerne und Fruchtfleisch mit einem Löffel herauslösen. Es sollten etwa 500 ml vorhanden sein.

2 Mit Zitronensaft und Zucker in einen Topf geben, behutsam erhitzen und rühren, bis sich der Zucker aufgelöst hat. Die Butter hinzufügen und rühren, bis sie geschmolzen ist.

3 Die Mischung in den Wasserbadtopf oder eine auf einen Topf mit siedendem Wasser gesetzte Schüssel füllen. Die Eier durch ein Sieb in den Topf streichen. Die Mischung unter häufigem Rühren 25–40 Minuten garen, bis sie so dick ist, dass sie einen Löffelrücken überzieht. Sie darf aber nicht kochen, weil sie sonst gerinnt.

4 Die Maracujacreme in die warmen sterilisierten Gläser gießen und verschließen. Abkühlen lassen, dann im Kühlschrank aufbewahren.

Die erstaunlich knackigen Kerne der Passionsfrüchte verleihen dieser Creme eine besondere Konsistenz. Sollten Sie eine glatte Creme bevorzugen, verwenden Sie 1 kg Früchte und streichen diese durch ein Sieb, ehe Sie die Eier hinzufügen.

Guavengelee

☆ **SCHWIERIGKEITSGRAD** EINFACH **GARZEIT** 45–55 MINUTEN **KÜCHENUTENSILIEN** EINKOCHTOPF, STERILISIERTER SAFTBEUTEL, ZUCKERTHERMOMETER, STERILISIERTE GLÄSER MIT DECKEL (S. S. 12–13) **ERGIBT** ETWA 1 KG

 **HALTBARKEIT** 2 JAHRE ✕ **SERVIERVORSCHLAG** ALS BROTAUFSTRICH, ZU KALTEM FLEISCH UND ZU KÄSE

ZUTATEN

1 kg feste Guaven, grob zerkleinert

1 Bio-Limette, grob zerkleinert

Einmachzucker

1 Guaven und Limette in den Einkochtopf geben und mit kaltem Wasser bedecken. Langsam zum Kochen bringen und nach Reduzieren der Hitze etwa 30 Minuten köcheln lassen, bis die Früchte weich und musig sind.

2 Die Mischung in den sterilisierten Saftbeutel gießen (s. S. 17) und 2–3 Stunden abtropfen lassen. Den Saft abmessen und für jeweils 500 ml Saft 325 g Zucker abwiegen.

3 Fruchtsaft und Zucker in den abgewaschenen Topf geben. Langsam zum Kochen bringen und rühren, bis sich der Zucker aufgelöst hat. Die Hitze reduzieren und den Saft gut abschäumen.

4 Wieder zum Kochen bringen und 10–12 Minuten sprudelnd kochen lassen, bis der Gelierpunkt erreicht ist (s. S. 16).

5 Das flüssige Gelee in die heißen sterilisierten Gläser gießen und verschließen.

TIPP
Sollten Sie das Gelee zu weich finden, lassen Sie es ein oder zwei Tage stehen und prüfen es erneut. Ist es immer noch zu weich, kochen Sie es noch einmal, bis der Gelierpunkt erreicht ist.

Guaven haben einen betörenden exotischen Duft. Sie schmecken roh wunderbar, lassen sich aber auch zu herrlichem rostrotem Gelee verarbeiten. Keine weißen Früchte verwenden.

Exotische Konfitüre

 SCHWIERIGKEITSGRAD EINFACH **GARZEIT** ETWA I STUNDE ⏺️ **KÜCHENUTENSILIEN** KÜCHENMASCHINE, EIN-

KOCHTOPF, ZUCKERTHERMOMETER, STERILISIERTE GLÄSER, EINMACHZELLOPHAN (S. S. 12–13) **ERGIBT** ETWA 1,5 KG

 HALTBARKEIT 2 JAHRE ✂️ **SERVIERVORSCHLAG** MIT SCONES UND SAHNE

ODER ALS FÜLLUNG FÜR SAHNETORTEN

ZUTATEN

1 mittelgroße Ananas (etwa 1,25 kg),
geschält, den Strunk entfernt

1 kg Kochäpfel, geschält und nach Ent-
fernen des Kerngehäuses grob gehackt

300 g frische Litschis, geschält und
halbiert, die Samen entfernt, oder

1 Dose Litschis (etwa 425 g), die
Früchte abgetropft und halbiert

abgeriebene Schale von 1 Bio-Zitrone

Saft von 2 Zitronen

1,25 kg Einmachzucker

1 Ananas und Äpfel in der Küchenmaschine fein hacken und in
den Einkochtopf geben. Litschis, Zitronenschale, Zitronensaft
und 250 ml Wasser hinzufügen.

2 Die Mischung zum Kochen bringen und nach
Reduzieren der Hitze 20–25 Minuten köcheln lassen, bis die Äpfel musig sind und die Ananas weich ist.

3 Den Zucker hinzufügen und bei mittlerer Temperatur rühren, bis er sich aufgelöst hat. Die Hitze
erhöhen, bis die Mischung sprudelnd kocht.

4 Den Topfinhalt 20–25 Minuten sprudelnd kochen lassen, bis der Gelierpunkt erreicht ist (s. S. 16). Den Schaum abschöpfen, der an die Oberfläche gestiegen ist.

5 Die Konfitüre von der Kochstelle nehmen und einige Minuten abkühlen lassen. Nötigenfalls noch einmal abschäumen.

Die Konfitüre wird immer dicker, je näher sie dem Gelierpunkt kommt.

6 Die Konfitüre in die heißen sterilisierten Gläser füllen und sofort Wachspapierkreise darauflegen. Mit Zellophan verschließen.

Ananas in Kirschwasser

☆ **SCHWIERIGKEITSGRAD** EINFACH 🍴 **KÜCHENUTENSILIEN** STERILISIERTES 2-L-GLAS MIT WEITER ÖFFNUNG UND DECKEL (S. S. 12–13) 🍶 **ERGIBT** ETWA I KG 🍯 **HALTBARKEIT** 2 JAHRE 🍴 **SERVIERVORSCHLAG** MIT SCHLAGSAHNE ALS DAS ULTIMATIVE DESSERT

ZUTATEN

4–5 Mini-Ananas, geschält und nach Entfernen des Strunks in 1 cm dicke Ringe geschnitten

3–4 Zimtstangen

3–4 Streifen Bio-Orangenschale

300–500g Einmachzucker

5–6 Bittermandeln, abgezogen (nach Belieben)

etwa 1 l Kirschwasser

1 Die Ananasscheiben mit Zimtstangen und Orangenschale in das sterilisierte Glas schichten. Zucker und, sofern verwendet, Bittermandeln hinzufügen. Ich finde 300 g Zucker ausreichend, es kann aber auch mehr Zucker hinzugefügt werden.

2 So viel Kirschwasser dazugießen, dass die Ananas bedeckt sind. Das Glas verschließen und für zwei bis drei Monate an einen kühlen dunklen Platz stellen. In den ersten Wochen ab und zu schütteln, damit sich der Zucker auflöst.

Wird diese köstliche Frucht in Alkohol eingelegt, bleiben ihr zarter Duft und ihre verdauungsfördernden Enzyme erhalten. Zum Einlegen können auch Wodka, Obstbrand oder weißer Rum verwendet werden.

Kaktusfeigengelee

☆☆ **SCHWIERIGKEITSGRAD** MITTEL **GARZEIT** ETWA 1 STUNDE

KÜCHENUTENSILIEN SÄUREFESTER EINKOCHTOPF, STERILISIERTER SAFTBEUTEL, ZUCKERTHERMOMETER, STERILISIERTE GLÄSER MIT DECKEL (S. S. 12–13) **ERGIBT** ETWA 1,5 KG **HALTBARKEIT** 2 JAHRE

SERVIERVORSCHLAG KÖSTLICH ZU KALTEM FLEISCH UND UNTER GEDÄMPFTES GEMÜSE GERÜHRT

ZUTATEN

1 kg rötlich-lila, rote oder orangefarbene Kaktusfeigen

300 g Kochäpfel, gehackt

500 ml Apfel- oder Weinweinessig

125 ml Zitronensaft

Einmachzucker

1 EL Arrak, Ouzo oder Pastis

FÜR DAS GEWÜRZSÄCKCHEN (S. S. 31)

1 TL Pimentkörner, zerstoßen

4–6 getrocknete Bird's-Eye-Chilischoten mit Samen, zerstoßen

3 Lorbeerblätter, zerkrümelt

1 Schutzhandschuhe anziehen. Die Enden der Kaktusfeigen abschneiden. Mit einem scharfen Messer die dicke Schale der Länge nach einschneiden und entfernen. Die Früchte gut waschen, in eine Schüssel geben und mit dem Kartoffelstampfer zerdrücken.

2 Das Fruchtpüree mit den Äpfeln und 750 ml Wasser in den Einkochtopf geben. Langsam zum Kochen bringen und 25 Minuten köcheln lassen, bis die Äpfel weich und musig sind.

3 Den Topfinhalt in den sterilisierten Saftbeutel füllen (s. S. 17) und 2–3 Stunden abtropfen lassen. Essig und Zitronensaft zu dem Kaktusfeigensaft geben und die Flüssigkeit abmessen. Für jeweils 500 ml Saft 500 g Zucker abwiegen.

4 Saft, Zucker und Gewürzsäckchen in den sauberen Topf geben. Langsam zum Kochen bringen und rühren, bis sich der Zucker aufgelöst hat. 25 Minuten kochen lassen, bis der Gelierpunkt erreicht ist (s. S. 16).

5 Von der Kochstelle nehmen und das Gewürzsäckchen entfernen. Arrak, Ouzo oder Pernod unterrühren. Das flüssige Gelee in die heißen sterilisierten Gläser füllen und verschließen.

Kaktusfeigen gibt es oft in Geschäften mit ausländischen Lebensmitteln und einigen großen Supermärkten. Für dieses Rezept am besten rötliche Früchte verwenden.

Mango-Mus

☆ **SCHWIERIGKEITSGRAD** EINFACH 🍲 **GARZEIT** ETWA 1 STUNDE 🍴 **KÜCHENUTENSILIEN** EINKOCHTOPF, STERILISIERTE GLÄSER MIT DECKEL (S. S. 12–13) 🏺 **ERGIBT** ETWA 1,5 KG 🏺 **HALTBARKEIT** 2 JAHRE
🔪 **SERVIERVORSCHLAG** ALS FÜLLUNG IN KUCHEN ODER ALS BROTAUFSTRICH

ZUTATEN

2 kg reife Mangos

300 ml süßer Cidre oder Wasser

1 kg Einmachzucker

*abgeriebene Schale und Saft von
2 Bio-Zitronen*

1 Das Mangofleisch von der Schale lösen (siehe unten). Mango und Cidre oder Wasser in den Einkochtopf geben. Zum Kochen bringen und 15–20 Minuten köcheln lassen, bis die Früchte weich und musig sind. Durch ein Sieb oder Passiergerät streichen. Das Püree wieder in den abgewaschenen Topf geben.

2 Zucker, abgeriebene Zitronenschale und Zitronensaft hinzufügen und rühren, bis sich der Zucker aufgelöst hat. Das Mus zum Kochen bringen und unter häufigem Rühren 35–40 Minuten köcheln lassen, bis es eingekocht und dick geworden ist. In die warmen sterilisierten Gläser füllen und verschließen.

EINE MANGO VORBEREITEN

1 Das Fruchtfleisch auf beiden Seiten des großen Steins abschneiden und in der Schale in Rechtecke teilen.

2 Die Mangohälften nach außen stülpen und das Fruchtfleisch abschneiden.

Dieses goldgelbe Mus ist die ideale Möglichkeit, sehr reife Mangos zu verwerten. Fügen Sie ihm verschiedene Aromazutaten hinzu wie abgeriebene Orangenschale, Vanille oder Zimt.

Kiwi-Mus

 SCHWIERIGKEITSGRAD EINFACH **GARZEIT** ETWA 1 STUNDE **KÜCHENUTENSILIEN** EINKOCHTOPF, STERILISIERTE GLÄSER MIT DECKEL (S. S. 12–13) **ERGIBT** ETWA 1 KG **HALTBARKEIT** 2 JAHRE

SERVIERVORSCHLAG ALS FÜLLUNG FÜR KUCHEN ODER ALS BROTAUFSTRICH

ZUTATEN

1 kg reife Kiwis, zerkleinert (sie müssen nicht geschält werden)

750 ml trockener Cidre oder Wasser
abgeriebene Schale und Saft von
1 Bio-Zitrone

75 g Ingwerwurzel, in feine Streifen geschnitten

Einmachzucker

1 TL frisch gemahlener schwarzer Pfeffer (nach Belieben)

1 Kiwis, Cidre oder Wasser und Zitronensaft in den Einkochtopf geben. Zum Kochen bringen und abschäumen. Die Hitze reduzieren und den Topfinhalt 15–20 Minuten köcheln lassen, bis die Früchte weich und musig sind.

2 Die Kiwis durch ein Sieb oder Passiergerät streichen. Das Mus abmessen. Für jeweils 500 ml Mus 400 g Zucker abwiegen. Das Mus wieder in den abgewaschenen Topf geben.

3 Abgeriebene Zitronenschale, Ingwer, Zucker und, sofern verwendet, Pfeffer hinzufügen und rühren, bis sich der Zucker aufgelöst hat. Den Topfinhalt zum Kochen bringen und unter häufigem Rühren 30–35 Minuten köcheln lassen, bis das Mus die Konsistenz einer weichen Konfitüre hat. In die warmen sterilisierten Gläser füllen und verschließen.

Machen Sie sich keine Gedanken, falls dieses herrliche Mus im warmen Zustand noch recht flüssig ist – mit dem Abkühlen wird es sehr viel fester.

Melonen-Mus

 SCHWIERIGKEITSGRAD EINFACH **GARZEIT** ETWA 1¾ STUNDEN **KÜCHENUTENSILIEN** EINKOCHTOPF, STERI-
LISIERTE GLÄSER MIT DECKEL (S. S. 12–13) **ERGIBT** ETWA 1 KG **HALTBARKEIT** 2 JAHRE
SERVIERVORSCHLAG ALS FÜLLUNG FÜR KUCHEN

ZUTATEN

*2 kg reife Melonen, geschält und nach
Entfernen der Kerne gehackt*

500 ml süßer Cidre oder Wasser

1 kg Einmachzucker

Saft von 2 Zitronen

*2 Stängel Zitronengras, fein gehackt
(nach Belieben)*

1 EL Orangenblütenwasser

1 Das Melonenfruchtfleisch
mit Cidre oder Wasser in den
Einkochtopf geben. Den Topfin-
halt zum Kochen bringen und 40
Minuten köcheln lassen, bis die
Melone weich ist.

2 Die Mischung durch ein Sieb
oder ein Passiergerät streichen.
Das Püree wieder in den abgewaschenen Topf geben.

3 Zucker, Zitronensaft und,
sofern verwendet, Zitronengras
hinzufügen und rühren, bis sich
der Zucker aufgelöst hat. Den
Topfinhalt zum Kochen bringen
und unter häufigem Rühren
1 Stunde köcheln lassen, bis er
dick geworden ist.

4 Von der Kochstelle nehmen
und das Orangenblütenwasser
unterrühren. Das Mus in die
warmen sterilisierten Gläser
gießen und verschließen.

*Aus Melone lässt sich ein wunder-
bares Mus zubereiten, das zart und
fruchtig duftet. Verwenden Sie eine
duftende Sorte wie eine Galia oder die
leuchtend orangefarbene Charentais.*

Möhrenkonfitüre

 SCHWIERIGKEITSGRAD EINFACH **GARZEIT** ETWA 1¼ STUNDEN  **KÜCHENUTENSILIEN** EINKOCHTOPF, STERILISIERTE GLÄSER MIT DECKEL (S. S. 12–13) **ERGIBT** 1,25 KG **HALTBARKEIT** 2 JAHRE

SERVIERVORSCHLAG ALS FÜLLUNG FÜR KUCHEN WIE ETWA BISKUITROLLEN

ZUTATEN

1 kg Möhren, gerieben

250 g Sultaninen

750 g Einmachzucker

abgeriebene Schale von 2 Bio-Zitronen

Saft von 3 Zitronen

2 TL gemahlener Ingwer

1 Die Möhren und Sultaninen mit 500 ml Wasser in den Einkochtopf geben und zum Kochen bringen. Die Hitze reduzieren und den Topfinhalt 10–15 Minuten köcheln lassen, bis die Möhren gerade weich sind.

2 Zucker, abgeriebene Zitronenschale und Zitronensaft hinzufügen und rühren, bis sich der Zucker aufgelöst hat. Den Topfinhalt zum Kochen bringen und unter häufigem Rühren 1 Stunde köcheln lassen, bis er sehr dick ist. (Eine Gelierprobe ist in diesem Fall nicht notwendig.)

3 Den Ingwer unterrühren und den Topf von der Kochstelle nehmen. Die Konfitüre in die heißen sterilisierten Gläser füllen und verschließen.

TIPP
Hier kann fast jedes Wurzelgemüse verwendet werden. Rote Beten, Pastinaken, weiße Rüben oder Kohlrabi zunächst mehrmals blanchieren, um ihnen einen milderen Geschmack zu verleihen.

Früher bereitete man Konfitüren aus Wurzelgemüsen während des Winters zu, wenn man kein frisches Obst hatte.

Kandierte Ananasringe

☆☆ **SCHWIERIGKEITSGRAD** MITTEL **GARZEIT** 1.TAG: ETWA 30 MINUTEN, 2.–6. TAG: JEWEILS 5 MINUTEN; 7. TAG: RUHE-TAG, 8. TAG: 5 MINUTEN PLUS 12–24 STUNDEN TROCKNEN **KÜCHENUTENSILIEN** STERILISIERTES PASSIERTUCH, EINKOCH-TOPF, LUFTDICHTER BEHÄLTER **ERGIBT** ETWA 1 KG **HALTBARKEIT** GEZUCKERT 1 JAHR, IN SIRUP 2 JAHRE **SERVIERVORSCHLAG** IN GESCHMOLZENE SCHOKOLADE GETAUCHT ODER MIT SCHOKOLADE BETRÄUFELT

ZUTATEN

1 große Ananas, geschält und nach Entfernen des Strunks in 1,5 cm dicke Scheiben geschnitten

1 kg Einmachzucker

Saft von 1 Zitrone

feiner Zucker zum Bestreuen

1 Die Ananasringe in einen Topf geben und mit Wasser bedecken. Aufkochen und 15–20 Minuten köcheln lassen, bis sie etwas weicher sind. Abtropfen lassen, das Garwasser auffangen. Die Ananasringe in eine Glasschüssel geben.

2 1 l der Garflüssigkeit durch ein mit dem Passiertuch ausgelegtes Sieb in den Einkochtopf gießen. 250 g Zucker und den Zitronensaft hinzufügen. Aufkochen und rühren, bis sich der Zucker aufgelöst hat, dann 2–3 Minuten kochen lassen.

3 Den heißen Zuckersirup über die Ananasringe schöpfen. Die Ringe beschweren (s. S. 166), damit sie vollkommen eingetaucht sind. 24 Stunden bei Zimmertemperatur stehen lassen.

4 Am nächsten Tag (zweiter Tag) die Ananasringe gut abtropfen lassen. Den Sirup wieder in den Einkochtopf gießen.

5 100 g Zucker hinzufügen. Den Sirup zum Kochen bringen und rühren, bis sich der Zucker aufgelöst hat. Den Sirup 1–2 Minuten kochen lassen, dann gut abschäumen. Anschließend wie in Schritt 3 fortfahren.

6 Am dritten Tag Schritt 4 und 5 wiederholen. Am vierten Tag die Ananasringe abtropfen lassen. Den Sirup mit 150 g Zucker im Topf zum Kochen bringen und rühren, bis der Zucker sich aufgelöst hat. 1–2 Minuten kochen lassen, abschäumen und über die Ananas schöpfen. Am fünften Tag ebenso verfahren wie an Tag 4. Am sechsten Tag die Ananas abtropfen lassen, den Sirup mit dem restlichen Zucker im Topf zum Kochen bringen und rühren, bis sich der Zucker aufgelöst hat. 1–2 Minuten kochen lassen, abschäumen und über die Ananas schöpfen. Diese beschweren und 48 Stunden stehen lassen.

7 Früchte und Sirup im Einkochtopf etwa 5 Minuten köcheln lassen. Die Ananasringe mit einem Schaumlöffel herausheben. Auf ein Gitter legen, das auf einem mit Alufolie abgedeckten Blech sitzt. Abkühlen lassen. Gitter und Blech in den auf 120 °C vorgeheizten Backofen schieben, die Tür nicht ganz schließen. Die Ringe 12–24 Stunden im Ofen lassen, bis sie trocken, aber noch etwas klebrig sind. Auskühlen lassen.

Die Ananasringe auf einem Gitter abkühlen lassen.

Die kandierten Früchte und Blüten (s. S. 61) zwischen Lagen aus Wachspapier schichten.

8 Die Ananasringe mit feinem Zucker bestreuen. In dem luftdichten Behälter zwischen Wachspapierlagen aufbewahren.

Eingelegte Zitronen

 SCHWIERIGKEITSGRAD EINFACH  **KÜCHENUTENSILIEN** STERILISIERTES 1,5-L-GLAS MIT SÄUREFESTEM DECKEL (S. S. 12–13) **ERGIBT** ETWA 1 KG **HALTBARKEIT** 2 JAHRE

SERVIERVORSCHLAG ALS WÜRZE FÜR TAJINEN UND COUSCOUS ODER ZU GEGRILLTEM FISCH

ZUTATEN

1 kg kleine dünnschalige Bio-Zitronen

Salz

etwa 350 ml Zitronen- oder Limettensaft oder Wasser mit Zitronensäure (siehe Schritt 3)

1–2 EL Olivenöl

TIPPS
• Die Zitronen vor Verwendung sorgfältig unter fließendem kaltem Wasser waschen, dann wie im Rezept fortfahren.
• Auf die gleiche Weise können auch Limetten eingelegt werden.

1 Die Zitronen waschen und bürsten. Jede Frucht am spitzen Ende beginnend längs vierteln, aber nicht ganz durchschneiden, sodass sie am dicken Ende verbunden bleibt und an eine Blüte erinnert.

2 Die Zitronen behutsam auseinanderziehen. Jede innen mit etwa 1 TL Salz bestreuen und wieder zusammendrücken. Die Früchte dicht an dicht in das sterilisierte Glas schichten und beschweren (s. S. 166). Für vier bis fünf Tage an einen warmen Platz stellen, am besten auf ein sonniges Fensterbrett. Danach sollte sich etwas Flüssigkeit im Glas gesammelt haben.

3 Zitronen- oder Limettensaft in das Glas gießen oder 500 ml Wasser, in das 1½ TL Zitronensäure gerührt wurden. Darauf achten, dass die Zitronen vollständig bedeckt sind.

4 Eine dünne Schicht Öl auf die Flüssigkeit im Glas gießen – sie verhindert, dass sich Schimmel bildet. Das Glas sofort verschließen. Die Lake wird zunächst trüb sein, sollte nach drei bis vier Wochen aber klar werden. Dann sind die Zitronen verzehrfertig.

Eingelegte Zitronen sind eine wichtige Zutat der nordafrikanischen Küche. Durch das Salzen wird die Schale weich und die Zitronen bekommen ein intensiveres Aroma, weshalb sie sparsam verwendet werden sollten.

Die Schale eingelegter Zitronen wird wegen ihres intensiven Aromas geschätzt.

Durch das Aufschneiden der Zitronen können die Aromen gut eindringen.

Eingelegte Wassermelone

 SCHWIERIGKEITSGRAD EINFACH  **GARZEIT** 1–1¼ STUNDEN **KÜCHENUTENSILIEN** SÄUREFESTER EINKOCHTOPF, STERILISIERTE GLÄSER MIT SÄUREFESTEM DECKEL (S. S. 12–13) **ERGIBT** ETWA 1,5 KG **HALTBARKEIT** 2 JAHRE **SERVIERVORSCHLAG** LECKER ZU GEFLÜGEL UND SCHINKEN

ZUTATEN

500 g Wassermelonenschale mit etwa 5 mm rotem Fruchtfleisch, die grüne Schalenschicht entfernt

4 EL Salz

1 kg Einmachzucker

750 ml Weißwein- oder Apfelessig

FÜR DAS GEWÜRZSÄCKCHEN (S. S. 31)

5 cm Ingwerwurzel, geschält und gehackt

1 Zimtstange, in Stücke gebrochen

1 EL Pimentkörner

1 EL Gewürznelken

2–3 Streifen Bio-Zitronen- oder Bio-Orangenschale (nach Belieben)

1 Die Wassermelonenschale in 2,5 cm große Würfel schneiden. Mit dem Salz in eine große Glasschüssel geben und mit Wasser bedecken. Sorgfältig durchheben, bis sich das Salz aufgelöst hat. Mit einem sauberen Tuch abdecken und über Nacht stehen lassen.

2 Am nächsten Tag die Wassermelonenschale abtropfen lassen. In den Einkochtopf geben, mit frischem Wasser bedecken und zum Kochen bringen. Die Hitze reduzieren und die Melonenschale etwa 15 Minuten köcheln lassen. Anschließend sorgfältig abtropfen lassen.

3 Zucker, Weißwein- oder Apfelessig und das Gewürzsäckchen in den abgewaschenen Einkochtopf geben. Zum Kochen bringen und etwa 5 Minuten köcheln lassen. Gut abschäumen. Die Melonenschale hinzufügen. Den Topfinhalt wieder zum Kochen bringen und nach Reduzieren der Hitze 45–60 Minuten köcheln lassen, bis die Schale glasig ist.

4 Die Mischung in die heißen sterilisierten Gäser füllen und verschließen. Nach etwa einem Monat ist das Pickle verzehrfertig.

TIPP
Da die grüne Außenschale der Wassermelone einen Stoff enthält, der abführend wirkt, muss sie immer entfernt werden.

Die innere Schale kann in Sirup eingelegt, kandiert oder in Salzlake konserviert werden.

Exotisches Chutney

 SCHWIERIGKEITSGRAD EINFACH  **GARZEIT** 1–1¼ STUNDEN **KÜCHENUTENSILIEN** SÄUREFESTER EINKOCHTOPF, STERILISIERTE GLÄSER MIT SÄUREFESTEM DECKEL (S. S. 12–13) **ERGIBT** ETWA 3 KG **HALTBARKEIT** 1 JAHR **SERVIERVORSCHLAG** ZU GEFLÜGEL, KÄSE ODER CURRYS

ZUTATEN

250 g Kumquats oder Bio-Orangen

1 kleine Ananas, geschält und nach Entfernen des Strunks in 2,5 cm große Stücke geschnitten

500 g Koch- oder Tafeläpfel, geschält und nach Entfernen des Kerngehäuses grob gehackt

300 g getrocknete Aprikosen (nötigenfalls eingeweicht), grob gehackt

250 g Babymaiskolben, in 2,5 cm lange Stücke geschnitten

1 l Apfel- oder Weißweinessig

500 g Zucker

3–4 frische rote Chilischoten, nach Entfernen von Stielansatz, Samen und Scheidewänden gehackt

2 EL schwarze Senfkörner

2 EL Salz

1 EL grüne Pfefferkörner

100 g Minze, grob gehackt

1 Kumquats ganz lassen, Orangen halbieren und in Scheiben mittlerer Dicke schneiden. Alle Früchte mit Mais und Essig in den Einkochtopf geben, zum Kochen bringen und 15 Minuten köcheln lassen.

2 Zucker, Chilischoten, Senfkörner, Salz und Pfefferkörner hinzufügen und rühren, bis sich der Zucker aufgelöst hat. Den Topfinhalt unter häufigem Rühren 50–60 Minuten köcheln lassen, bis die meiste Flüssigkeit verdampft und die Mischung dick geworden ist.

3 Von der Kochstelle nehmen und die Minze unterrühren. Das Chutney in die heißen sterilisierten Gläser füllen und verschließen. Nach einem Monat ist es verzehrfertig, durch längere Lagerung wird es aber noch besser.

Ich bereite dieses wunderbar frische Chutney meist im Winter zu, und manchmal gebe ich auch Papaya, Kiwis und Litschis zu Kumquats, Äpfeln und Mais.

Mangochutney

 SCHWIERIGKEITSGRAD EINFACH **GARZEIT** 1–1¼ STUNDEN ▮▮ **KÜCHENUTENSILIEN** SÄUREFESTER EINKOCHTOPF, GEWÜRZ- ODER KAFFEEMÜHLE, STERILISIERTE GLÄSER MIT SÄUREFESTEM DECKEL (S. S. 12–13)

 ERGIBT ETWA 1,5 KG **HALTBARKEIT** 2 JAHRE **SERVIERVORSCHLAG** MIT PAPADAMS ODER REIS ALS LEICHTES ABENDESSEN

ZUTATEN

2 kg unreife Mangos, geschält und in 2,5 cm große Stücke geschnitten (s. S. 224)

2 Bio-Limetten oder Bio-Zitronen, in Spalten geschnitten

3–4 frische rote Chilischoten, Stielansatz, Samen und Scheidewände entfernt, grob gehackt

750 ml Weißwein- oder weißer Branntweinessig

500 g heller Rohrohrzucker

1 EL Salz

1 EL grüne Kardamomkapseln

1 TL Kreuzkümmel

1 TL Chilipulver (nach Belieben)

½ TL Safranfäden oder

1 TL gemahlene Kurkuma

1 Mangos, Limetten oder Zitronen, Chilischoten und Essig in den Einkochtopf geben. Zum Kochen bringen und nach Reduzieren der Hitze 10–15 Minuten köcheln lassen, bis die Mango gerade weich ist. Zucker und Salz hinzufügen und rühren, bis sie sich aufgelöst haben. Den Topfinhalt 50–60 Minuten köcheln lassen, bis die meiste Flüssigkeit verdampft und die Mischung dick geworden ist.

2 Kardamom und Kreuzkümmel in der Mühle mahlen. Zusammen mit dem Chilipulver (sofern verwendet) durch ein Sieb in das Chutney geben. Die Safranfäden ggf. einige Minuten in etwas heißem Wasser quellen lassen. Safranfäden oder Kurkuma in das Chutney rühren.

3 Das Chutney in die sterilisierten Gläser füllen und verschließen. Nach einem Monat ist es verzehrfertig.

Dieses Rezept aus dem indischen Bihar ergibt ein scharfes, sehr aromatisches Chutney. Man kann Kurkuma verwenden, doch Safran verleiht dem Chutney einen einzigartigen Geschmack.

Dattelsauce

 SCHWIERIGKEITSGRAD EINFACH **GARZEIT** ETWA 15 MINUTEN ❙❙ **KÜCHENUTENSILIEN** SÄUREFESTER EIN-
KOCHTOPF, KÜCHENMASCHINE, STERILISIERTE FLASCHEN MIT SÄUREFESTEN VERSCHLÜSSEN ODER KORKEN (S. S. 12–13)
 ERGIBT ETWA 1 L **HALTBARKEIT** 2 JAHRE **SERVIERVORSCHLAG** MIT REIS ODER FETTREICHEM FISCH,
BESONDERS KÖSTLICH ZU GEGRILLTEN MAKRELEN

ZUTATEN

150 g Tamarindenmark

500 g entsteinte Datteln, grob gehackt

5 cm Ingwerwurzel, geschält und gehackt

8 Knoblauchzehen, geschält und gehackt

3–4 getrocknete rote Chilischoten, Stielansatz, Samen und Scheidewände entfernt, gehackt

1 l Rotweinessig

2 TL Salz

TIPP
Anstelle von Datteln können auch andere Früchte verwendet werden, etwa frische oder getrocknete Aprikosen oder Mangos.

1 Das Tamarindenmark 30 Minuten in 350 ml kochendem Wasser einweichen, dann durch ein Sieb streichen. Die Flüssigkeit mit den übrigen Zutaten in den Einkochtopf geben. Den Topfinhalt zum Kochen bringen und 10 Minuten köcheln lassen. Zum Abkühlen beiseitestellen.

2 Die Zutaten in der Küchenmaschine pürieren. Wieder in den abgewaschenen Topf geben und 1–2 Minuten kochen lassen. Die Sauce in die heißen sterilisierten Flaschen füllen und verschließen.

Sie ist sofort gebrauchsfertig, wird durch längere Lagerung aber noch besser.

Ich entdeckte dieses Rezept in Südafrika, wohin es im 17. Jahrhundert durch malaysische Sklaven gelangte. Diese Sauce ist gleichzeitig süß, scharf und sauer.

Eingelegte Limetten

 **SCHWIERIGKEITSGRAD** MITTEL **GARZEIT** ETWA 5 MINUTEN **KÜCHENUTENSILIEN** GEWÜRZ- ODER KAFFEEMÜHLE, SÄUREFESTER EINKOCHTOPF, STERILISIERTE GLÄSER MIT SÄUREFESTEM DECKEL (S. S. 12–13) **ERGIBT** ETWA 1 KG **HALTBARKEIT** 2 JAHRE **SERVIERVORSCHLAG** ALS RELISH ZU EINER VORSPEISENAUSWAHL ODER VOR DEM GAREN IM BACKOFEN AUF GANZE FISCHE ODER FISCHFILETS GEBEN

ZUTATEN

1 kg Bio-Limetten

100 g Salz

1 TL Kardamomkapseln

1 TL schwarzer Kreuzkümmel

1 TL Kreuzkümmel

½ TL Gewürznelken

500 g heller Rohrohrzucker oder weißer Zucker

1 EL Chilipulver

75 g Ingwerwurzel, geschält und in feine Streifen geschnitten

1 Die Limetten in eine Schüssel geben und mit kaltem Wasser bedecken. Über Nacht beiseitestellen, dann abtropfen lassen. Die Enden entfernen und die Früchte in 5 mm dicke Scheiben schneiden. In eine Glasschüssel legen und mit dem Salz bestreuen. Sorgfältig durchheben, mit einem sauberen Tuch abdecken und 12 Stunden durchziehen lassen.

2 Am nächsten Tag die Gewürze in der Gewürz- oder Kaffeemühle mahlen.

3 Die Limetten abtropfen lassen. Die entstandene Flüssigkeit mit Zucker und gemahlenen Gewürzen in den Einkochtopf geben. Zum Kochen bringen und rühren, bis sich der Zucker aufgelöst hat, dann 1 Minute kochen lassen. Von der Kochstelle nehmen und das Chilipulver unterrühren. Zum Abkühlen beiseitestellen.

4 Limetten und Ingwer in den abgekühlten Sirup geben und sorgfältig untermischen. Die Mischung in die sterilisierten Gläser füllen. Die Limettenscheiben mit einem Holzspießchen anstupsen, um Luftblasen zu entfernen. Die Gläser verschließen und für vier bis fünf Tage an einen warmen Platz wie ein sonniges Fensterbrett stellen. Anschließend die Limetten noch vier bis fünf Wochen lagern.

Dies ist ein scharfes Pickle aus dem indischen Punjab. Auf die gleiche Weise können auch Zitronen und Orangen eingelegt werden.

Eingelegte Okras

 SCHWIERIGKEITSGRAD EINFACH **GARZEIT** ETWA 10 MINUTEN **KÜCHENUTENSILIEN** STERILISIERTE GLÄSER MIT SÄUREFESTEM DECKEL (S. S. 12–13) **ERGIBT** ETWA 2 KG **HALTBARKEIT** 6 MONATE **SERVIERVORSCHLAG** FÜR SICH ODER ALS SALAT ZU WURST, SCHINKEN UND KALTEM FLEISCH

ZUTATEN

750 g knackige junge Okraschoten

1 EL Salz

275 g Möhren, geschält und in Stäbchen geschnitten

6 große Knoblauchzehen, geschält und in Scheiben geschnitten

3–4 frische rote Chilischoten, Stielansatz, Samen und Scheidewände entfernt, in Scheiben geschnitten (nach Belieben)

1 kleines Bund Minze, grob gehackt

FÜR DEN EINLEGESUD

1 l Apfelessig

4 EL Zucker oder Honig

1 EL Salz

2 TL gemahlene Kurkuma

1 Dunkle Stellen vom Stielende der Okras entfernen, nicht aber die Stiele. Jede Okra mit einem Zahnstocher mehrmals einstechen.

2 Die Okras auf einem Backblech verteilen und mit dem Salz bestreuen. 1 Stunde stehen lassen, am besten in der Sonne.

3 Dann unter fließendem kaltem Wasser gut abspülen und auf Küchenpapier abtrocknen lassen. Die Möhren 2–3 Minuten blanchieren (s. S. 21).

4 Knoblauch, Chilis und Minze vermischen. Okras und Möhren in die heißen sterilisierten Gläser schichten, dazwischen gleichmäßig die Knoblauchmischung verteilen. Die Gläser sollten voll, aber locker gefüllt sein.

5 Für den Einlegesud Essig, Zucker oder Honig und Salz in einem säurefesten Topf zum Kochen bringen und gut

abschäumen. Die Kurkuma hinzufügen und den Sud noch einige Minuten kochen lassen.

6 Die Gläser bis zum Rand mit dem heißen Sud füllen, sodass die Okras vollkommen bedeckt sind. Die Gemüse mit einem Holzspieß anstupsen, um Luftblasen zu entfernen, dann verschließen. Nach zwei Wochen können sie gegessen werden.

Dieses Pickle basiert auf einem traditionellen indischen Rezept. Keine Sorge, wenn der Einlegesud dick wird – dies liegt an dem klebrigen Saft der Okras.

Käsecreme

☆ **SCHWIERIGKEITSGRAD** EINFACH ❙❙ **KÜCHENUTENSILIEN** 3 STERILISIERTE FÖRMCHEN MIT 175 ML FASSUNGSVERMÖ-

GEN ODER 500-ML-STEINGUTGEFÄSS (S. S. 12–13) **ERGIBT** ETWA 500 G **HALTBARKEIT** GEKÜHLT 6 WOCHEN

SERVIERVORSCHLAG MIT TOASTBROT ALS VORSPEISE ODER ALS BELAG FÜR SANDWICHES

ZUTATEN

*500 g reifer Cheddar oder Gouda oder
eine Mischung aus beiden Käsesorten,
fein gerieben*

75 g weiche Butter

1 EL heller trockener Sherry

1 TL scharfer Senf

¼ TL abgeriebene Bio-Zitronenschale

*1 große Prise frisch geriebene
Muskatnuss*

*1 große Prise Cayennepfeffer oder
Chilipulver*

*150 g zerlassene geklärte Butter
(s. S. 47)*

1 Alle Zutaten mit Ausnahme der geklärten Butter in eine große Schüssel geben und schlagen, bis eine glatte Masse entstanden ist. Die Förmchen oder das Steingutgefäß bis 1 cm unter den Rand mit der Mischung füllen. Die Oberfläche glätten und die Käsemischung für 2–3 Stunden in den Kühlschrank stellen.

2 Die geklärte Butter (siehe Schritt 4, S. 47) in die Förmchen gießen. Den Käse abdecken und kalt stellen. Nach zwei Tagen kann er gegessen werden.

Dies ist eine wundervolle Methode, um übrig gebliebenen guten Käse zu verwerten. Mit Butter vermischt ergibt er einen aromatischen Aufstrich, der sich über einen Monat hält. Geeignet ist hier jeder reife Hartkäse, auch Blauschimmelkäse.

Pilzketchup

☆☆ **SCHWIERIGKEITSGRAD** MITTEL **GARZEIT** 3½–4½ STUNDEN

KÜCHENUTENSILIEN KÜCHENMASCHINE, STERILISIERTER SAFTBEUTEL, SÄUREFESTER EINKOCHTOPF, STERILISIERTE FLASCHEN MIT VERSCHLÜSSEN ODER KORKEN (S. S. 12–13)  **ERGIBT** ETWA 750 ML **HALTBARKEIT** EINGEKOCHT 2 JAHRE

SERVIERVORSCHLAG IN KLEINEN MENGEN ZUM AROMATISIEREN VON SUPPEN UND EINTÖPFEN VERWENDEN

ZUTATEN

2 kg große Champignons mit flachen Hüten

60 g getrocknete Steinpilze (nach Belieben)

150 g Salz

300 g Schalotten, ungeschält geviertelt

5 cm getrocknete Ingwerwurzel, gequetscht

125 ml Portwein

1 EL Gewürznelken

2 TL zerkrümelte Muskatblüte

1 Die Champignons in die Küchenmaschine geben und grob hacken. Mit den getrockneten Steinpilzen (sofern verwendet) in dünnen Schichten in einem Bräter verteilen, dabei jede Schicht mit etwas Salz bestreuen. Abdecken und 24 Stunden stehen lassen.

2 Dann für 3 Stunden in den auf 140 °C vorgeheizten Backofen schieben. Anschließend abkühlen lassen und in den Saftbeutel füllen. Möglichst viel Flüssigkeit herausdrücken. Die Flüssigkeit mit den restlichen Zutaten in den Einkochtopf geben. Zum Kochen bringen und 45 Minuten köcheln lassen, bis die Mischung um ein Drittel eingekocht ist.

3 Die Flüssigkeit erneut abseihen, in den Topf geben und wieder zum Kochen bringen. In die heißen sterilisierten Flaschen füllen und verschließen. Einkochen, die Verschlüsse überprüfen und Korken in Wachs tauchen (s. S. 13–15). Der Ketchup ist nach einem Monat verwendbar, bei längerer Lagerung wird er aber noch besser.

TIPP
Dieses Rezept ergibt aromatischen Ketchup. Es ist jedoch wichtig, dass hier nur flache, voll entwickelte Champignons verwendet werden.

CHAMPIGNONS UND EGERLINGE

Die süßlichen und erdig schmeckenden Pilze können als Basis für Ketchup verwendet werden. Am intensivsten wird ihr Aroma jedoch, wenn man sie trocknet. Dann sind sie im Vorratsschrank eine prakti-sche Grundzutat für Pastagerichte und Risottos.

In Öl eingelegte Pilze

☆ **SCHWIERIGKEITSGRAD** EINFACH ♨ **GARZEIT** ETWA 45 MINUTEN 🍴 **KÜCHENUTENSILIEN** STERILISIERTES 1,5-L-GLAS MIT SÄUREFESTEM DECKEL (S. S. 12–13), THERMOMETER 🫙 **ERGIBT** ETWA 1 KG 🫙 **HALTBARKEIT** 6 MONATE 🍽 **SERVIERVORSCHLAG** ALS VORSPEISE ODER MIT ETWAS ÖL AUS DEM GLAS ALS RASCH ZUBEREITETE PASTASAUCE

ZUTATEN

500 ml Weißweinessig

3–4 Knoblauchzehen, geschält und grob gehackt

1 TL schwarze Pfefferkörner

2 TL Salz

4–6 Zweige Thymian

1 kg Mischpilze

1–2 Streifen Bio-Zitronenschale

1 Lorbeerblatt (nach Belieben)

gutes Olivenöl

1 Essig, Knoblauch, Pfefferkörner, Salz und einen Teil des Thymians mit 250 ml Wasser in einen säurefesten Topf geben. Zum Kochen bringen und nach Reduzieren der Hitze 30 Minuten köcheln lassen.

2 Die Pilze hinzufügen und etwa 10 Minuten köcheln lassen, bis sie gerade gar sind. Mit einem Schaumlöffel herausheben und gut abtropfen lassen. Den Thymian entfernen.

3 Pilze, Zitronenschale, Lorbeerblatt (sofern verwendet) und restliche Thymianzweige in das heiße sterilisierte Glas schichten.

4 Das Olivenöl in einem Topf auf 75 °C erhitzen. Behutsam in das Glas gießen, dabei darauf achten, dass die Pilze vollständig bedeckt werden. Die Pilze mit einem Holzspießchen anstupsen, um Luftblasen zu entfernen. Das Glas verschließen. Nach etwa zwei Wochen sind die Pilze verzehrfertig.

TIPP
Da Pilze Wasser wie ein Schwamm aufsaugen, wäscht man sie nur, wenn dies unumgänglich ist. Stattdessen bürstet man Schmutz besser ab und reibt die Pilze mit Küchenpapier sauber.

Bei mir wecken Pilze Erinnerungen an kühle Herbsttage und den unvergesslichen Duft von Holz und verrottendem Laub. Pilze werden am besten in Öl konserviert.

Würzessige

☆ **SCHWIERIGKEITSGRAD** EINFACH **GARZEIT** ETWA 12 MINUTEN **KÜCHENUTENSILIEN** PASSIERTUCH, STERILISIERTE FLASCHEN MIT SÄUREFESTEM VERSCHLUSS (S. S. 12–13) **ERGIBT** ETWA 2 L

ZUTATEN

2 l Essig

EINFACHER GEWÜRZESSIG

2 EL Pfefferkörner

2 EL Senfkörner

1 EL Gewürznelken

2 TL zerkrümelte Muskatblüte

2 Muskatnüsse, in Stücke gebrochen

2–3 getrocknete Chilischoten, zerstoßen (nach Belieben)

1 Zimtstange, zerstoßen

2–3 Lorbeerblätter

1 EL Salz

SCHARFER GEWÜRZESSIG

90 g Schalotten, gehackt

75 g Ingwerwurzel, zerdrückt

5–6 getrocknete rote Chilis, zerdrückt

1 EL schwarze Pfefferkörner

1 EL Pimentkörner

2 TL Gewürznelken

1 Zimtstange, zerstoßen

2 TL Salz

DUFTESSIG

5 cm Ingwerwurzel, in Scheiben geschnitten

2 EL Koriandersamen

1 EL schwarze Pfefferkörner

1 EL Kardamomkapseln

1 EL Pimentkörner

2 Zimtstangen, zerstoßen

2 Muskatnüsse, in Stücke gebrochen

1 TL Anissamen

einige Streifen Bio-Zitronen- oder Bio-Orangenschale

1 EL Salz

MILDER EUROPÄISCHER ESSIG

1 EL schwarze Pfefferkörner

1 EL Wacholderbeeren

1 EL Pimentkörner

1 EL Kümmel

2 TL Dill- oder Selleriesamen

2–3 Lorbeerblätter

2–3 Knoblauchzehen, zerdrückt

2–3 getrocknete rote Chilischoten (nach Belieben)

2 EL Salz

WÜRZIGER EUROPÄISCHER ESSIG

100 g Schalotten oder Zwiebeln, grob gehackt

1 kleines Bund Estragon

4 Knoblauchzehen, zerdrückt

2 TL schwarze Pfefferkörner

1 TL Gewürznelken

2 EL Salz

BRITISCHER ESSIG

90 g Meerrettichwurzel, in Scheiben geschnitten

1 EL schwarze Pfefferkörner

1 EL Senfkörner

1 EL Pimentkörner

2 TL Gewürznelken

2 Stücke getrocknete Ingwerwurzel

1 Zimtstange, zerstoßen

2 EL Salz

1 Für jeden Essig die Aromazutaten mit Ausnahme des Salzes in ein Stück Baumwollstoff binden (siehe Gewürzsäckchen, S. 31). Das Säckchen mit Salz und Essig in einen säurefesten Topf geben. Den Essig zum Kochen bringen und etwa 10 Minuten kochen lassen.

2 Abkühlen lassen, dann das Gewürzsäckchen entfernen. Den Essig filtern, sofern er trüb ist (s. S. 21). In die sterilisierten Flaschen füllen und verschließen. Der Essig kann sofort verwendet werden, wird aber durch Lagern noch besser.

Die Zubereitung dieser Würzessige ist einfach. Mit der Zeit reifen sie und werden milder. Man kann hier jeden Essig verwenden, er muss aber mindestens 5 % Säure enthalten.

Biltong (Trockenfleisch)

☆ **SCHWIERIGKEITSGRAD** EINFACH **GARZEIT** IM BACKOFEN GETROCKNET 8–16 STUNDEN

KÜCHENUTENSILIEN FLEISCHERHAKEN **ERGIBT** ETWA 1 KG **HALTBARKEIT** HALB GETROCKNET

3 WOCHEN, GANZ GETROCKNET 2 JAHRE **SERVIERVORSCHLAG** ALS LECKERER SNACK

ACHTUNG DIESES REZEPT ENTHÄLT SALPETER (S. S. 12)

ZUTATEN

2 kg Rind- oder Wildfleisch (Ober-schale, Sirloinsteak oder Unterschale)

250 g grobes Salz

3 EL heller Rohrohrzucker

1 TL Salpeter

3 EL Koriandersamen, geröstet und zerstoßen

2 EL schwarze Pfefferkörner, zerstoßen

4 EL Weißweinessig

WICHTIG

• In allen Stadien der Zubereitung und Lagerung streng auf Hygiene achten (s. S. 12).

• Zum Marinieren sollte das Fleisch an einen kühlen Platz gestellt werden, am besten unten in den Kühlschrank.

• Das Fleisch wegwerfen, falls es während des Trocknens unange-nehm zu riechen beginnt.

• Das Fleisch regelmäßig überprü-fen und sofort wegwerfen, falls es zu schimmeln beginnt.

1 Das Fleisch entlang der Faser mit einem scharfen Messer in etwa 5 cm dicke Scheiben schneiden. War das Fleisch angefroren, die Scheiben auftauen lassen.

2 Für die Würzmischung Salz, Zucker, Salpeter, geröstete Kori-andersamen und zerstoßene Pfeffer-körner in eine Glasschüssel geben und sorgfältig vermischen.

3 Auf dem Boden einer Stein-gutform eine Schicht Würz-mischung verteilen. Das Fleisch darauflegen und mit der restlichen Würzmischung bedecken. Die Mischung sorgfältig in das Fleisch reiben.

4 Den Essig auf dem Fleisch verteilen und die Salzmischung wiederum in beide Seiten des Flei-sches reiben. Das Fleisch abdecken und für 6–8 Stunden unten in den Kühlschrank stellen. Nach der Hälfte der Zeit das Fleisch noch einmal mit der Marinade einreiben.

5 Während des Marinierens wird das Fleisch heller und fester. Das Fleisch herausnehmen und überschüssige Salzmischung abwischen.

6 Einen Fleischerhaken durch ein Ende jeder Fleischscheibe schieben. Das Fleisch bei 6–8 °C für zehn Tage an einen kühlen, dunklen, luftigen Platz hängen. Nach Ablauf dieser Zeit ist es erst halb getrocknet und seine Haltbarkeit daher begrenzt. In Wachspapier eingewickelt in den Kühlschrank legen und innerhalb von drei Wochen verzehren.

Nach dem Marinieren wird das Fleisch erheblich heller sein.

7 Soll das Fleisch länger halten, wird es weiter gtrocknet. Dies kann auch im Ofen geschehen. Den Boden des Ofens mit Alufolie abdecken, um ihn vor herabtropfendem Fleischsaft zu schützen. Den Rost ganz oben einschieben. Das Fleisch an ihm aufhängen und auf niedrigster Temperaturstufe 8–16 Stunden trocknen, bis es sehr dunkel ist und bricht, wenn man es biegt.

Ist das Fleisch dunkel und trocken, kann es gegessen werden.

Chilisalami

 **SCHWIERIGKEITSGRAD** MITTEL **KÜCHENUTENSILIEN** FLEISCHWOLF, WURSTEINFÜLLER, FLEISCHERHAKEN

ERGIBT ETWA 750 G **HALTBARKEIT** GEKÜHLT 4–5 MONATE **SERVIERVORSCHLAG** AUFGESCHNITTEN

ROH SERVIEREN ODER BOHNENEINTÖPFEN UND KASSEROLLEN HINZUFÜGEN

ACHTUNG DIESES REZEPT ENTHÄLT SALPETER (S. S. 12)

ZUTATEN

1 kg Schweineschulter, in große Würfel geschnitten

1 ½ EL Salz

1 EL heller Rohrohrzucker

½ TL Salpeter

75 ml Weinbrand

350 g Rückenspeck, in kleine Stücke geschnitten

4–5 große, milde rote Chilischoten, sehr fein gehackt

2 Knoblauchzehen, geschält und zerdrückt

2 EL edelsüßes Paprikapulver

1 TL Chilipulver oder Chilipulver nach Geschmack

1 TL Anissamen

etwa 2 m Wurstdarm vom Schwein

WICHTIG

Ehe Sie beginnen, lesen Sie bitte die Informationen auf den Seiten 12 und 244.

1 Das Fleisch in eine große Glasschüssel legen. Salz, Zucker, Salpeter und Weinbrand hinzufügen und mit den Händen sorgfältig unterheben. Das Fleisch abdecken und für 12–24 Stunden kalt stellen.

2 Dann das Fleisch durch die grobe Scheibe des Fleischwolfs drehen. Sorgfältig mit den restlichen Zutaten außer dem Wurstdarm vermischen. Den Wurstdarm vorbereiten (siehe Schritt 3 und 4, S. 190). Mit dem Fleisch füllen und in 50 cm lange Würste teilen (siehe Schritt 5, Seite 191).

3 Die Enden jeder Wurst zusammenbinden, sodass eine Hufeisenform entsteht. Die Würste für vier bis sechs Wochen bei 6–8 °C an einen dunklen luftigen Platz hängen, bis sie etwa die Hälfte ihres ursprünglichen Gewichts verloren haben. In Pergamentpapier einwickeln und bis zum Gebrauch in den Kühlschrank legen.

VARIANTE

GERÄUCHERTE CHILISALAMI
Die Salami ein bis zwei Tage trocknen lassen, bis die Oberfläche gerade noch feucht ist, dann 6–8 Stunden bei 30 °C kalträuchern. Anschließend wie oben trocknen. Die Wurst kann nach vier bis fünf Wochen gegessen werden.

TIPP
Statt den Speck von Hand zu hacken, kann man ihn auch durch die grobe Scheibe des Fleischwolfs drehen, aber dann ist die Wurst nicht mehr so hübsch marmoriert.

Diese Salami ähnelt der spanischen Chorizo und kann roh gegessen oder zum Kochen verwendet werden. Für eine mildere Variante reduziert man einfach die Anzahl der Chilis. Wird die Wurst roh serviert, sollte man sie vorher auf Zimmertemperatur bringen.

Landjäger

 **SCHWIERIGKEITSGRAD** MITTEL **KÜCHENUTENSILIEN** FLEISCHWOLF, WURSTEINFÜLLER, FLEISCHERHAKEN, RÄUCHEROFEN  **ERGIBT** ETWA 1,5 KG

 HALTBARKEIT GEKÜHLT 4–5 MONATE **SERVIERVORSCHLAG** GROSSARTIG FÜR PICKNICKS

ACHTUNG DIESES REZEPT ENTHÄLT SALPETER (S. S. 12)

ZUTATEN

1,25 kg mageres Rindfleisch wie Schulter oder Keule, in große Würfel geschnitten

1 kg Bauchspeck, Schwarte entfernt

5 Knoblauchzehen, geschält und zerdrückt

1 EL Salz

1 EL heller Rohrohrzucker

½ TL Salpeter

2 TL Koriandersamen, fein gemahlen

1 TL frisch gemahlener schwarzer Pfeffer

2 TL Kümmel

75 ml Kirschwasser

3,5 m Wurstdarm vom Rind

etwas Erdnussöl

WICHTIG

Ehe Sie beginnen, lesen Sie bitte die Informationen auf den Seiten 12 und 244.

1 Das Rindfleisch durch die grobe Scheibe des Fleischwolfs drehen, den Speck durch die feine Scheibe.

2 Außer Wurstdarm und Öl alle Zutaten zu Fleisch und Speck geben und sorgfältig fest in eine Schüssel drücken, damit keine Lufteinschlüsse entstehen. Abdecken und für 48 Stunden kalt stellen.

3 Den Wurstdarm vorbereiten (siehe Schritt 3 und 4, S. 190). Den Darm mit der Wurstmasse füllen und 15 cm lange Würste abbinden (siehe Schritt 5, S. 191). Die Würste zwischen zwei Holzbrettern beschweren (s. S. 166). Für 48 Stunden in den Kühlschrank legen.

4 Die Würste bei 6–8 °C für 24 Stunden an einen trockenen, dunklen, gut gelüfteten Platz hängen, dann 12 Stunden bei 30 °C kalträuchern.

5 Die Würste mit etwas Öl einreiben. Wie oben beschrieben für zwei bis drei Wochen zum Trocknen aufhängen, bis sie 50 Prozent ihres ursprünglichen Gewichts verloren haben. In Pergament- oder Wachspapier einwickeln und in den Kühlschrank legen oder einfrieren (maximal drei Monate).

Landjäger sind eine Spezialität aus Süddeutschland, Österreich und der Schweiz und bei Wanderern ein beliebter Snack. Verwenden Sie zum Räuchern möglichst Kirschholzspäne.

TIPP
Um die Trocknung zu beschleunigen, können die Würste vor einem eingeschalteten Ventilator aufgehängt werden.

Pastrami

☆☆ **SCHWIERIGKEITSGRAD** MITTEL **GARZEIT** RÄUCHERN 4–6 STUNDEN, KÖCHELN 2½–3 STUNDEN

KÜCHENUTENSILIEN FLEISCHERHAKEN, RÄUCHEROFEN **ERGIBT** ETWA 2–2,5KG **HALTBARKEIT** GEKÜHLT

4–6 WOCHEN, EINGEFROREN 6 MONATE **SERVIERVORSCHLAG** WARM ODER KALT ODER ALS SANDWICHBELAG

ACHTUNG DIESES REZEPT ENTHÄLT SALPETER (S. S. 12)

ZUTATEN

3 kg magere Rinderbrust

250 g grobes Salz

6 Knoblauchzehen, geschält und zerdrückt

4 EL heller Rohrohrzucker

4 EL grob gemahlener schwarzer Pfeffer

2 EL Koriandersamen, grob gemahlen

1 EL gemahlener Ingwer

1 TL Salpeter

WICHTIG

Ehe Sie beginnen, lesen Sie bitte die Informationen auf den Seiten 12 und 244.

1 Das Fleisch in eine tiefe Glasschüssel legen. 100 g Salz in das Fleisch reiben. Das Fleisch abdecken und 2 Stunden stehen lassen, dann abspülen und sorgfältig trockentupfen.

2 Die restlichen Zutaten vermischen und sorgfältig in das Fleisch reiben. Das Fleisch in die abgewaschene Schüssel legen und abdecken. Für anderthalb bis zwei Wochen in den Kühlschrank stellen, dabei im Abstand von einigen Tagen immer wieder drehen.

3 Das Fleisch herausheben und trockentupfen. An dem Fleischerhaken für einen Tag zum Trocknen bei 6–8 °C an einen trockenen, dunklen, gut gelüfteten Platz hängen. Anschließend bei 50 °C 4–6 Stunden kalträuchern.

4 Am nächsten Tag das Fleisch in ungesalzenem köchelndem Wasser 2½–3 Stunden garen, bis es weich ist. Herausheben, gut abtropfen lassen und servieren. Soll Pastrami kalt serviert werden, das Fleisch gut abtropfen lassen und beschweren (s. S. 166). Abkühlen lassen und bis zum Verzehr in den Kühlschrank stellen.

TIPP

Traditionell wird Pastrami 4 Stunden leicht geräuchert. Einen intensiveren Geschmack erhält das Fleisch, wenn Sie es bis zu 12 Stunden über duftendem Obstbaumholz räuchern.

In New York ist Pastrami auf Roggenbrot ungemein populär. Dieses leicht geräucherte und pikant gepökelte Fleisch stammt aus Rumänien, aber ursprünglich kam es vermutlich aus der Türkei.

Graved Lachs

☆ **SCHWIERIGKEITSGRAD** EINFACH **ERGIBT** ETWA 1 KG **HALTBARKEIT** GEKÜHLT 1 WOCHE,

LÄNGERE LAGERUNG SIEHE HERINGE IN GEWÜRZTEM ÖL (S. 64) **SERVIERVORSCHLAG** MIT DILL-SENF-SAUCE

UND KARTOFFEL- ODER ROTE-RÜBEN-SALAT

ZUTATEN

1 kg Mittelstück vom Lachs, filetiert und vollständig entgrätet (siehe Schritt 1 und 2, S. 250)

4 EL grobes Salz

3 EL heller Rohrohrzucker oder weißer Zucker

1 EL grob gemahlener schwarzer Pfeffer

1 großes Bund Dill, grob gehackt

2–3 EL Aquavit oder Wodka

1 Ein Lachsfilet mit der Hautseite unten auf ein großes Stück Alufolie legen. Salz, Zucker und Pfeffer vermischen. Die Hälfte der Mischung gleichmäßig auf den Lachs streuen.

2 Gehackten Dill, restliche Salzmischung und Aquavit oder Wodka darübergeben. Das zweite Filet mit der Hautseite oben darauflegen. Die Alufolie darüberklappen und gut verschließen.

3 Das eingewickelte Lachsfilet in ein flaches Gefäß legen. Mit einem Brett oder einem Teller bedecken und beschweren (s. S. 166). Für 24–36 Stunden in den Kühlschrank stellen, dabei das Päckchen alle 12 Stunden drehen.

4 Den Lachs auspacken und jedes Filet vorsichtig von der Folie heben. Behutsam Salz, Dill und Gewürze entfernen. Zum Servieren den Lachs mit einem langen Messer mit Sägeschliff in hauchdünne Scheiben schneiden

Dieses köstliche skandinavische Rezept liefert die einfachste und vergnüglichste Methode, Fisch zu beizen. Auf die gleiche Weise können Forelle, Makrele und sogar sehr frischer Heilbutt zubereitet werden. Schnaps ist keine traditionelle Zutat, gibt aber Aroma und hilft, den Fisch zu konservieren.

TIPP
Brauner Zucker verleiht dem Lachs ein wunderbares Aroma und eine appetitliche dunkle Farbe.

Geräucherter Lachs

☆☆ **SCHWIERIGKEITSGRAD** MITTEL 🍲 **GARZEIT** KALTGERÄUCHERT 3–4 STUNDEN, HEISSGERÄUCHERT 2–3 STUNDEN

🍴 **KÜCHENUTENSILIEN** RÄUCHEROFEN 🏺 **ERGIBT** 1,5–2 KG 🏺 **HALTBARKEIT** GEKÜHLT 3 WOCHEN,

EINGEFROREN 3 MONATE 🍴 **SERVIERVORSCHLAG** HEISSGERÄUCHERT IN DICKE SCHEIBEN GESCHNITTEN MIT GRÜNEM

SALAT UND BROT ALS LEICHTES HAUPTGERICHT, KALTGERÄUCHERT HAUCHDÜNN GESCHNITTEN

MIT RAHMFRISCHKÄSE IN BAGELS ODER ALS PASTETE ODER MOUSSE

ZUTATEN

2–3 kg frischer Lachs, gesäubert

375 g Meersalz

125 g heller Rohrohrzucker

1–2 TL Whisky

1 Den Lachs filetieren: Auf einer Kopfseite mit einem scharfen Filetiermesser einen Schnitt machen. Das Messer zwischen Fleisch und Rückengräte möglichst dicht an der Gräte entlangführen und das Filet in einem Stück abschneiden.

2 Den Lachs umdrehen und auf der anderen Seite ebenso verfahren. Mit den Fingern über jedes Filet streichen, um noch vorhandene Gräten zu finden; diese mit einer Pinzette entfernen. Die Filets waschen und gut trockentupfen.

3 Eine 5 mm dicke Schicht Salz und Zucker in einen säurefesten Behälter streuen. Ein Filet mit der Hautseite nach unten darauflegen. Mit einer etwa 1 cm dicken Schicht Salz und Zucker bestreuen, die zum Schwanzende hin dünner wird.

4 Das zweite Filet mit der Hautseite nach oben darauflegen und mit dem restlichen Salz und Zucker bestreuen. Das Gefäß mit Frischhaltefolie abdecken und für 3–3½ Stunden in den Kühlschrank oder an einen kühlen Platz stellen.

5 Den Lachs aus der Salzmischung nehmen und unter fließendem kaltem Wasser überschüssiges Salz abwaschen. Mit Küchenpapier sorgfältig trockentupfen. Am Kopfende einen Holzspieß durch die Rückseite eines jeden Filets schieben.

6 Die Filets auf beiden Seiten mit Whisky bestreichen. Für etwa 24 Stunden an einen kühlen trockenen Platz hängen, bis sie sich fast trocken anfühlen und mit einer glänzenden Salzschicht überzogen sind.

Ist der Lachs mit einer Salzschicht überzogen, kann er geräuchert werden.

7 Die Filets auf einem Rost in den Räucherofen legen und entweder 3–4 Stunden bei 28 °C kalträuchern oder 2–3 Stunden bei 55 °C heißräuchern. Herausnehmen und vollständig abkühlen lassen. Auf ein mit Alufolie umhülltes Stück Pappe legen und zur Aufbewahrung in Wachspapier wickeln.

Auf mit Alufolie umhüllter Pappe lässt sich der Lachs leichter hochheben.

Probleme beim Konservieren

Da der Prozess des Konservierens von so vielen Faktoren beeinflusst wird, stehen Sie am Ende vielleicht vor einem Produkt, das anders aussieht, riecht oder schmeckt, als Sie erwartet hatten. Dann sollten Sie wissen, was schiefgelaufen ist und, wichtiger noch, ob Sie das Einmachgut noch gefahrlos essen können. Unten finden Sie eine Übersicht über die häufigsten Probleme.

PICKLES (SAUERKONSERVEN)	KONFITÜREN UND GELEES	SÜSSE UND PIKANTE KONSERVEN	SALAMI UND GEPÖKELTES FLEISCH
Die Pickles sind nicht knackig • Das Gemüse war nicht lange genug eingesalzen. • Die Essig- oder Salzkonzentration war nicht hoch genug. **Die Pickles sind hohl** • Die Zutaten waren überreif oder wurden vor Verwendung zu lange gelagert. **Die Pickles sind dunkel** • Es wurde Jodsalz verwendet. • Es wurden zu viele Gewürze hinzugefügt. • Es wurden Küchengeräte aus Eisen oder Kupfer verwendet. • Der Essig war dunkel. • Die Lake wurde mit hartem Wasser zubereitet. Gefiltertes Wasser oder Mineralwasser verwenden. **Die Pickles sehen blass aus** • Das Glas war beim Lagern zu lange Licht ausgesetzt. **Die Pickles sind weich und glitschig** • Die Salz- oder Essigkonzentration war nicht hoch genug. • Das Gefäß war nicht richtig verschlossen. *Das Produkt sofort wegwerfen.* **Knoblauch ist grün** • Frischer Knoblauch kann sich in Essig unappetitlich grün färben. Vor Verwendung in kochendem Wasser blanchieren.	**Das Produkt geliert nicht** • Der Pektingehalt ist zu gering. Selbst gemachtes oder handelsübliches Pektin hinzufügen und wieder kochen, bis der Gelierpunkt erreicht ist (s. S. 16). Achtung: Eingefrorene Früchte enthalten weniger Pektin als frische. • Das Verhältnis von Pektin zu Säure stimmt nicht. Zitronensaft hinzufügen und wieder aufkochen. **Die Früchte sehen dunkel aus** • Die Garzeit war zu lang und der Zucker ist karamellisiert. (Oft wird geraten, den Zucker vor Verwendung zu erwärmen und die Garzeit zu verkürzen, aber das hilft kaum.) **Früchte sind an die Oberfläche der Konfitüre gestiegen** • Die Konfitüre konnte nicht ruhen. Abkühlen lassen, die Früchte gleichmäßig verteilen und einkochen. Mit Wachspapier bedecken und verschließen. • Der Sirup ist zu dünn. Abtropfen lassen und mit mehr Zucker in den Topf geben. Sprudelnd kochen lassen, bis der Gelierpunkt erreicht ist (s. S. 16). **Es haben sich Kristalle gebildet** • Die Zuckermenge war zu groß. • Die Lagertemperatur war zu niedrig. Der Geschmack wird dadurch jedoch nicht beeinträchtigt.	**Auf der Oberfläche befindet sich Schimmel** • Eine Folge von Pilzbefall. *Das Produkt wegwerfen. Schimmel besteht aus einem Geflecht unsichtbarer Fäden und bildet Sporen, die schädlich sein können.* **Das Einmachgut gärt** • Im Fall von süßem Einmachgut wurde zu wenig Zucker verwendet. • Bei Pickles und Chutneys war die Konzentration von Lake oder Essiglösung nicht hoch genug. • Die Lagertemperatur war zu hoch. • Küchengeräte oder Gefäße waren nicht ausreichend sterilisiert. • Die Garzeit war zu kurz. *Das Produkt sofort wegwerfen. Durch die Gärung können Giftstoffe entstehen. Achtung: Bei einigen Konserven gehört die Gärung zum Herstellungsprozess.* **Die Konserve riecht unangenehm** • *Jede Konserve, die unangenehm zu riechen beginnt, sofort wegwerfen.*	**Salami oder Pökelfleisch ist mit weißem pulvrigem Schimmel überzogen** • Dieser natürlich auftretende Schimmel, der sich unter richtigen Lagerbedingungen bildet, ist ungefährlich und aromabildend. **Auf Salami oder Pökelfleisch befindet sich grüner oder schwarzer Schimmel** • Die Salzkonzentration war zu gering. • Das Fleisch wurde falsch gepökelt. • Die Lagerbedingungen waren zu feucht und zu warm. *Das Produkt sofort wegwerfen.* **Auf trocknendem Pökelfleisch erscheinen Salzflecken** • Die Salzkonzentration war zu hoch. **Das getrocknete Pökelfleisch bekommt eine pulvrige Konsistenz** • Es wurde zu viel Essig verwendet. **Die Pökellake wird sirupartig** • Es ist zu wenig Salz in der Lake. • Die Lagertemperatur war zu hoch. *Die alte Lake weggießen und neue zubereiten. Das Gefäß sterilisieren. Das Fleisch gut unter fließendem kaltem Wasser abwaschen, dann mit Essig einreiben. Sorgfältig mit Küchenpapier trockentupfen und in die frische Lake legen.*

Register

DANK

Der Autor

Dieses Buch ist der Höhepunkt einer lebenslangen Besessenheit vom Konservieren, und ohne die Hilfe Hunderter leidenschaftlicher Praktiker, Rezepteschreiber, Sammler, Hausfrauen, Lebensmittelhändler, Bauern und Taxifahrer, die ihre kulinarischen Geheimnisse mit mir teilten, wäre seine Entstehung nicht möglich gewesen. Ohne hochwertige Zutaten ist Konservieren unmöglich, und ich möchte meinen örtlichen Lieferanten, allen voran Graham und David von Graham Butchers, Pedro von Pedro Fisheries, Green Health Food Store (Finchley) und Gary von Ellinghams, für ihre Hilfe und ihren Rat danken.

Wie immer möchte ich auch Saul Radomsky für seine Geduld und Unterstützung danken und den vielen Freunden, die geholfen, geschleppt, probiert und kommentiert haben: Trudy Barnham, Jon, Ann und Marjorie Bryent, Familie Blacher, Iris und John Cole, Familie Hersch, Jill Jago, Dalia Lamdani, Joy Peacock, Bob und Ann Tilley, Eric Treuille und Jo Wightman. Mein besonderer Dank gilt Rosie Kindersley, die dieses Buch möglich gemacht hat.

Schließlich herzlichen Dank an meine Agentin Vicki McIvor, meine Assistentin Alison Austin, den Fotografen Ian O'Leary und seine Assistentin Emma Brogi, Jane Bull, Jane Middleton, Kate Scott und alle von Dorling Kindersley, deren Begeisterung, Hilfe und Sachkenntnis das Schreiben dieses Buchs zu einer so schönen Erfahrung gemacht haben.

Der Verlag

Susannah Steel für das Inhaltsverzeichnis dieser Ausgabe, Tables Laid für Ausstattungsgegenstände, Tate & Lyle für die Bereitstellung von Einmachzucker, Graham Brown von Meridian Foods für die Bereitstellung von Fruchtkonzentrat, Cecil Gysin von the Natural Casing Co Ltd für die Bereitstellung von Wurstdarm.

Besonderen Dank an Ian Taylor von Taylor Foodservice für die Bereitstellung eines Räucherofens, Barry Chevalier von Aspall Cyder für die Bereitstellung von Apfelessig und Maureen Smith von SIS Marketing Ltd für die Bereitstellung eines Dörrapparats.

Bildnachweis

Alan Buckingham S. 86–7. Alle anderen Fotos © Dorling Kindersley.